KB048462

딸이 전하는 아버지의 역사

딸이 전하는 아버지의 역사

이홍섭 지음/ 번역공동체 〈잇다〉 옮김

논형

이흥섭
李興燮

1928년 황해도 곡산(谷山)에서 태어나, 1944년 징용으로 일본에 끌려갔다. 사가현(佐賀県) 도쿠스에(徳須恵)의 탄광에서 강제노동을 하다가, 1945년 1월 1일에 탄광에서 탈주했다. 해방 후, 하카타(博多)항에서 귀국하려 했으나 귀향의 꿈을 이루지 못하고 각지에서 육체노동을 하다가, 1970년 오사카부(大阪府) 이케다시(池田市)에 정착하여 고철상을 운영했다. 2014년 10월 18일 작고하였다.

한국의 독자에게

　이 책은 '전시 조선인 강제노동'을 연구하는 데 있어서 귀중한 증거자료의 하나이며, 강제노동의 실태가 딸과 본인에 의해 상세히 기록되어 있기 때문에, 많은 일본인들이 읽고 꼭 알아야 할 한일간의 역사라는 의미를 갖는다.

　속편의 간행을 고대하던 이흥섭 님이 2014년 10월 18일에 세상을 떠난 후, 딸 동순씨의 담임을 맡게 된 이후로 30여년 간 종종 이흥섭 님의 집을 방문했던 무로타 다쿠오 씨와 나는 이흥섭 님의 존재를 그의 고국 사람들에게도 알려야겠다고 마음먹었다. 자기 의지와는 상관없이 일본에 오게 된 이흥섭 님이 얼마나 성실하고 힘차게 살아왔는 지를, 그리고 우리의 선배이며 이웃으로서 일본 사회에 얼마나 많은 것을 남겨주었는지를 알리고 싶었다.

　당시 오사카 대학의 연구원으로서 히로시마의 조선인 피폭자에 대해 조사, 연구를 하던 양동숙 선생께서 이런 우리의 바람을 이해하시고 논형출판사를 소개해 주셨다. 소재두 대표께서는 출판사정이 어려운 가운데서도 간행을 결심해 주셨지만, 이러한 성격의 책이 지금의 한국에서얼마나 읽힐 수 있을까를 생각하면 걱정이 앞서기도 한다. 그러나 심아정 선생을 중심으로 한 번역공동체 '잇다'의 여러분들이, 나에게는 보이지 않았던 이 책의 새로운 의의를 발견하게 해주고, 한국사회에서 이흥섭의 이야기를 이어가게 해 준 점에 대해서는 더없이 기쁘게 생각한다.

실은, 이흥섭 님의 경험을 고국 사람에게 알리려 했던 마음 한 켠에는, 그의 고향인 황해도 곡산 사람까지도 읽을 수 있다면 좋겠다는 바람이 있었다. 그러나 과연 그런 일이 가능할까 생각하던 중, 올해 4월 27일 판문점선언을 계기로, 언젠가는 그 길도 열릴 것이라는 새로운 희망이 싹트게 되었다. 한글을 아는 많은 이들에게 이 책이 읽히기를 바란다.

가와구치 사치코(川口祥子)

역자서문

　이 책은 두 권의 책 『アボジがこえた海─在日朝鮮人一世の証言』(이하 『증언』)과 『アボジがこえた海─在日朝鮮人一世の戦後』(이하 『전후』)를 한 권으로 통합한 것입니다. 이흥섭의 말이 책의 형태로 나오기까지의 과정은, 출간에 관여한 사람들에게 하나의 '사건'으로서의 의미를 갖습니다. '사건'이란 그것 이전과 이후가 같을 수 없는 어떤 구부러짐을 만들고, '사건'을 겪어낸 사람들로 하여금 그로 인한 변화를 새로운 삶으로 받아들여 긍정하도록 만드는 것이기 때문입니다.

　이 책은 화자인 이흥섭 한 사람 만을 저자라고 말할 수 없는 매우 독특한 결을 지니고 있습니다. 재일조선인 1세 '개인의 역사'를 '공동의 역사'로 길어 올린 수많은 익명의 조력자들이 보여준 우정 때문이지요. 이 두 권의 책이 출간되기까지의 지난한 과정은 '공동체로서의 책' 혹은 '독자들의 공동체'의 가능성을 보여주었습니다. 이흥섭이 고향을 상실한 바로 그곳에서, 그가 다시금 삶을 이어 나가고, 자신의 목소리를 일본 사회 내부로 발신할 수 있었던 것은 바로 이러한 익명의 조력자들 덕분이며, 그들 또한 출간 작업에 적극적으로 개입함으로써 이흥섭의 이야기를 자신들의 구체적인 삶에 끌어들이는 경험을 하게 되었기 때문입니다.

　무엇보다도 중학생이었던 딸 이동순은 아버지 이흥섭의 살아온 이야기를 듣고, 그것을 한 줄 한 줄 자신의 문장으로 담아낸 '공감적 기록자'

라고 할 수 있을 것 같습니다. 강제 징용 당시, 자기와 비슷한 또래였을 열일곱 살 아버지를 그의 증언 속에서 만나고, 생경한 이야기를 글로 기록하는 경험은, 혈연관계에 기반한 것이라기 보다는 전전(戰前) 조선의 식민지 소년과 전후 일본의 고도경제 성장기를 살아가는 한 소녀의 삶을 어긋난 채로 이어주는 의미를 지닌 것이라는 생각이 듭니다.

   소년의 신체에 새겨진 강제징용의 경험이 수십 년이 지나 그의 딸의 문장으로 옮겨진 다음에는, 무로타 다쿠오나 가와구치 사치코와 같은 소박한 일본인 교사들이 오랜 기간 동안 이흥섭의 삶의 언저리에서 그의 이야기에 귀를 기울이면서, 원고를 다듬고 번역하는 수고로움을 기꺼이 자처하는 과정을 거칩니다. 딸과는 또 다른 층위에서 그들을 '공감적 청자(聽者)'라고 명명해 봅니다. 경험이 말과 글로 표현되는 순간 그것은 더 이상 당사자만의 것이 아니라, 듣는 이들의 것이기도 하기 때문입니다. 이흥섭의 증언에 곁을 내어준 사람들에게는 일본인이 일본인이기를 멈출 수 있는, 일본인으로서의 자기 정체성과 자기 규정을 멈출 수 있는 힘이 느껴졌습니다. 이흥섭이 겪어낸 식민지 조선과 해방 직후의 시공간 속으로 함께 내던져지는 경험을 통해서, 그들은 전후 일본을 조선인으로 살아내야 했던 '재일(在日)'의 의미를 새롭게 전유할 수 있는 하나의 장(場)을 당사자인 이흥섭과 함께 만들어 냈다고 생각합니다.

번역공동체 '잇다'의 네 사람은 최대한 이흥섭의 문체가 지닌 결을 살리려 했지만 동시에 가독성을 고려하지 않을 수 없었습니다. 속편은 제1편에 비해서 상당히 많은 부분 번역자들의 개입이 있었다고 생각합니다. 모어가 일본어일 수 없는 이흥섭은 풍부한 어휘를 구사하거나 매끄러운 표현을 사용하지는 않지만, 오히려 그의 서툰 일본어 속에 녹아 있는 여러가지 정서들을 최대한 전달하려고 노력했습니다. 제1권은 탄광 생활과 탈주를 둘러싼 일련의 내러티브가 있어서 지루하지 않게 읽히지만, 속편은 딸의 부재(不在) 속에서 혼자 일본어 사전을 뒤져가며 쓴 것이기도 하고, 제1권 출간 후에 강연 요청에 응하면서 반쯤은 운동가처럼 변신하고 있을 때 쓰여진 것이어서, 논조에 비장함이 묻어나고, 징용 노동자들을 대변하는 것처럼 어투가 변하기도 합니다.

반복되는 표현, 그리고 문맥의 조합이 서툰 조잡한 구절들을 제거하거나 매끈하게 고쳐 놓고서도, 무엇이 그로 하여금 지나치다 싶을 만큼 세세한 기억을 불러내고 기록하게 만드는 것인지를 동료들과 함께 고민한 끝에 문장을 원상 복구하거나 원래의 의미에 충실해지도록 문장을 재구성하기도 했습니다. 그가 일본어로 글을 쓰게 된 이유는 '무언가 말해야 한다'는 절박함 같은 것이었을지도 모른다는 생각이 들었습니다. 말하려고 하지 않으면 아예 말로 표현되지도 않고 사라져버릴 경험들과 기억들. 번역문을 다듬으면서 어느새 '잇다'의 동료들은 말해진 것뿐만 아니라 말해지지 않은 것들에까지도 가 닿으려고 애쓰곤 했습니다. 그래서인지 번역어들 사이의 경쟁만큼이나 그의 경험에 대한 의미부여를 둘러싼 논쟁도 잦았던 것 같습니다.

이 책은 이흥섭이 고초를 겪은 탄광노역의 경험에만 천착하지 않고, 그와 같은 처지에 놓여 있던 징용 노동자들이 해방 직후의 정세를 어떻게 겪어냈는지를 규명해 주는 하나의 실마리가 된다는 점에서 의미가 있습니다. 이흥섭은 1928년생으로, 식민지 조선의 징병 1기생들과 비슷한 또래입니다. 그들은 '징용'이나 '징병'의 형태로 1944년부터 본격적으로 이름 모를 일본의 탄광이나 남태평양의 격전지 등으로 동원되었지요. 전편인 『증언』이 강제연행, 그리고 탄광에서의 고된 노동의 경험과 탈주에 주안점을 두었다면, 속편인 『전후』는 식민지 조선의 청년들이 일본 땅에서 겪었던 '해방 당일'과 '해방 직후'의 일상이 어떠했는지를 집요하리만큼 구체적으로 보여줍니다. 어쩌면 누군가에게 '해방'은 만세소리 넘쳐나는 거리로 연상되는 천편일률적인 장면들과는 다른 것이었을 지도 모릅니다. 특히, 징용자들이 일본에서 맞이한 해방은 어떤 '당혹감'마저 갖게 만드는 것이었으리라 짐작해 봅니다. 조국이나 고향은 돌아가야 할 곳이었지만 돌아갈 수 없었던 사람들이 있었고, 그 연유는 돌아오지 못한 사람들의 숫자만큼 다양할 겁니다. 전후에 조선인들이 일본에 얕은 뿌리를 내리고 살아가게 된 동기는 그들 각각이 조우했던 전후의 상황이 보여준 다채로운 결만큼이나 다양하다는 것을 이흥섭의 경험을 통해 이해할 수 있습니다.

또한 오사카의 교사들과 출판관련자 등의 일본인들이 이흥섭과 그의 경험에 적극적으로 관계 맺는 과정은 '억압하는 자와 억압받는 자의 동시적인 해방'을 가능하게 한다는 점에서 '탈식민화'라는 것이 어떠해야 하는지에 대한 하나의 물음이 시작되는 측면이 있습니다. 번역 작업을 통해 역자들은, 식민지에서 벗어난다는 것이 식민지 이전의 상태로 회귀하거나 조선의 토착 문화에 집착하는 것이 아니라, '조선과 일본이 함께 해방되는 것'이라는 생각을 하게 되었습니다. 전후 공식적인 역사교육에서 배제된 강제징용의 역사를 이흥섭의 증언을 통해 알게 된 일본인들이 그의 이야기를 더 듣고 싶어하고, 교육의 장으로 그의 경험담을 가져오거나, 증언을 들은 학생들이 연극으로 그의 경험을 재현하는 동안 두 번째 글은 또 다른 책으로 묶여 나오게 됩니다. 이러한 경위에 주목한다면, 두 권의 책은 전후 일본의 평화교육과 인권교육에 있어서 국민의 이름으로 동원된 이들이 겪은 패전 직전과 직후의 사회적 경관에 대한 살아있는 텍스트로도 부족함이 없을 것이라 생각됩니다.

한 가지 아쉬운 점이 있다면, 이 책에는 이흥섭이 전후의 일본을 어떻게 살아냈는지에 대한 내용이 담겨있지 않다는 점입니다. 그의 삶은 징용 이전에 고향에서 영위했던 그것과는 단절되어 있었을 겁니다. 이 책에는 '조선인'에 강조점이 부가된 과거의 기억에 대해서 촘촘하게 기록되어 있는 반면, 그가 이 글을 쓰는 현재를 어떻게 살아내고 있는지에 대한 언급은 거의 없었습니다. 그렇지만, 그가 전후 일본이라는 시공간을 어떤 태도로 마주했을지 가늠해 볼 수 있는 하나의 단서가 있습니다. 바로 가와구치 사치코에게 그가 건넨 한 장의 메모에 적힌 다음의 문구입니다.

> 헌법 9조를 지키는 모임, 전쟁을 포기하는 모임, 원칙 · 회칙 · 회비 없음.
> 고등학생 이상이라면 누구라도 환영. 기부 1만엔 이상 금지.

'사상이란 어떤 인간이 처한 문제적 상황에 대한 대답'이라는 마루야마 마사오의 말에 기대어 본다면, 짧은 메모에 응축된 이흥섭의 '사상'은 원래의 조국과 자신이 현재 살고 있는 일본과의 사이에서 소수자로 살아가면서도, 일본인이라는 다수자의 삶에 대해서 무언가 제언하는 성질의 것이라 말할 수 있습니다. 전쟁과 군대의 포기를 명기한 일본국헌법 제9조를 함께 지켜내자며 일본인들에게 손을 내미는 그의 모습이나, '히키코모리(은둔형 외돌이)'가 늘고 있다는 소문을 듣고 전후 일본을 살아내는 청년 세대의 외롭고 고된 삶을 걱정하며 자신이 도울 것이 없을까 고민하는 그의 모습에서, 민족이나 국가라는 주어진 정체성에 묶이지 않는 새로운 유대감을 발견하게 됩니다.

상해와 생존 사이에서 찢긴 채 살아가는 존재라고 하더라도, 한국과 일본의 전쟁피해자들을 단순히 수동적인 대상으로만 볼 수는 없는 이유가 바로 여기에 있습니다. 그들은 일련의 상해와 폭력에 의해 변형되는 동시에 그 힘들을 변화시키는 존재이기도 하기 때문입니다. 그래서 그의 이야기가 지니는 에너지는 누군가에게 읽힐 때마다 반복되지만, 그것이 똑같이 반복되는 일 없이 다른 파장으로 읽힐 것이라 생각합니다. 새로운 독자를 만날 때마다 그 또한 새로운 사람이 되는 것이지요. 이홍섭이지만 동시에 다른 어떤 이홍섭은 그의 딸과 일본인 담임 선생님을 시작으로 일본과 한국의 여러 사람들을 거치면서, 그리고 미래에 만나게 될 독자들에게 우리가 살아갈 이 세상에 대한 희망을 놓지 않게 해 줄 하나의 동력이 될 것이라고 생각합니다.

마지막으로 감사드릴 분들을 떠올려 봅니다. 무로타 다쿠오 선생님의 노력과 가와구치 사치코 선생님의 열정 어린 출판 제안이 없었다면 이 책은 나올 수 없었을 겁니다. 감사합니다. 더딘 작업 속도에도 재촉하지 않고 기다려 주시고 항상 격려해 주셨던 논형 출판사의 소재두 사장님께 감사드립니다. 대부분의 공식 담론과 논평들이 대다수 사람들의 생존을 위한 고군분투, 그들이 겪고 상상하는 일들에 관해서는 아무 말도 하지 못하고 있음을 늘 걱정하시는 사장님 덕분에 역자들은 현장의 목소리를 놓치지 않으려는 문제의식을 지속할 수 있었습니다. 꼼꼼하게 교정작업을 해 주신 소재천 편집자님, 이용화 선생님께도 감사드립니다. 역사의 무거움에 압도당하지 않고 이 책에 멋진 옷을 입혀준 김원중 작가에게도 감사의 인사를 전합니다. 마지막으로 사적인 경험을 사회적인 문맥에 다시 놓는 우회로를 만드는 힘겨운 작업의 과정에서 번역공동체 '잇다'의 김해진, 김수용, 경혜진, 심아정은 우리가 발 딛고 살아가는 이 세계에 대해서 커다란 질문을 던지면서도, 매일매일의 소소한 일상의 찬란함에서 기쁨을 함께 누리는 우정을 나눌 수 있었습니다. 우리에게 이토록 소중한 경험을 할 수 있는 계기를 마련해 주신 이흥섭씨와 그의 딸 이동순님께 마지막으로 감사의 인사를 전하고 싶습니다.

번역공동체 〈잇다〉를 대표하여
심아정

차 례

들어가는 글

아버지가 딸에게

나는 조선인입니다. 1978년에 쉰 살이 되었습니다. 일본 연호로는 쇼와 3년(1928년)에 태어났고 일본에 온 지 33년이 됩니다. 1944년 5월에 일본 땅을 밟았습니다. 현재 중학교 3학년이 된 딸이 있습니다. 딸 밑으로 딸아이가 하나 더 있었는데, 그 아이는 교통사고로 1974년에 세상을 떠났습니다. 지금은 저와 중학교 3학년인 딸, 이렇게 둘이 살고 있습니다. 딸아이가 아버지의 역사를 쓰고 싶다고 해서, 일본에서 살게 된 33년 동안의 지난 시간들에 대해 지금부터 이야기해 보려고 합니다.

친한 사람들에게는 내가 살아온 삶에 대해 곧잘 이야기하곤 했지만, 정작 딸아이에게 자세한 이야기를 해 본 적은 없습니다. 이해할 수 없을 것 같았기 때문입니다. 내가 살아온 시대와 지금의 세상은 달라도 너무 다릅니다. 만약 내가 살아온 이야기를 지금의 중학생이 이해할 수 있다고 한다면, 그건 굉장히 놀라운 일이 될 겁니다. 그렇다고 해서 내가 역사에 남길 만한 삶을 살아온 것은 아닙니다. 별다른 이야깃거리도 되지 않는 삶이었습니다. 특별한 것을 원한 적도 없었고, 각별한 즐거움도 없었죠. 그렇다고 죽을 것 같은 고통을 맛 본 인생도 아닙니다. 그저 매우 평범한 삶이었다고 생각합니다.

고통, 슬픔, 즐거움을 느끼는 방법은 사람마다 다르다고 생각합니다. 그런데도 내가 살아온 이야기를 들은 사람들은 한결같이 나에게 정말 고생을 많이 했다고 말합니다. 하지만 그것 또한 각자 나름대로 느끼는 방식이 다르기 때문인 것 같습니다. 가난한 사람은 가난한 사람 나름대로, 또 부자는 부자 나름대로 각자 느끼는 고민이나 아픔이 있을 겁니다.

내가 나의 역사를 쓰는 작업을 하기 전에 어떤 연유로 이 글을 쓰게 되었는지를 말해두는 것이 필요하다고 생각합니다. 그래서 말이 좀 길어졌습니다. 1944년 5월에 처음으로 일본에 와서 지금까지 살아온 일을 하나부터 열까지 일일이 다 쓴다는 건 중3 딸에게도 힘들지 않을까 싶습니다. 그래도 지난 33년 동안 내 마음에 남았던 것, 잊고 지냈던 기억들을 떠올려 이야기해 보려고 합니다.

I
먼 여행의 시작

부산과 시모노세키를 운항하던 관부연락선 창경호

어느 날 갑자기

1944년 5월

일본은 중일전쟁을, 그리고 태평양전쟁을 일으켰습니다. 그 훨씬 전에 조선을 병합했습니다. 조선을 식민지로 만든 것이죠. 그래서 우리 조선인들에게는 일본 제국주의의 명령에 따르지 않는 것은 곧 죽음으로 이어지는 일이었습니다. 태평양전쟁의 시작과 함께 조선인에게도 징병령이 적용되었습니다. 징병령은 일정한 나이가 되면 군대에 끌려가는 것을 말합니다. 징용령이라는 것도 있었는데, 이것은 강제노동을 시키는 것입니다. 나도 이 징용령으로 일본에 끌려오게 되었습니다. 열일곱 살이 되던 해였습니다.

우리 조선인이 징용으로 끌려왔을 때는 한 부대에 백 명이 한 단위였습니다. 내가 소속된 징용부대도 마찬가지였습니다. 그 중에는 나보다 한 살 어린 열여섯 살짜리 아이들이 세 명 있었습니다. 내가 조선에 있었을 때 들은 바로는, 당시 징용령이 열여덟 살 이상부터 적용된다고 했는데, 열여섯 살짜리나 열일곱 살짜리도 꽤 있었습니다. 이해하긴 힘들지만 거기에는 침략적이고 식민지적인 계략이 있었던 것 아닐까요.

믿기지 않겠지만, 나는 천지신명께 맹세코 사실만을 말하겠습니다. 열여섯, 열일곱 살짜리까지 징용에 끌려온 것은 당시의 관헌이 호적상의 나이를 바꿨기 때문입니다. 이렇게 해서 조선인 아이들 수십만 명이 일본에 징용으로 끌려오게 되었습니다. 이걸 두고 우리 동료들 사이에서는 '목에는 밧줄을 감고, 엉덩이에 불을 붙여서'라고 말하곤 했어요. 바로 얼마 전에 〈뿌리〉라는 미국 드라마가 방영되었는데, 주인공이 정말로 목에 밧줄이 감겨서 끌려오더군요. 우리 경우는 실제로 목에 밧줄이 감긴 채 끌려온 것은 아니었습니다.

하지만, 그 이상으로 슬픈 일을 많이 당했습니다. 그래도 그걸 고생이라고 생각한 적은 없습니다. 다만 우리의 한심한 선조들이 서글플 뿐입니다. 왜 우리 나라는 일본의 식민지가 되어야만 했을까요? 그건 이 글을 읽는 독자들의 판단에 맡길 수밖에 없겠네요.

나는 열일곱 살 되던 1944년 5월에 아버지와 콩밭을 매고 있었습니다. "슬슬 점심 때가 되었구나"하고 아버지께서 말씀하셨습니다. 그리고 잠시 뒤, 마을(황해도 곡산) 이장과 면사무소에서 나온 사람, 그리고 다른 네 명 정도가 밭에 있는 우리를 향해 다가왔습니다. 그리고 마을 이장이 아무 말없이 노란색 봉투를 아버지에게 건넸습니다. 그때 나는 아무것도 눈치채지 못했습니다. 그 사람들은 한 마디도 하지 않고 돌아갔습니다.

아버지는 "좀 이르긴 하지만 점심 먹자"고 하시며 저를 데리고 집으로 돌아갔습니다. 그러나 정작 집에 가서 점심밥을 먹지는 않았습니다. 방에 들어간 아버지는 곧장 옷장을 열고 새하얀 목면으로 만든 양복 한 벌을 꺼냈습니다. ─이건 여담이지만, 어머니는 내가 열세살 때 돌아가셨고, 그 이후로 아버지가 홀로 자식들을 키웠습니다. ─ 그리고는 그 하얀 목면 양복을 제게 입혀주셨습니다. 철이 들고난 이래로 아버지가 나에게 옷을 입혀준 것은, 내 기억으로는 그때가 처음이었습니다. 나는 바로 깨달았습니다. 지금부터 어디로 갈지는 모르지만 징용이 틀림없다고 알아챈 것이죠.

우리에게 점심을 먹을 시간 같은 건 없었습니다. 그러고나서 서둘러 마을에서 조금 떨어진 버스정류장까지 갔습니다. 아버지는 한 마디도 하지 않으셨습니다. 버스정류장까지는 아마 15분이나 20분 정도 걸렸던

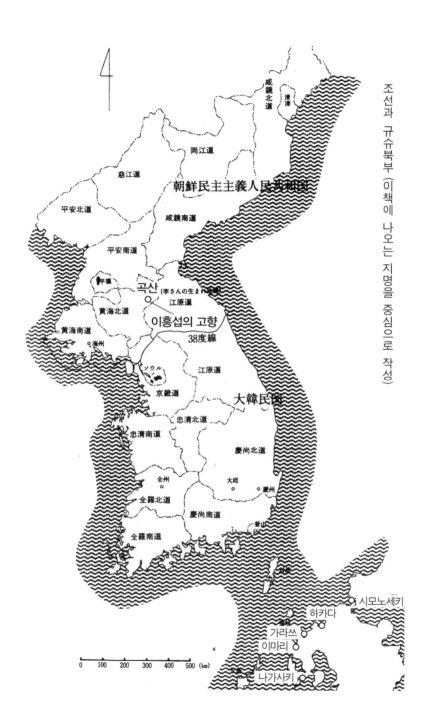

咸鏡北道

清津

両江道

慈江道

朝鮮民主主義人民共和国

平安北道

咸鏡南道

平安南道

平壌

곡산 (李さんの生まれ)

江原道

黄海北道

이흥섭의 고향

黄海南道

海州

38度線

ソウル

江原道

京畿道

大韓民国

忠清北道

忠清南道

慶尚北道

全州

大邱

慶州

全羅北道

慶尚南道

釜山

全羅南道

0 100 200 300 400 500 (km)

시모노세키

하카다

가라쓰
이마리

나가사키

것 같습니다. 무언가 이야기하려고 했다면 그 사이에 꽤 여러가지 이야기를 할 수 있었을 겁니다. 하지만 아버지도 나도 아무 말이 없었습니다. 말을 하지 않았다기보다 아버지에게 무슨 말을 해야 할지 몰랐던 겁니다. 아버지 마음이 어떨지 나는 전혀 가늠할 수 없었습니다.

얼마 지나지 않아 버스가 왔고 나는 올라탔습니다. 그때 아버지가 작게 접은 종이꾸러미와 목면으로 된 주머니에 무언가를 넣어서 나에게 건네 주었습니다. 나중에 종이꾸러미를 펼쳐보니 돈 70엔이 들어있었습니다. 목면 주머니는 그땐 열어보지 않았습니다.

그리고 철도가 있는 곳까지 가서 기차로 갈아탔습니다. 그때 나처럼 징용으로 끌려가는 젊은이들로 기차 안은 이미 한 부대가 되어 있었습니다. 기차는 그날 밤도, 그 다음 날도 계속해서 달렸습니다. 어디를 향해 달리는지 예상조차 할 수 없었습니다. 고향을 떠나 만 사흘 째 되던 날, 처음으로 기차에서 내릴 수 있었습니다. 그리고는 이제껏 본 적 없는 커다란 배에 태워져 마치 도살장에 끌려가는 돼지들처럼 떠밀려서 바다를 건넜습니다. 그렇게 해서 도착한 곳이 일본이라는 나라였습니다.

어두운 해협을 건너

일본까지 가는 배 안의 모습이 어제의 일처럼 떠오릅니다. 도살장에 끌려가듯 배에 오른 후, 갑판 위에서 계단 아래로 떠밀려 가장 밑바닥 선실로 떨어졌습니다. 그 순간, 믿을 수 없는 광경을 보았습니다. 마치 학들이 무리를 지어 잠든 것 같은 모습이었습니다. 몇몇 부대가 우리보다 먼저 그곳에 와서 웅크리고 앉아 있었던 겁니다. 무릎을 세워 가슴에 붙이고, 두 팔로 무릎을 바짝 당겨서, 명령이라도 받은 것처럼 턱을 무릎에 댄 채, 수많은 눈들만 내 쪽을 향해 있었던 겁니다. 나도 흰 색 양복을 입고 있었지만, 다른 사람들도 대부분 흰 옷을 입고 있었습니다. 그리고 그 중 아무도 턱을 무릎에서 떼는 사람은 없었습니다. 눈은 우리를 노려보고 있는 것만 같았습니다.

그러나 가만히 보고 있자니, 그 눈들이 딱히 어딘가를 향한 것은 아니라는 걸 알았습니다. 그 눈들은 슬픔인지 고통인지 알 수 없는 자신들의 운명을 스스로 점치고 있는 것처럼 보였습니다. 순간, 우리는 계단 아래에 멈춰섰습니다. 옆에서 호통치는 목소리가 들려왔기 때문입니다. 계단 밑에 서 있던 감시원들이 소리를 질렀습니다. 알아들을 수는 없었지만, 손짓을 보니 앉으라고 하는 것 같았습니다.

번호를 불린 것도, 이름을 불린 것도 아니었지만, 우리는 입을 다문 채 비어있는 자리로 가서 차례로 앉았습니다. 그때, 땅 밑 가장 깊은 곳에서 끓어오르는 신음 소리와도 같은, 몹시도 소름끼치는 목소리가 들려왔습니다. 다시 고함소리가 들리고는, 순식간에 조용해졌습니다.

배에 탔을 때는 아침 무렵이었던 것 같습니다. 배가 흔들리는 느낌이 들고 시간이 흘렀습니다. 이내 배의 흔들림이 점점 커졌고, 먹은 걸 토해내는 사람들이 많아졌습니다. 그러나 의사도, 약을 주는 사람도 없었습니다. 나도 수건을 입에 대고 얼굴이 벌겋게 될 때까지 고생을 했던 기억이 생생합니다.

몇 시간이 지났는지 모릅니다. 그렇게 크고 흔들리는 배는 태어나서 처음 탔기 때문에 나도 먹은 걸 다 게워냈습니다. 위장을 송곳 같은 걸로 마구 휘젓는 것처럼 아팠습니다. 열흘, 아니 스무날이 넘게 계속되었던 것 같이 느껴졌지만, 시간으로는 아마 7, 8시간 정도가 아니었나 싶습니다.

300명 정도 되는 사람들 대부분이 같은 고통을 겪었습니다. 그건 마치 지옥과도 같은 모습이지 않았을까요? 하지만 우리는 그런 것을 생각할 여유가 없었습니다. 그러는 사이에 배의 흔들림이 조금씩 약해지더니 점점 진정이 되어 배가 완전히 멈춘 것 같았습니다. 나는 눈이 한 척 정도 푹 꺼진 것 같은 기분이 들었습니다. 온몸의 힘이 다 빠져서 누가 살짝 건들기만 해도 그대로 날아가버리는 건 아닐까 하는 생각이 들 정도였습니다.

그런 생각을 하고 있자니 또 고함소리가 날아왔습니다. 계단 아래에 서있던 사람이 손짓으로 "일어나"라고 말했습니다. 우리는 아무 말도 하지 않고 일어섰습니다. 머릿속에서 무언가가 빙글빙글 도는 것 같았습니다. 내 몸이 그렇게 무겁게 느껴진 것은 그때가 처음이었습니다. 겨우 목적지에 도착했다는 생각이 들었습니다. 그리고 배에서 내렸습니다.

처음 간 일본

몇 십년만에 육지를 밟는 것 같은 느낌이었습니다. 우리는 대리석 기둥이 있는 궁전 같은 곳에 집합하게 되었는데, 음산한 기운이 도는 그곳은 무언가 연기로 그을린 것 같은 흔적이 있었습니다. 누군가가 각 부대별로 사람들을 모아 정렬하고 수를 세었습니다. 그리고 앞에서부터 순서대로 둥근 번호표가 가슴에 붙여졌습니다. 의자도 없는 콘크리트 바닥에 앉아서, 나눠 주는 주먹밥을 받았습니다. 새하얀 쌀밥으로 만든 주먹밥이 두 개씩, 열서너 살 먹은 아이의 주먹만 한 크기였습니다.

징용 가면 배가 곯아 죽는다고 들었던 탓에, 새하얀 주먹밥을 나눠줄 땐 정말 깜짝 놀랐습니다. 여기가 어딘지는 몰라도 먹을 것이 흰쌀 밖에 없는 건 아닐까 하는 생각을 했습니다. 배 안에서 고생했던 것이 꿈은 아니었을까 싶었습니다. 모두가 그 주먹밥을 순식간에 먹어 치웠습니다. 그렇게 맛있는 건 먹어본 적이 없는 사람들처럼. 우리집은 농사를 짓긴 하지만 쌀은 거의 다 공출로 나가서 쌀밥은 설날이나 추석 같은 명절에만 먹을 수 있었기 때문에, 쌀로 만든 주먹밥을 보고 놀란 겁니다. 공출이라는 건 나라에 내는 것인데, 여기서 나라는 일본을 말합니다.

맛있는 주먹밥을 먹고나서, 한 사람당 담배를 세 개비씩 받았습니다.

이것도 나에겐 놀라운 일이었습니다. 담배를 피워본 적은 없었지만, 주니까 일단 받았습니다. 담배를 피울 줄 아는 사람은 기분 좋게 담배를 피웠습니다. 한 개비를 다 피우기도 전에 이번엔 기차에 타야했습니다.

다시 몇 시간이 흐른 것 같았습니다. 창 밖은 이미 새카만 어둠이었습니다. 때때로 창 밖에 작은 불빛이 스쳐지나갔습니다. 다들 시계가 없었기 때문에 확실한 시간은 알 수 없었지만, 목적지에 도착했습니다. 기차에서 내려 30분쯤 걸어서 운동장 같은 곳에 집합, 정렬했습니다. 그리고 가슴에 붙인 번호를 확인받고는 마지막 목적지라고 여겨지는 곳에 도착했습니다.

거기서 세 그룹으로 나뉘어 3미터 정도 높이의 판자벽 한쪽에 있는 입구로 들어갔습니다. 그리고 다섯 명씩 각각의 방으로 들어갔습니다. 그곳은 기다란 가옥으로, 세 평 정도되는 방이 10개 정도 죽 늘어서 있었습니다. 봉당이 방 앞에 놓여 있고, 방 한 칸 길이가 3미터, 길고 좁은 복도가 30미터쯤 되어보였습니다.

내가 조선의 콩밭에서 일본의 이 방에 들어와 앉기까지 꼬박 엿새 하고도 반이 걸렸습니다. 여기는 어디며 앞으로 무얼 할지 예상조차 할 수 없었습니다. 조금 시간이 지나자, 배에서 내렸을 때 먹은 주먹밥과 똑같은 주먹밥을 두 개씩 받았습니다. 주먹밥 모양이 삼각형인 건 참 이상하다고 생각했습니다. 우리나라에서는 주먹밥이라고 하면 달걀 모양이거든요. 전에 먹었을 때와 그 맛은 다르지 않았습니다. 다만 바뀐 게 있다면 노란 무가 반찬으로 나온 겁니다. 이렇게 노란 색깔의 무를 본 것은 처음이었습니다. 무는 하얗다고 알고 있었기 때문입니다. 노란 무를 보고 더욱 더 여긴 어디일까 궁금해졌지만 도무지 알 길이 없었습니다.

내가 들어간 방에도 나와 같은 처지의 동료가 다섯 명 있었습니다. 가장 나이가 많은 사람은 흰머리가 잔뜩 난 아저씨였습니다. 그리고 가장 나이 어린 사람은 나보다 한 살 아래인 아이였습니다. 주먹밥에 이어 노란빛이 도는 뜨거운 물이 나왔습니다. 물 맛이 써서 우리는 모두 한 모금만 마시고는 입에 대지 않았습니다. 혹시 독이 아닐까 의심했기 때문입니다. 다른 네 사람도 모두 같은 마음이었을 겁니다. 그러나 나중에 보니 그 노란 색 뜨거운 물이 차(茶)라는 걸 알게 되었습니다. 노란 무도 무를 절인 단무지라는 걸 알게 되었죠. 우리나라에서는 배추나 무를 모두 그대로 하얗게 절입니다. 색이 있는 건 오이나 초봄에 나는 순무 같은 것들이죠.

조금 뒤에 우리 부대 중 한 사람이 "잘 시간입니다"라고 말하며 방을 돌아다녔습니다. 이불은 하나로 둘이서 덮었는데, 나이 든 아저씨만큼은 혼자서 썼습니다. 나는 한 살 어린 그 아이와 같은 이불을 덮었습니다. 불을 끄고나니 그제서야 마음이 좀 놓였는지, 서로가 고향을 소개하고 이름을 말했습니다. 같은 이불을 쓰는 짝꿍 아이는 '백'이라는 성을 가졌고, 나는 '이' 씨입니다. 다른 세 명의 성은 기억나지 않습니다. 그날부터 무려 34년이 흘렀으니까요……

조국 황해도 곡산의 기억

'백'은 통통하게 살이 올라 어딜 봐도 가난한 집 아이로는 보이지 않았습니다. 나로 말하자면 그 아이와는 정반대로 비쩍 말랐더랬습니다. 나는 어두운 천정을 올려다보며 그 아이가 자란 환경을 상상해 봤습니다. 그 아이에게 "학교는 다녔니?"라고 물었더니, 6년 동안 다녔다고 했습니다. 나도 학교를 다녔지만 4년밖에 다니지 못했습니다.

우리 집은 읍내에서 20리, 일본식으로 하면 8키로미터 정도 시골로 들어간 곳에 있습니다. 읍내에 있는 학교는 그당시 6년제였지만, 나처럼 시골에서 다니면 4년만에 졸업하게 됩니다. 읍내에서 학교까지의 거리는 12리였습니다. 나이 제한은 없었기 때문에 나는 8살 때 1학년이 되었지만, 같은 1학년이라고 하더라도 그 중엔 이미 다 큰 어른같은 사람도 있었습니다. 여름이 되어 옷을 벗어보면 겨드랑에 털이 난 사람도 있었으니까요.

우리 학교는 시골 학교라서 1학년부터 4학년까지 200명이 채 되지 않았고, 선생님도 교장선생님을 포함해 다섯 명밖에 없었습니다. 각 학년에 선생님이 한 명씩 배정되어 있었고, 교장 선생님은 일주일에 한 번 조선 역사 시간에만 들어와서 옛날 이야기를 하듯이 역사를 가르쳐 주었습니다. 내가 4학년이 되었을 때, 교장선생님이 일본인으로 바뀌었고, 그의 집이 학교 근처에 새로 세워졌습니다.

한 반에 열 명 정도의 학생들이 담임 선생님 손에 이끌려서 교장 선생님의 새 집을 견학하러 갔습니다. 그 집은 조선의 집과는 전혀 다른 모양새였습니다. 우선, 기둥이 사각이었습니다. 우리의 집 기둥은 둥근 나무를 그대로 사용했습니다. 현관문 주변에 판자로 만든 담도 우리 눈에는 특이하게 보였습니다. 조선의 집에는 판자로 된 담은 없습니다. 모두 흙담입니다. 흙담이라는 건 노란색 짚을 10센티미터 정도로 잘라 흙에 섞고 물을 부어 발로 다진 걸 둥그렇게 사람 키 정도로 쌓은 걸 말합니다.

이제부터는 내가 태어나 학교에 들어갈 때까지 살았던 고향집에 대한 기억을 이야기해 보려고 합니다. 먼저, 넓은 마당이 있었는데, 50평은 충분히 됐을 겁니다. 마당 한켠에는 여름 내내 풀을 베어서 열 평 정도 되는 크기의 직사각형으로 쌓아올려, 이듬해 봄까지 그대로 둡니다. 한여름에 2미터 정도 쌓인 풀더미 위로 어른들이 물을 뿌립니다. 그건 풀이 마르지 않도록 하기 위해서입니다. 그 풀은 이듬해 봄이 되면 썩어서 두엄이 됩니다. 요즘은 다 화학비료를 씁니다만……

마당 한켠에는 깊은 우물이 있었습니다. 양동이에 줄을 매서 물을 길어올리는 우물입니다. 여름엔 차갑고 겨울날 이른 아침엔 김이 무럭무

럭 올라오는 우물입니다. 마당을 앞에 두고 옆으로 길게 흙담이 둘러져 있고, 왼쪽에는 소 외양간이, 그 한가운데에 현관이 있었습니다. 그 문은 일본 시대극에 나오는 문처럼 양쪽으로 열리는 문입니다. 문을 열고 들어가면 봉당이 있고 곧 안뜰이 나옵니다. 바깥채와 마찬가지로 긴 직사각형의 마당입니다. 거기에는 강에서 주워온 자갈이 깔려 있었고, 부엌 구석엔 땔감이 잔뜩 쌓여 있었습니다.

그리고 부엌 왼쪽엔 4평 정도의 방이 있는데, 한 가운데도 같은 크기의 방이 있습니다. 가운데 방 오른쪽에 있는 부뚜막에는 커다란 가마솥이 세 개인가 네 개인가 나란히 얹혀져 있었습니다. 바깥채에서 안채 뒤쪽까지를 흙담이 둥그렇게 둘러싸고 있었습니다. 뒷마당에는 직접 담근 간

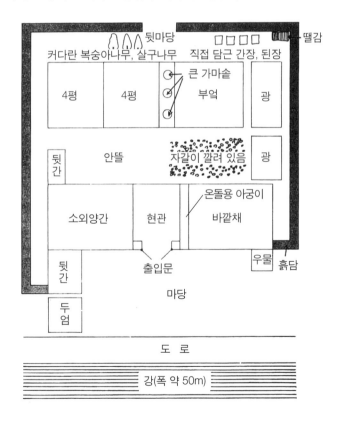

장, 된장이 든 장독 서너 개가 있고, 그 옆에 커다란 복숭아나무, 살구나무, 대추나무 같은 나무들이 있었습니다.

그러니까, 정사각형 안에 직사각형 모양의 안채가 있고, 그 앞에 직사각형 마당이 있고, 또 그 앞에 직사각형인 별채가 있는 집입니다. 모든 건물은 다 둥근 기둥으로 되어있었습니다. 그리고 바깥채와 안채 가장자리 쪽에 광이 있었고, 광 바로 맞은편에 뒷간이 있었습니다. 그래서 안뜰은 완전히 건물로 둘러싸여 있었죠. 여름에는 안뜰에 평상을 깔고, 가끔은 일찍 나온 달을 보며 둘러앉아 저녁밥을 먹기도 했습니다. 이런 형태의 집에서 자랐기 때문에 새로 지은 일본인 교장 선생님 집 현관문은 왠지 이상해 보였습니다. 일본식 건물을 본 것은 그때가 처음이었습니다.

도착한 첫날 밤이 지나고

긴 방이 죽 늘어서 있는 지붕 밑에서 우리는 아마도 코를 골았을 겁니다. 갑자기 판자로 만들어진 좁은 복도를 탕탕 두드리는 소리에 깜짝 놀라 이불 속에서 벌떡 일어났습니다. 잠에 빠져있던 사람들도 모두 일어났습니다. 그건 우리를 깨우기 위한 것이었습니다. 그 사람은 우리와 피부색은 같았지만 어딘가 달라 보이는, 그런 느낌이 드는 사람이었습니다. 이런 아침의 모습은 앞으로 내가 높은 판자벽을 넘어 도망갈 때까지 계속됩니다.

우리가 이 방에 들어와서 하룻밤이 지났을 때였습니다. 그 방에 있는 동료 모두가 각자 보따리를 들고 왔습니다. 지금 생각해보면 한참 전에 텔레비전에 나왔던 '도쿄 본타*'라는 코미디언이 항상 메고 다녔던 보자기 같은 것이 있었습니다. 나도 그렇게 녹색 천에 하얀 선이 그려진 보자

* 東京ぽん太(1939~1986). 일본의 코미디언, 만담가, 가수. 1960~1970년대에 주로 활동했다.

기로 싼 보따리를 가져왔지만, 이 방에 들어오기 전에 다른 사람들이 그랬던 것처럼 빼앗기고 말았습니다. 그 보자기에 내 가슴에 붙어있는 번호와 같은 번호표가 붙여진 것을 봤습니다.

나중에 그 보따리때문에 굉장히 힘든 일을 겪게 됩니다. 나는 아버지에게 그 보따리를 받은 뒤로 한번도 열어보지 않았습니다. 그래서 무엇이 들어있는지 몰랐습니다. 다만 보따리 크기에 비해서 꽤 무거운 것이 들어있다는 걸 알 수 있었습니다. 이 보따리를 보면 내가 학교에 다녔을 무렵의 일이 떠오릅니다. 그때는 요새같은 책가방 같은 걸 본 적이 없었습니다. 책이나 필기장은 보자기에 싸고, 연필은 마분지로 만든 필통에 넣고, 그것도 보자기에 싸서 어깨부터 등까지 걸쳐 메고 4년 동안 학교에 다녔던 겁니다. 그래서 '도쿄본타'가 그 보자기를 메고 텔레비전에 나왔을 때는 옛날 생각이 많이 나더군요. 그 보자기는 학교에 다녔던 때부터 40년이 넘도록, 그리고 일본에 와서 30년 넘게 지났어도 잊을 수가 없습니다.

그날 아침 그렇게 깜짝 놀라 일어나서 식당으로 갔습니다. 식당 입구에 사무소가 있는데, 접수처에서 가슴에 붙은 번호인 320번을 큰소리로 외칩니다. 그러면 접수처 사람이 내 가슴에 붙은 번호와 같은 번호의 나무 팻말을 줍니다. 그걸 들고 차례로 식당에 들어가면 또 접수구가 있는데, 그곳에 자기 번호표를 내밉니다. 그럼 그 번호표에 따라 밥과 반찬을 받습니다. 그걸 가르쳐준 사람은 우리와 함께 끌려온 사람들 중 하나였죠. 그 사람은 일본어를 할 줄 아는 것 같아 보였습니다.

식사가 끝나고 식당 앞 광장에 번호순대로 줄을 섰습니다. 그리고 저녁이 되자 우리가 처음에 모였던 학교 운동장으로 이동했습니다. 연단에 올라간 사람이 이야기를 시작했습니다. 그 사람은 아무리 봐도 생김새는 조선인이 아니었는데, 입에서 나오는 말은 틀림없는 조선말이었습니다.

내가 학교에서 배운 표준 조선어로 나같은 시골 사람도 확실히 알 수 있는 조선말을 하고 있었습니다.

그는 먼저 "자네들이 여기까지 오느라 고생이 많았을 것이다."라고 말을 시작했습니다. 그리고는 "이곳은 일본 땅 규슈이다. 여기 주소는 사가현 도쿠스에(佐賀県 德須恵)이다. 자네들이 앞으로 2년 동안 일할 곳은 탄광이고, 그 안에 들어가 석탄을 캐는 일을 하게 된다. 그 전에 오늘부터 2주 동안 훈련을 받을 것이고, 훈련이 끝나면 실제로 작업에 들어가게 될테니 모두들 열심히 훈련을 받고, 병에 걸리지 않도록 주의해서 나라를 위해 일해주길 바란다." 주로 이런 이야기였습니다.

군대식 훈련

그 뒤로 우리는 '하나, 둘, 셋, 넷' '우향우' '좌향좌' '뒤로돌아' 그리고 '경례' '앞으로 전진' '구보'…… 이런 걸 배우고, 1미터50센티미터 길이의 대나무 막대로 '얏', '차렷' …… 이런 걸 배우기까지 또 며칠이나 걸렸습니다. 자세가 나쁘다, 구령소리가 작다…… 너무 힘들었습니다. 일본어도 모르는데 이런 훈련을 받다니, 게다가 석탄을 캘 때 이런 훈련이 무슨 쓸모가 있다는 것인지. 정말 이상한 훈련이라고 생각할 수밖에 없었죠.

그리고 구보로 3킬로미터를 가다가, 도중에 뻗어버리는 사람도 나왔습니다. 그런 사람들은 대부분 나이가 있는 사람이었습니다. 훈련을 받으면서 먹는 양이 적고 그 맛도 형편없다는 것이 가장 기운 빠지는 일이었습니다. 밥이라고는 해도 노란색, 마치 종기 부스럼 같은 것이 대부분이고, 쌀알은 셀 수 있을 정도였습니다. 나중에 알았는데 노란 종기같은 것은 콩깻묵이었습니다. 콩깻묵은 대두의 기름을 짜고 남은 찌거기를 말합니다. 반찬도 가끔 소금에 절인 청어가 나오면 잘 나오는 정도였습니다.

훈련이 아무리 힘들어도, 맛없는 밥이라도 많이만 주면 좋을텐데 하고 항상 생각했습니다.

우리는 훈련 전에 연단에서 이야기해준 그 일본인 덕분에 우리가 일본에 왔다는 것을 처음으로 알게 되었고, 앞으로 탄광에 들어가 석탄을 캐야한다는 것도 알게 되었습니다. 우리나라에 있었을 때, 징용을 가면 배가 곯아서 죽는 사람도 있다고 들었기 때문에 어느 정도 각오는 하고 있었지만, 실제로 배가 고프다는 것은 말로는 다 하지 못하는 고통입니다. 나는 나이가 젊었기 때문에 나이 든 사람처럼 훈련이 고되다고는 느끼지 않았지만 다만, 배가 고파서 너무나 힘들었습니다.

한밤중에 눈이 떠집니다. 소변을 보기 전에 먼저 수돗가에 가서 물을 벌컥벌컥 마셨습니다. 어느 날 밤이었던가, 나보다 훨씬 나이가 많은, 머리가 희끗한 아저씨에게 왜 연배도 있으신 분이 징용에 끌려왔는지 물어본 적이 있습니다. 사실 그 아저씨는, 스무살이 되는 아들이 끌려올 예정이었는데, 그 아들이 몇 달전에 집을 나가 연락이 끊겨 아들 대신 왔다고 했습니다. 그 얘길 듣고 만약 나도 도망을 갔더라면 아버지가 나대신 끌려왔겠구나 하는 생각이 들면서 왠지 아버지한테 좋은 일을 해드린 것 같은 기분이 들었습니다.

훈련은 나날이 군대식이 되어갔습니다. 엎드려서 팔꿈치로만 전진하는 훈련을 하고 총을 들고 경례하는 법도 배웠습니다. 그 외에도 훈련의 일종이라며 탄광 본사 사무실이 있는 뒷광장의 제초 작업까지 했습니다. 아무리 생각해 봐도 석탄을 캐는데 전혀 필요할 것 같지 않은 훈련이 두 주를 꽉 채워 이어졌습니다.

훈련 마지막 날, 또 조선말을 잘 하는 그 일본인이 와서 "훈련은 오늘로 끝이고 내일부터 일을 하게 된다"라고 알려주었습니다. 그 전에 오늘 밤 학교에서 모두를 위로하기 위한 영화 상영회가 있으니 영화라도 보고 내일부터 열심히 일하라고 해서, 그날 밤 우리는 모여서 영화를 봤습니다. 영화를 봐도 알아듣지를 못하니 그저 풍경이나 건물, 그 장면에 나온 사람들의 몸짓을 보고 이 영화는 매우 슬픈 영화구나 하고 생각했습니다. 영화 제목도, 배우들 이름도 알 방법은 없었습니다. 그래도 지금까지 그 영화 속에 나온 노래만큼은 기억하고 있습니다. 그 노래는 '스러져가는 저녁놀'이라는 노래였습니다. 일본 영화를 본 것이 그때가 처음이었습니다. 집을 나오고 나서 나에게 생긴 모든 일들이 다 생전 처음해 보는 것뿐입니다. 아마 앞으로도 처음으로 경험하는 일들이 계속 생길 것이라는 생각이 들었습니다.

영화는 두 시간만에 끝났습니다. 그리고 가기 전과 마찬가지로 모두 모여서 정렬하고 번호를 붙여 사람 수를 세었습니다. 그랬더니 사람 수가 부족해서 두 번, 세 번 큰 소리로 다시 번호를 외쳤지만, 역시 몇 명인가 모자랐습니다. 그러자 합숙소 직원들이 학교 안을 뒤지기 시작했습니다. 학교 선생으로 보이는 사람들 네댓 명이 함께 없어진 사람들을 찾으러 다녔습니다. 우리는 정렬한 채로 감시원에게 감시를 받으며 한 발자국도 움직일 수 없었습니다. 학교 구석구석을 몇번이나 뒤져가며 찾았지만 한 사람도 찾아내지 못했습니다. 옆 사람과 말을 나누지는 않았지만, 나는 마음 속으로 '이들이 첫 도망자들입니다. 부디 붙잡히지 않기를'…, 그렇게 빌었습니다. 아마 다른 이들도 마찬가지였을 거라고 생각합니다. 합숙소 직원들은 아무 말도 하지 않았습니다.

우리는 침상에 들어가서야 겨우 도망간 사람들에 대해 이런저런 이야기를 할 수 있었습니다. 도망간 사람은 몇 명이고 누구라는 것을 밤이 깊어질 때까지 소곤소곤 이야기했습니다. 몇 명이 도망갔는지는 확실히 모르지만, 사람 수를 세면서 번호를 붙였던 것을 생각해 보면 네댓 명 정도일 것 같습니다. 당시 우리에게는 자극적이고 깜짝 놀랄 사건이었습니다.

탄광 광부가 되어

우리는 예정대로 탄광 안으로 작업하러 들어갔습니다. 작업을 하러 간다고 하면 먼저 작업복을 입고 도시락을 들고 가는 것이 보통이지만, 탄광이라는 곳만은 전혀 다릅니다. 작업복이라고 하는 것이 손바닥 만한 훈도시*한 장뿐입니다. 다른 것은 전혀 입지 않습니다. 탄광 입구 옆에 있는 현장 사무소에 자기 번호표를 내면, 캡이라고 하는 전등이 붙어있는 모자를 받게 됩니다. 그걸 쓰고서 작업장 근처까지 '인차'라고 부르는 철판으로 만든 광차에 실려갑니다. 처음에 인차에 타고 급경사면을 떨어질 것처럼 내려갈 때는 너무 무서워서 엉덩이 근육이 오그라드는 것 같았습니다.

나에게 주어진 일은 '굴진부'라는 것이었는데, 탄층이 있는 방향을 향해 터널을 파는 일입니다. 물론 나같은 징용인들은 그런 일을 할 능력이 없기 때문에, 폭파로 생긴 광물이 섞이지 않은 돌인 버력을 광차에 쌓는 일을 했습니다. 그렇게 어렵지 않은 일이었기에 몸이 아주 힘들지는 않았지만, 너무 더워서 완전히 녹초가 되어버립니다. 경우에 따라서는 하루 종일 굉장히 힘든 일을 할 때도 있습니다. 바로 채탄 작업입니다. 채탄부들은 하루 작업을 끝내고 밖으로 나오면 온몸은 새까만데 눈만 뒤룩뒤룩 움직입니다. 마치 검은 덩어리에 눈이 달린 것처럼요.

그런 일이 매일같이 이어졌고 두 주 정도가 지났을 때입니다. 합숙소에 처음 왔을 때 빼앗겼던 보따리를 돌려준다고 하는 겁니다. 다른 사람들은 어땠는지 모르겠지만, 나는 내가 가져온 보따리 안에 무엇이 들어있었는지 정말 몰랐습니다. 한 사람씩 불려 나가고 짐을 돌려받기 시작했습니다. 그런데 열 대여섯 명 정도가 짐을 돌려받지 못했습니다.

---

* 일본의 성인 남성이 입는 면 재질의 전통 속옷.

다음날, 한 사람씩 불려가서 짐을 돌려받았습니다

내 차례가 되어 합숙소 사무실에 가보니, 내 보따리가 사무실 바닥에 펼쳐져 있었습니다. 직원 중 한 명이 내 것이 맞냐고 묻더군요. 그렇다고 대답했더니, 반지 하나를 눈앞에 들이대면서 이건 뭐냐고 물었습니다. 나는 모르는 일이었기 때문에 대답을 못하고 가만히 있었습니다. 그랬더니 지금 전쟁 중인데 이런 물건을 나라에 공출하지 않고 숨기고 있다니 너는 비국민(非國民)이라며 크게 화를 냈습니다. 결국 그 반지는 돌려받지 못했고 나머지 짐만 돌려받았습니다.

방으로 돌아와 처음으로 내가 가져 온 짐을 열어봤습니다. 속옷이라고 해봐야 팬티가 석장, 그리고 목면 천으로 만든 주머니가 있었습니다. 그 주머니엔 하얀 가루가 삼분의 일 정도 채워져 있었는데, 쌀을 빻아 만든 쌀가루입니다. 당시에 징용으로 끌려오는 사람들은 거의 모두 쌀가루를 가지고 왔습니다. 배가 고파서 견딜 수 없을 때, 이 쌀가루를 물에 타서 먹는 겁니다. 그것 말고는 세면도구가 있었습니다. 나중에 알게 되었는데, 합숙소 사무실에서 빼앗긴 반지는 돌아가신 어머니의 유품이었습니다. 아버지는 그 반지를 쌀가루 안에 넣어서 내게 들려보냈습니다. 합숙소 직원은 그 쌀가루 속까지 조사했던 것이죠. 그리고 나는 비국민이라고 혼이 났던 겁니다. '비국민'이라는 건 당시 군대, 경찰 그 외 권력을 가진 사람이 큰소리로 호통을 칠 때마다 항상 입에 올리는 단어였습니다. 일본국민이면서 일본국민이 아니라는, 말도 안되는 단어입니다. 그 동안 귀에 딱지가 앉을 정도로 너희들은 비국민이라는 말을 들어왔습니다.

린치를 목격하다

어머니 반지도, 영화 상영회때 도망친 사람들에 대해서도 더 이상 회자되지 않을 즈음이었습니다. 더운 여름이었습니다. 매일 아침 일찍 땅

속에 들어가 밤 늦게 밖으로 나오기 때문에 계절이 바뀌는 것도 모른 채 지나가는 날들이었습니다. 앞에서도 말했듯이 우리가 자고 일어나는 곳은 길다란 집 한 칸을 여러 개의 방으로 나누어 놓았기 때문에, 한 지붕 밑에 약 30명, 방은 6개 정도, 밤에 덮는 이불은 세 채, 두 사람이 이불 한 채를 씁니다. 저녁 식사가 끝나면 바로 잠자리에 듭니다. 다른 방 사람들과 서로 왕래도 할 수 없었습니다. 가옥 입구에서 합숙소 직원이 밤 늦게까지 감시하고 있었기 때문입니다.

작업할 때도 방에 돌아왔을 때도 한증막같은 더위가 계속되던 어느 날 밤, 막 잠자리에 들었을 때였습니다. 사무소 쪽에서 커다란 비명 소리, 고함치는 소리 같은 것이 들려왔습니다. 쭈뼛거리며 목을 길게 빼고 입구 방향을 보니, 감시하고 있어야 할 직원이 보이지 않았습니다. 우리 방은 입구에서 두 번째 방이었습니다. 뒤돌아 안쪽을 보니 다들 똑같이 목만 내밀고 입구를 보고 있었습니다. 우리는 서로 아무 말도 하지 않았지만, 말을 맞춘 것처럼 방 밖으로 나가 보았습니다. 등을 구부려서 키를 낮추고 창문 너머로 사무소 안을 들여다보니, 직원 대여섯 명이 둥그렇게 둘러서서 각자 큰소리로 고함을 치고 있었습니다.

그 안에 우리와 같은 부대에 징용으로 온 사람이 한 사람 섞여 있었습니다. 그 사람의 성은 시라야마인데, 이름은 모릅니다. 일본어를 잘하고 폭력배처럼 걷는 사람이었습니다. 그에게는 우리 부대의 대장이라는 직권이 주어졌기 때문에 합숙소 직원들과 함께 있었던 겁니다. 대장은 우리처럼 탄광 안으로 일하러 들어가지 않습니다. 식사때마다 번호표나 도시락 식권을 나누어 주거나, 아침 기상 때에 곡괭이자루로 복도를 탕탕 두드리고 다니거나, 밤 8시가 되면 마찬가지로 복도를 두드리며 잘 시간이라고 외치고 다니는 것이 대장이 하는 일입니다. 그렇게 대장은 합숙소 직원과 같은 대우를 받으면서, 그들과 같은 일을 하는 것입니다.

시라야마의 손에는 검은 막대기 같은 것이 들려 있었습니다. 그것을 쥐고 그 앞에 웅크리고 있는 한 사람을 무지막지하게 때리고 있었습니다. 맞고 있는 사람의 얼굴은 보이지 않았습니다. 검은 막대기가 내리꽂힐 때마다 그 사람은 "크헉, 크헉" 하는 소리를 내뱉었습니다. 그 검은 막대기는 사실 막대기가 아니었습니다. 그 당시 우리들 사이에서는 공포스러운 은어가 있었습니다. 지금 대장이 내리치고 있는 검은 막대기를 우리는 '소좆'이라고 불렀습니다.

소좆처럼 딱딱하지도 않고 부드럽지도 않지만, 아무리 딱딱한 것을 내리쳐도 부러지지 않기 때문입니다. '소좆'의 재료는 생고무입니다. 우리가 비국민이라는 소리를 들으며 혼나는 건 그나마 나은 편입니다. 어떤 상황이 벌어져서 '소좆'을 만나게 되는 일이 더러 있습니다. 그것이 쉴새 없이 내리꽂히면 '퍽퍽'하고 둔탁한 소리밖에 나지 않습니다. 하지만 어깨, 등, 허리, 엉덩이, 이렇게 한번씩 맞은 곳은 꼭 기다란 자국이 남고 시뻘겋게 부어오릅니다.

우리가 엿보기 시작한 지 채 몇 분도 지나지 않아 벌써 서른 번 넘게 '소좆'이 휘둘러 졌습니다. 바닥에 웅크리고 앉아 매를 맞고 있는 사람은 이제 '크헉' 하는 소리조차 내지 못하는 것 같았습니다. 그래도 시라야마는 인정사정없이 방망이를 휘둘렀습니다. 우리는 서로 눈을 마주치고 발소리를 죽이며 방으로 돌아왔습니다. 입구에 감시하는 사람이 없었기 때문에 이야기를 나눌 수 있었습니다. 지금 사무소에서 매질을 당하고 있는 사람은 틀림없이 영화 상영회 때 도망친 네댓 명 중 한 명이 아닐까 하고 우리는 생각했습니다. 다들 잘 도망가서 이제 우리 사이에서 회자되지 않을 정도가 되었는데, 참 운이 나쁘다는 이야기를 나눴습니다.

그때 나도 언젠가는 도망칠 날이 오지 않을까 하고 생각했습니다. 실은 이미 탈주를 각오하고 있었습니다. 하지만 누구 하나 도망칠 것이라는 말을 입밖으로 꺼내지는 못했습니다. 그러나 아마 모두 같은 마음이었을 겁니다. 그날 밤은 너무나 더웠고, 모기에도 많이 물렸습니다. 사무소에서 매질을 당하고 있던 남자는 어떻게 되었을까 하는 걱정으로 쉽게 잠들 지 못했던 밤이었습니다.

강제노동의 날들

갑자기 금지된 오봉[*]외출

잠들지 못했던 그날 밤이 지나고 여느때처럼 식당에 갔습니다. 번호표를 내고 식권을 받을 때 무슨 말을 듣는 건 아닌지 내심 불안해 하며 식당에 들어섰지만 아무 일도 없었습니다. 식당에 들어가 아침밥을 받고 점심 도시락을 받으면, 먼저 아침밥을 먹고 나서 점심 도시락도 그 자리에서 먹어버립니다. 점심 도시락을 아침에 먹어버리게 된 지도 이미 한참 되었습니다. 아침으로 나온 밥의 양이 너무나 모자랐기 때문입니다. 당시에 나온 식사는 밥 한 그릇정도 되는 양이었는데, 대두에서 기름을 짜고 남은 콩깻묵이 반, 거기에 으깬 옥수수가 30%, 그리고 쌀이 20% 정도 섞여 있었습니다.

도시락도 마찬가지입니다. 반찬은 매일 아침 된장국이었지만, 된장 냄새만 조금 나는 국이었습니다. 여기에 단무지 두 쪽이 나옵니다. 그래서 아침밥과 도시락을 같이 먹어도 열 일곱 살인 내게는 턱없이 부족한 양이었습니다. 무엇이라도 좋으니 배가 조금 채워졌다고 느낄 만큼이라도 먹고 싶다는 생각이 끼니 때마다 들었습니다.

이런 생활이 이어져 탄광에 온지 이미 석 달 가까이 지나, 8월이 되었

---

* 매년 양력 8월 15일을 전후로 치러지는 일본 명절로, 죽은 조상의 영혼을 추모하는 일련의 행사.

습니다. 우리는 작업 성적에 따라 외출 허가를 받습니다. 하루도 쉬지 않고 한 달 동안 일한 사람은 다음 달에 외출 허가를 한 번 받습니다. 한 달에 하루라도 쉰 적이 있는 사람에게는 허가가 떨어지지 않습니다. 나는 석 달 동안 단 한번도 외출한 적이 없었습니다. 탄광 안에서 하는 일이 아니라 밭이나 논에서 하는 일이라면 쉬지 않고 한 달 정도는 일할 수 있었을 테지만, 익숙하지 않은 탄광 노동이다보니 머리가 아프기도 하고 몸이 아프기도 합니다.

그러나 다가오는 오봉에는 모두가 외출하게 될 거라는 이야기를 듣게 되었습니다. 나는 이 소문이 정말이라면 진짜 일본의 논과 밭 그리고 집 같은 걸 볼 수 있을 것이라는 생각에, 소문이라고 해도 상당히 기대가 되었습니다. 오봉 이틀 전 아침, 식당으로 가는 도중에 사무소 앞에 벽보가 붙어 있었습니다. 소문대로 14일부터 사흘간 오봉 휴가이고, 지금껏 하루도 쉬지 않고 일한 사람은 사흘 모두 외출할 수 있으며, 그렇지 않은 사람들은 하루만 외출을 허가한다는 내용이었습니다. 나는 다만 한 시간이라도 좋으니 이 높게 둘러쳐진 담 바깥으로 나가길 바랐기 때문에 온종일 외출이 정말로 기대가 되었습니다.

그날은 탄광에 들어가 작업을 하면서도 '만약 외출하면 먼저 일본 식당에 들어가 맛있는 것을 배불리 먹어주리라, 어디라도 좋으니 널따란 길을 기분좋게 걸어보고 싶다, 그런데 일본인과 만나면 뭐라고 말해야 하나' 등등 이런저런 생각을 머릿속에 떠올렸습니다. 그런 상상을 하다보니 그날 하루는 지금까지의 그 어떤 하루들보다 시간이 빨리 흐른 것 같았습니다. 어렸을 때 추석이나 설을 앞두고 앞으로 '며칠밤만 자고 나면 설날이구나' 하고 고대하며 기다렸던 것처럼.

저녁에 작업이 끝나고 합숙소에 돌아와 목욕탕에 갔습니다. 그날은 특별히 몸을 두 번 세 번 깨끗이 씻었습니다. 밤에는 같은 방 동료들과 다음날의 외출에 대해서 이야기를 나눴습니다. 우리 방에는 한 번도 쉬지 않고 일한 사람은 없었기 때문에, 모두 단 하루만 외출이 허락되었습니다. 아마 다른 방에도 하루도 쉬지 않고 일한 사람은 없지 않을까 싶습니다. 날이 밝고 드디어 오봉날. 아침 식사는 평소와 다름 없었습니다. 오전 9시, 외출 허가 시간이 되었습니다. 같은 방 동료들이 다 함께 외출하기로 했기 때문에 모여서 사무소로 갔습니다.

벌써 서른 명 정도가 외출허가를 받으려고 줄을 서 있었습니다. 순서대로 자기 번호표를 내고 외출 허가를 받았습니다. 외출시 주의사항이 적힌 종이가 창구에 붙어 있었습니다. 오후 4시까지 돌아올 것. 그때까지 돌아오지 않을 경우, 탈주로 여기고 수색하여 체포한다. 다른 사람의 물건을 훔치지 말 것. 교통수단을 이용하지 말 것 등등. 나는 주의사항 중에서도 교통수단을 절대로 이용하지 말라는 조항이 참 이상하기도 하고 우습기도 했습니다. 어디에서 타는지, 목적지가 어딘지도 모르는 우리로서는 반대로 교통수단을 이용하라고 해도 이용하지 못할 처지였기에 더욱 우스웠습니다.

나는 차례를 기다리는 동안, 외출 목적은 무얼 먹든지 배부르게 먹는 것이 첫째요, 그 다음에 교통수단의 시간표와 출발지, 종착지를 알아보아야겠다고 생각하고 있었습니다. 언젠가 탈출할 때 필요한 정보를 이번 기회에 머리에 넣어두려고 했던 것이죠. 드디어 내 차례가 되어 번호표를 내밀었습니다. 시라야마 대장이 접수를 받고 있었습니다. 지금도 기억하고 있는데, 시라야마 대장의 얼굴은 한때 일본 전체를 떠들썩하게 했던 록히드 사건*과 관계있는 고다마 요시오*의 얼굴과 아주 닮았습니

* 1970년대 미국의 군수업체이자 항공기 제작사인 록히드 사가 전일본공수에 수주하기 위해 일본 정치가들에게 뇌물을 뿌린 사건.
* 고다마 요시오(児玉与志夫, 1911~1984)는 일본의 극우운동가이며, 폭력조직의 고문을 지냈고, 정재계의 흑막, 해결사로 불렸다.

다. 물론 그때 시라야마는 서른 넷이나 다섯 정도의 나이로 젊었지만, 아무튼 정말 쏙 빼닮았습니다.

시라야마 대장이 번호표를 받더니 내 얼굴을 가만히 노려보았습니다. 그리고는 이번에 외출이 금지되었으니 방에 돌아가라며 번호표를 돌려주는 것이었습니다. 나는 이번 외출을 학수고대하고 있었기 때문에 번호표를 돌려받았을 때는 울고 싶은 심정이었습니다. 왜냐고 물었더니, 내 명부에 비국민이라는 도장이 찍혀 있기 때문이라는 겁니다. 얼마 전에 고향에서 가져 온 짐 속에 들어있던 반지 때문에 외출 기회를 빼앗긴 것입니다. 비국민이라는 딱지는 아마 앞으로도 내 삶에 여러가지로 영향을 미칠 것 같다는 느낌이 들었습니다. '비국민'은 요즘 말하는 '요주의 인물'과 비슷한 말이었던 것 같습니다.

나는 어쩔 수 없이 방으로 돌아왔습니다. 다른 이들은 모두 외출했고, 병자를 제외하고는 높다란 벽 속에 유일하게 나만 남은 것 같았습니다. 얼마나 외롭던지요. 아버지가 그 반지를 짐 속에 넣은 이유는 평생 다시 만날 수 없을 것 같은 아들에게 주는 전별금이었을테고, 또 어머니의 유품이었기 때문일 테지요. 하지만 그것이 쌀가루 속에 숨겨져 있었기 때문에 사무소 직원들 감정이 나빠졌나 봅니다. 그러나 아무리 생각해도 너무 심한 처사로 여겨졌습니다. 그 반지는 공출한다며 가져갔으니, 그 시점에서 다 끝난 일이라고 생각했습니다. 석 달이나 지나고 나서 그 일로 벌을 준다는 건 너무나 집요하고 치사한 처사입니다. 억울하기 그지없는 일이었습니다.

탈주를 향한 의지

모처럼의 외출도 하지 못하게 된 나는 '왜 이렇게 운이 없을까' 하고 자신을 원망했습니다. 나는 비국민이라는 말의 뜻을 좀처럼 이해할 수 없었습니다. 그래서 집요한 처사라고 생각했던 겁니다. 지금은 비국민이라는 단어를 쓰는 사람도 없고, 그런 글자를 볼 일도 없습니다. 하지만 당시 비국민이라는 표현은 범죄자와 같은 뜻으로 쓰였습니다. 그래서 강제 노동 중에 외출하는 것조차 허락되지 않았던 겁니다.

이 일은 전쟁이 끝나고 10년도 더 지난 후에 일본인들에게 들어서 알게 된 얘기지만, 당시 일본인들이 금, 은 등의 보석을 국가에 공출했을 경우엔 제대로 된 수취증을 줬다고 합니다. 그렇지만 나는 반지를 빼앗길 때도 수취증 같은 건 받지 못했습니다. 그 반지 때문에 외출 허락도 받지 못했고, 그 외에도 여러가지 힘든 일을 당했습니다. 별 수 없이 돌아간 방은 조용하고 무덥고 쓸쓸했습니다.

배급으로 받아 사람들에게 나눠주고 남은 담배 두세 개비가 있길래, 피워본 적 없는 담배에 불을 붙여 한모금 빨아 보았습니다. 그러자 연기에 숨이 막혀 눈물이 핑 돌고 기침이 터져 나왔습니다. 그 자리에서 담배를 끄고 수돗가에 가서 물을 목구멍으로 흘려보내고는 숨을 크게 들이쉬었습니다. 방으로 돌아가기는 싫고, 밖으로 나가면 한 소리 들을 것 같아 잠깐 망설이다가 두려움에 가슴이 두근두근하면서도 결국 밖으로 나갔습니다.

내가 생활했던 동의 배치를 설명해 보겠습니다. 입구로 들어가면 북쪽을 향해 폭 10미터의 공터가 대략 50미터 정도 뻗어 있고, 이 공터를 경계로 동쪽에 세 동, 서쪽에 세 동이 있습니다. 내가 자고 일어나는 동은 남쪽으로 난 입구로 들어가서 제일 동쪽에 있는 건물입니다.

우리 동에서 나오면 입구는 서쪽을 향해 있기 때문에, 아침 해의 그림자가 길게 그늘을 만들고 있었습니다. 맞은편 동 입구는 동쪽을 향해 있기 때문에 여름 햇살이 내리쬐고 있었습니다. 나는 일단 사무소를 봤습니다. 거기서 나를 보고 있는 사람은 아무도 없었기에 안심했습니다. 아침 햇살의 그림자가 드리워져 있는 우리 동 벽에 등을 대고 그냥 무너지듯 주저앉았습니다. 땅바닥에 엉덩이를 붙이고 무릎을 세워 쭈그리고 앉아서 잠시 동안 그렇게 있었습니다. 이야기할 상대도, 할 일도 없이 그저 가만히 사무소의 창문을 지켜봤는데, 아무런 기척도 없었습니다. 한 번 더 안심이 되고 마음이 놓였습니다.

그날은 1944년 8월 15일이었습니다. 오전 10시쯤, 가만히 앉아서 가장 먼저 떠오른 생각은 외출한 사람들은 지금쯤 어디에 가서 무엇을 하고 있을까, 걷고 있을까? 아니면 다른 교통수단을 타고 있을까? 어디를 가려고 했을까? 하는 것이었습니다. 여러가지 생각을 떠올리며 '아, 나도 외출하고 싶다…' 하는 마음에 가슴이 꽉 막혀왔습니다. 그러는 사이 내게는 다른 생각이 떠올랐습니다. 나는 지금 서쪽을 향해 앉아있습니다. 그러면 왼쪽이 남쪽이고 오른쪽이 북쪽이 됩니다. 오른손을 쭉 펴서 북쪽을 가리켜봤습니다. 그곳이 내 마음 속에 있는 고향입니다. 그리고 내 생각은 북쪽을 향해 움직이기 시작했습니다.

사람 마음이란 건 참 신기해서 힘들 때나 기쁠 때에는 반드시 자기 고향이나 어릴 적 일을 떠올리고 그리워하는 것 같습니다. 그때 힘들거나 기뻤던 건 아니지만, 내심 외로웠기 때문에 고향 생각이 났던 모양입니다. 나는 결심했습니다. 여기에서 도망치겠노라고. 그래서 우선은 어떻게 하면 도망칠 수 있을지를 머릿속에 그렸습니다. 주변을 둘러싼 벽은 높이가 3미터 정도입니다. 낮엔 일하러 탄광 안에 들어가기 때문에 가능성이 없습니다. 낮 동안에 도망치려면 일을 쉬어야 하고, 일을 쉬려면 의사의 휴업증명서가 필요하기 때문에 이 방법은 안 됩니다. 그래서 밤에 도망치는 것을 생각했습니다. 밤은 어두워서 낮보다 조건이 좋습니다.

그러나 벽을 부수는 것이 관건입니다. 벽은 나무판자로 되어있었는데,

얇은 판자라면 부술 수 있겠지만, 무언가로 쳐서 부서질 것 같은 판자는 아니었습니다. 그래서 톱으로 자르는 것을 생각해 보았습니다. 그러나 톱으로 자르는 데 시간이 얼마나 필요할지 모르는 데다가 밤엔 조용하기까지 합니다. 톱 소리가 울려 퍼지겠죠. 이 방법도 안됩니다. 그럼 어떤 방법이 있을까? 나는 땅바닥에 손가락으로 합숙소의 도면을 그리면서 여러가지 탈출방법을 생각해 보다가 이내 포기하고, 또 다른 방법을 계속 궁리해 나갔습니다.

'흥화합숙소'(興和寮). 조선인들이 탄광에 끌려와서 수용되는 곳엔 전부 이름이 붙여져있습니다. 내가 일하던 탄광에는 흥화합숙소를 포함해 세 곳의 합숙소가 있었습니다. 한 곳에 평균 200명 정도 있었기 때문에 이 탄광에만 조선에서 끌려온 사람들이 600명 정도 될 겁니다. 탄광 이름은 '스미토모가라쓰(住友唐津) 탄광'이었습니다.

하던 이야기를 계속해 보자면, 나는 '어떻게든 이 탄광에서 도망쳐야 한다'고 스스로에게 말하면서 끊임없이 도망칠 방법만을 생각했습니다. 탄광에 일하러 가려면 15분 정도 걸어야 합니다. 그 15분 사이에 도망 갈 방법은 없을까 하고 생각해 보았지만, 이 방법도 불가능합니다. 왜냐하면, 합숙소에서 나올 때 몸에는 훈도시 한 장만 걸치고 있기 때문입니다.

요즘에 탄광에서는 어떤 복장으로 일하는지 모르겠지만, 그 당시에는 징용으로 온 우리 조선인들 뿐만 아니라 일반 일본인 노동자들도 아침에 탄광에 일하러 올 때는 훈도시 한 장만 입고 왔습니다. 그래서 그 차림이 우리 조선인들에 대한 차별이라든가 부끄러운 것이라고 생각한 적은 없습니다. 어찌됐든 합숙소에서 탄광 입구까지 오가는 15분 사이에 도망을 친다는 것은 일단 어렵다는 겁니다. 훈도시 한 장만 걸치고 도망을 칠 수는 없으니까요. 그래서 생각해낸 묘안은 다음과 같습니다. 아침을 먹을

흥화합숙소 평면도

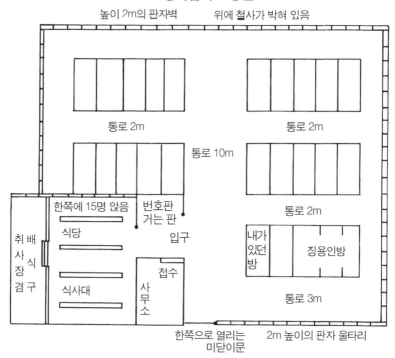

높이 2m의 판자벽　　위에 철사가 박혀 있음

통로 2m　　　　　　　　통로 2m

통로 10m

한쪽에 15명 앉음　번호판 거는 판

식당　　　입구　　　　통로 2m

취사장 겸 배식구

내가 있던 방　　징용인방

식사대

접수

사무소

통로 3m

한쪽으로 열리는 미닫이문　　2m 높이의 판자 울타리

때 점심 도시락을 받아 아침밥과 동시에 먹어 버리기 때문에, 정작 탄광에 들어갈 때는 빈 도시락을 가지고 들어갑니다. 도시락을 먹었다고 해서 합숙소에서 나올 때 도시락을 가지고 가지 않으면 혼나는 것은 물론이고, 복귀하고 나서도 저녁밥을 주지 않습니다. 그래서 빈 도시락이라도 작업장에 가지고 들어가는 겁니다.

　나는 그 빈 도시락 안에 옷가지 같은 것을 넣어서 가지고 나갈 수 없을까 하고 생각했습니다. 그러나 당시 옷가지들은 다 두툼한 것들뿐이라서 바지 한 개도 넣을 수 없었습니다. 앞서 말했듯이 우리가 일본에 왔을 때 입고 있던 옷은 다들 두꺼운 목면, 그것도 집에서 직접 만든 목면 양복이었습니다. 요즘 옷처럼 얇고 가벼운 것이 있었다면 도시락통에 바지 한 개 정도는 구겨 넣을 수 있을 테지만, 당시의 의류로는 어림도 없는 일이었습니다. 그래도 뭔가 방법이 있지 않을까 계속 생각했습니다. 그러는 사이 갑자기 사무소에서 종이 울렸습니다. 지금은 땡땡하고 울리는 종은 볼 수가 없지만 당시에는 학교나 합숙소, 사람이 많이 모일 때면 여러 곳에서 종을 쳤습니다. 종소리는 굉장히 잘 울리는데다 멀리까지 들립니다. 그 소리를 가까이서 듣게 되면 머리가 아플 정도로 울리죠. 끝없이 이어지던 내 생각은 종소리로 그만 끊어지고 말았습니다.

'비국민'이라는 낙인

벌써 점심시간이 되었습니다. 외출은 금지되었지만 점심밥은 먹게 해주었습니다. 여기 와서 지낸 석달 반 동안 합숙소 식당에서 혼자 밥을 먹은 것은 그날이 처음이었습니다. 외출하지 못한 사람이 나 혼자만은 아닌 것 같았지만, 아마도 동별로 나누어 먹도록 하는 것이겠죠. 그때 거기 합숙소에 남아 있던 사람은 나와 마찬가지로 이름 옆에 비(非)*도장이 찍힌 사람들일 겁니다. 그런 사람들을 함께 식사를 하게 하면 무슨 작당이라도 벌일까봐 경계했나 봅니다. 평소엔 동이나 방 상관없이 마구 뒤섞여 북적거렸던 식당이었는데, 혼자서 밥을 먹자니 너무나도 외로웠습니다. 백 명 넘게 들어가는 넓은 식당 안에 내가 씹는 단무지 소리만 '오도독' 하고 울리는, 무더운 여름 한낮이었습니다.

밥을 두 세 숟가락 뜨고 나니, 그 이상은 먹고 싶은 마음이 들지 않았습니다. 밥그릇 안에는 옥수수 알갱이가 많은데 거기에 대두 깻묵이 미끄덩하게 들러붙어 있고, 쌀알이라고 해봤자 잘못 섞여 들어간 것처럼 군데군데 노란 알갱이들이 슬쩍 얼굴을 내밀며 "주인공은 제가 아니고 다

---

* 비국민이라는 표식.

른 분이에요"라고 말하는 것 같았습니다. 반찬이라곤 채 썬 무와 얇게 저민 튀김이 죄송하다는 듯 섞여 있는 조림이 작은 접시에 담겨 있을 뿐입니다. 그것 말고는 단무지 두 쪽이 소꿉놀이 같은 작은 접시에 담겨 있었습니다.

나는 조림만 깨끗하게 비우고 단무지도 한쪽만 먹고는 밥을 먹다 말았습니다. 모래를 씹는 것 같았기 때문입니다. 지금까지는 이런 밥조차 부족해서 조금이라도 좋으니 더 먹게 해줬으면 했는데 그날은 왠지 입맛이 없었습니다. 정말 그때까지는 그렇게 맛없다고 여긴 적이 없었는데……
나는 한참동안 내가 남긴 밥을 바라봤습니다.

나 말고는 아무도 없는 식당에 더위만 끈적하게 남아 있었습니다. 문득 다른 합숙소가 떠올랐습니다. 이 탄광에는 흥화합숙소 같은 합숙소가 세 군데 있다고 들었습니다. 다른 합숙소에도 나처럼 외출을 금지당한 사람이 있을테고, 그 또한 덩그라니 홀로 남겨져 흥건하게 땀이 번진 몸으로 깊은 수심에 잠겨 있겠지요. 할수만 있다면 이야기라도 나누고 싶었습니다. 그러나 그들도 합숙소의 담 안에서 한 발짝도 나갈 수 없는 신세일 겁니다. 새장 속 새가 아니라 우리에 갇힌 징용인이니까요……

나는 그때 청춘이라는 시절에 막 발을 내디딘 열 일곱 살 사내였습니다. 식민지에 태어난 숙명, 계속되는 악운, 군국주의의 강권, 강제노동으로 인한 자유의 박탈, 이러한 불운한 일들이 작은 나를 짓누르고 있었습니다. 아니, 나뿐만이 아닙니다. 몇십만 명의 징용인을 말입니다. 죄인 이상의, 개돼지보다 못한 이 처사에 나는 외치고 싶었습니다. '우리가 무엇을 잘못했나, 왜 우리가 이런 일을 당해야 하나, 내 청춘을 어떻게 할 것인가, 나라를 위해서가 아니라 전쟁을 하기 위함이 아닌가.' 이런 외침이 목구멍까지 차 올랐습니다. 손이 아플 정도로 주먹을 쥐었습니다. 미간에서 흐르는 땀이 눈에 들어가 눈물인지 땀인지 알 수 없게 되어 눈가에 번졌습니다. 그것을 닦을 생각도 하지 않고 입술을 꼭 깨물었습니다. 미지근하고 찝질했습니다. 나는 반팔 소매 한쪽을 끌어당겨 입가를 닦았습니다. 한탄한다고 해서 처지가 바뀔리는 없었습니다.

식당에서 나가려고 자리에서 일어났을 때 뒤에서 "어이, 야, 언제까지 그러고 있을 거야, 이 비국민 새끼"라는 고함 소리가 들려왔습니다. 시라야마 대장입니다. 나는 "예, 죄송합니다" 하고 고분고분하게 머리를 숙이고 그의 앞을 피하듯 식당을 나왔습니다. 거기서 한마디라도 대들면 절대로 득될 것이 없었기 때문이죠. 일부러 손해 볼 일을 만들어선 안됩니다. 나는 이미 탈주를 결심했으니까요…… 아직 방법조차 찾지 못했지만 언젠가는 반드시 탈주하고야 말테다. 그렇게 생각했습니다. 그가 고함친 것처럼 나에게는 '비국민'이라는 딱지가 붙어있었습니다. 그러니 도망갔다가 붙잡혀도 내 처지는 바뀌지 않습니다. 다만 마음에 걸리는 것은 붙잡혔을 때 당하는 매질이 고통스럽다는 것뿐입니다.

나는 식당에서 나와 중앙 통로에서 사무소 쪽을 돌아보았습니다. 나를 보고 있는 사람은 없는 것 같았습니다. 나는 "그때는 그때야"라고 소리 내어 말하면서 조금 전까지 앉아있던 동벽을 향해 걸어갔습니다. 그리고는 같은 장소에 같은 모습으로 앉았습니다. 인간이라는 건 한 가지 목적이 생기면 그것이 몸으로 나타나는 가 봅니다. 나는 나도 모르는 사이에 땅바닥에 십자를 그리고 그 오른쪽 끝에 '북'이라는 글자를 몇 번이나 썼습니다. 도망칠 때는 조금이라도 고향에 가까운 북을 향해 가겠다는 의지의 표시였습니다. 비국민이라는 소리를 듣건, 설사 사형을 당하건 탈주를 하려는 의지는 바뀌지 않았습니다. 탈주는 당연하고 정당한 것이라고 생각되었으니까요.

내가 왜 이렇게까지 도망치려고 하는 걸까, 그건 무엇보다 배가 고파서 뭐라도 좋으니 먹을 수만 있다면, 쓰든 맵든, 일단 잔뜩 배부르게 먹을 수만 있다면, 당장 죽어도 여한이 없겠다는 생각이 들었기 때문입니다. 도망가는 것보다 배부르게 먹겠다는 것이 본심이며 선결문제였던 것 같습니다. 만약 탄광에서 배부르게 먹게 해줬다면 그 정도로 절실하게 도망쳐야겠다고 생각하지는 않았을 겁니다.

세상의 모든 생물이 다 그렇겠지만, 특히 인간은 배가 고프면 일단 화가 나고 마음이 더러워집니다. 예를 들어, 식당에서 같은 방 동료와 마주 앉아 밥을 먹을 때 '저 녀석이 젓가락을 들자마자 배탈이 나서 밥을 못 먹게 되면 좋을텐데' 하는 생각이 순간적으로 뇌리를 스칩니다. 실제로 그런 일이 일어난다 하더라도 내가 그 사람의 밥을 대신 먹을 수 있는 것도 아닌데, 그런 바람이 마음 속에 생기는 겁니다. 이건 굶주림이 사람의 마음을 얼마나 나쁘게 만드는지 알게 해 줍니다. 나중에는 내 마음이 왜 이렇게까지 더러워졌을까 하고 스스로에게 화가 났습니다. 이러다가 내 마음까지 놓치고 마는 것이 아닌가? 적어도 스스로의 마음을 다잡아야만 인간임을 포기하지 않게 된다는 생각이 들었습니다.

어떻게 해서든 이곳에서 도망치지 않으면 내 마음이 달아난다. 그런 생각이 들 때마다 등이 뜨거워지고 머리 꼭대기에 불이 붙는 것 같았습니다. 그 뒤로는 합숙소 사무소를 볼 때마다 '저기엔 괴물이 있다. 나는 인간이다. 괴물은 무섭다. 무서운 것으로부터 도망치는 것이 인간이다. 어렵게 이 세상에 인간으로 태어났는데 왜 괴물과 함께, 그것도 명령을 받아가며 훈도시 한 장 차림으로 강제로 일하고 굶주리는가, 게다가 말조차 자유롭게 하지 못한다. 왜 왜 이런 일이……? 나는 도망칠 거다. 탈주하는 것이다. 잡히면 그때는 죽으면 된다. 여기에서 이렇게 더러운 마음을 뱃속에 담고 살아가느니 차라리 죽는 게 훨씬 낫다'고 생각했습니다.

도망치려는 생각을 계속하자 또 고향 생각이 났습니다. 그립고 외로웠습니다. 고향을 떠나온 지 겨우 석 달밖에 지나지 않았는데, 삼사 년은 더 흐른 것 같았습니다. 아무말도 못하고 버스정류장에서 헤어진 아버지, 이제 막 학교에 다니기 시작한 여동생, 태어나서 첫돌도 지나지 않아 어머니를 여읜 탓에 아버지 손에 큰 네 살 남동생, 모두들 지금쯤 무얼 하고 있을까. 남동생 녀석이 집 앞 작은 개천에 빠지지는 않았을까?

영변강. 그곳은 내가 자란 강입니다. 폭이 200미터나 되지만 항상 물이 가득 차 있었습니다. 깊은 곳은 바닥까지 4, 5미터나 되는데, 얕은 곳은 강 한가운데까지 1미터 정도이고, 가장자리는 30센티미터 밖에 안 됩니다. 학교에 들어갈 때까지 여름엔 아침부터 저녁까지 온종일 강에서 살다시피 했습니다.

당시 아이들은 너나 할 것 없이 홀랑 벗고 고추를 다 드러내놓고 다녔습니다. 한바탕 헤엄을 치고 나면 강가 얕은 곳에서 작은 물고기를 잡기도 하고, 맨손으로 풀숲에서 씨름을 하기도 했습니다. 놀다가 배가 고파지면 그냥 아무 밭에 들어가 토마토, 오이, 가지 같은 걸 따서 자기 배에 쓱쓱 문질러 닦은 다음에 먹습니다. 그 자리에서 배가 부르도록 먹는 겁니다. 어쩌다 지나가는 어른들에게 들킨다 해도 어른들은 화내지 않습니다. "너무 많이 먹으면 배탈난다." 그렇게 말하곤 그냥 지나갈 뿐입니다. 배를 채우고 나면 다시 강에 갑니다. 그리고 어두워질 때까지 강에서 놉니다. 가끔은 강 속 아주 깊은 곳을 들여다 볼 때가 있었습니다. 어린 아이들의 관찰 장소가 있었는데, 그곳은 마을 뒷산이 강까지 뻗어서 바위가 튀어나온 곳으로, 바위가 수면보다 1미터 정도 높은 곳입니다. 그곳에서 강바닥을 가만히 들여다봅니다. 그러면 흑돔을 닮은 물고기가 아가미만 새의 날개처럼 펼치고서 그 자리에 가만히 멈춰 서 있을 때가 있습니다. 때때로 옆구리를 반짝이며 그 옆으로 헤엄치는 똑똑한 물고기도 있습니다. 언젠가는 그 물고기들을 잡아 보고싶다고 생각했습니다. 일본에 오기 전에 그 물고기들을 잡으러 간 적이 있습니다. 흑돔을 닮은 물고기는 지렁이를 미끼로 쓰면 잘 잡히지만, 옆구리를 반짝이며 헤엄치는 똑똑한 물고기는 잘 잡히지 않습니다. 일본에 오기 전에 그 물고기만은 끝내 잡지 못했습니다. 정말로 고향은 애틋합니다. 모든 것이 다 그리워졌습니다.

이중의 차별 속에서

식민지, 전쟁, 군국주의 그리고 징용. 징용이란 탄광이나 군수공장, 비행장 같은 곳에 '이유를 불문하고 강제로 노동력으로 사용하기 위해서' 당시 일본 정부가 만든 단어입니다. 요즘 나온 사전을 찾아봤는데, 징용이란 단어는 실려 있지 않더군요. 이 단어 하나로 조선인들을 몇 십만 명이나 강제로 끌고 와서 저 좋을 대로 일을 시키고, 전쟁이 끝나자 사전에서조차 그 단어를 지워버리다니, 현재 일본의 학자나 박사님들도 참 너무하신 것 아닌가요? 전쟁 중에 일본이라는 나라를 지킨 것은 대체 누구였습니까? 정치가였나요? 군인들이었나요? 학자나 박사님들이었나요? 아니면 여자와 아이들이었을까요? 그래요. 모두들 무언가에 도움이 되었을 거라고 생각합니다.

그러나 우리 조선인들, 징용으로 끌려온 몇 십만 명의 노동자, 중년부터 열 일곱 여덟 살까지의 징용인 없이도 과연 전쟁이 가능했을까요? 일본의 국민, 여자와 아이들만으로 몇 백만 명이나 되는 군인들의 식량과 군수품을 생산할 수 있었을까요? 군인만이 아닙니다. 일본 본토에서 고생한 여자들, 아이들, 노인들, 그리고 몸이 불편한 사람들까지 포함해서 몇 천만 명의 사람들이 살아가기 위한 생필품은 누구의 땀으로 만들어졌다고 생각하나요? 나는 이런 걸 생각하다 보면 몸이 부들부들 떨립니다. 왜? 정말 왜? 전쟁 중에 일본을 지킨 것은 과연 누구인지, 잘 생각해 보셨으면 합니다.

전쟁이 끝나고 일본 정부가 우리 징용인들에게 가장 먼저 한 일은 우리의 국적인 조선을 인정하지 않겠다는 것이었습니다. 그것도 모자라서 일본 국민 모두가 이용하는 사전에서 '징용'이라는 단어까지 삭제하다니, 대체 어떤 이유에서 입니까? 도저히 참기 힘듭니다. 처음에 말했듯이 차별이라는 건 사람마다 다르게 느끼는 것입니다.

징용인의 처지였을 때, 나는 차별이라는 것을 그다지 느끼지 못했습니다. 자기 의지로 일본에 온 사람들도 있지만, 징용인들 중에는 일본에 오고 싶어서 스스로 온 사람은 단 한 사람도 없습니다. 마치 개나 고양이를 길에서 채 오듯 아무런 예고도 없이 어느 날 갑자기 납치당해, 배를 곯아가며 훈도시 한 장만 걸치고 탄광에 들어가 노동을 강요당했습니다. 그러면서도 우리 조선인은 '징용'당해 기가 죽은 채로 일본를 위해 일했습니다. 나라를 위해 일했다는 마음때문에 차별을 느끼는 마음이 희석된 것일지도 모릅니다.

그런데 전쟁이 끝나고 혼란스러웠던 세상이 조금씩 안정을 찾아가면서, 나는 조선인들에 대한 일본 정부의 차별이 시작되었다는 것을 알아차리게 되었습니다. 우선, 그들은 우리의 국적인 조선을 인정하지 않았습니다. 당시 일본이 조선민주주의 인민공화국과는 국교관계를 맺고 있지 않기 때문이라고 합니다.[*] 이 상황은 전후 35년이 지난 지금(1980년)

---

[*] 패전 직후 일본은 일본국적을 갖는 구식민지 출신자도 강화조약이 맺어질 때까지는 일본국민과 마찬가지로 일본의 법에 복종할 의무가 있음을 강조했지만, 1947년에 갑자기 재일조선인을 "외국인으로 간주한다"는 외국인 등록령이 천황의 칙령으로 선포되었다. 이로 인해 재일조선인들은 자기의 '국적'을 등록해야 했는데, 이때 한반도에는 아직 독립국가가 성립되지 않았기 때문에, 많은 사람들이 국적란에 '조선'이라고 기입했다. '조선'이라는 국가는 사라지고 없었지만, 민족적 귀속을 나타내는 의미였다고 한다. 1952년에 강화조약이 발효되자, 재일조선인들은 일본정부로부터 일본 국적을 상실하게 되었다는 일방적인 통보를 받게 된다. 식민지 때 일본으로 건너온 사람, 강제로 연행된 사람, 그 자손으로 일본에서 태어난 사람들은 한순간에 '난민' 상태가 되고 말았다. 게다가 1965년 일본정부는 남한만을 대상으로 한일조약을

까지도 계속되고 있습니다. 일본 정부에서 봤을 때 조선인은 국적이 없는 것입니다. 그렇다고 일본 국적을 인정하는가 하면 그렇지도 않습니다. 징용으로 끌고 올 때는 일본 국민이라며 데려왔는데 말이죠. 이것이 우리 징용인에 대한 처사이니 이 세상의 도리는 도대체 어디로 가버렸나 하는 생각이 들어 말문이 막힙니다. 과거에 잘못했던 일을 하나하나 전부 기억하라는 말은 아닙니다. 그래도 정도라는 게 있지요. 지금의 이러한 방식은 해도 너무합니다. 이것이야말로 정말 차별이라는 생각이 듭니다.

징용이 언제부터 시작되었는지는 모르지만, 전쟁 중에 일본군이 중국이나 동남아시아의 여러 나라들을 점령하고서 식민지 조선에서도 일본의 점령을 축하하는 연등행렬을 했습니다. 당시 일본은 조선과 조선 인민을 일본과 일본 국민으로 취급했고, 그 결과로 '나라를 위해서'라는 대의명분으로 징용을 생각해 낸 것입니다. 징용으로 탄광에 끌려와 배를 곯고 자유를 빼앗기고 학대를 당해도, 나라를 위해서라면 차별을 차별이라고 느끼지 않고 일해 온 것이 바로 우리 징용인들입니다. 조선은 일본의 식민지였기 때문에 당시의 차별은 그러려니 했지만, 지금의 차별은 용서할 수 없습니다. 이런저런 차별은 수없이 계속되었지만 지금 그 얘기 다 하려면 끝이 없기 때문에 이쯤에서 끝내도록 하겠습니다.

체결하고, 재일조선인의 거주권과 관련하여 한국국적과 조선적 사이에 부당한 차별을 두었다. 이 조약으로 인하여 조선적을 가진 사람들이 지극히 불안정한 법적 지위를 강요당하게 되었기 때문에 국적을 조선에서 한국으로 고치는 사람들이 점점 늘어 갔다. 그런데도 여전히 '조선적'을 지니고 있는 사람들이 존재한다. 이들은 사실상 무국적 상태이며, 해외에 나갈 때는 여권 없이 일본이 발행하는 '재입국 허가증'을 받아 출국한다. 만약 해외에서 불의의 사고나 사건을 당해도 외교보호권을 행사해 줄 나라는 그들에게 존재하지 않는다.

외출 조가 돌아왔다

여름 오봉날의 태양은 세상을 다 태워버릴 것처럼 내리쬐었습니다. 해는 서쪽을 향해 서서히 물러갔지만 더위는 여전했습니다. 나는 끊임없이 탈주에 대해 생각했습니다. 그리고 점심 먹을 때 말고는 같은 자리에서 움직이지 않았습니다. 목이 말라 참을 수 없어 수돗가에 가서 미지근한 물을 마셨습니다. 몸을 움직인 김에 방 앞에 높인 디딤돌에 엉덩이를 붙였습니다. 고요함 속에서 그 어떤 소리도 들리지 않았습니다. 외출한 사람들이 떠올랐습니다. '지금쯤 다들 어디를 걷고 무엇을 보고, 무엇을 먹고, 무슨 생각을 하고 있을까? 돌아오면 이런저런 이야기를 들을 수 있겠지. 그러고 보니 돌아올 시간이 된 것 같은데…… 평소엔 탄광 안에서 일하기 때문에 해를 보고 시간을 가늠하는 일엔 별로 신경 쓰지 않았는데 오늘 하루는 정말 길구나.'

돌아오지 말고 모두 그 길로 도망쳤으면 좋겠다고 생각했습니다. 바로 그 순간 나는 몸이 딱딱하게 굳어 오는 것을 느꼈습니다. 맞다. 그런 방법이 있었구나. 잘 하면 이 방법은 성공할지도 몰라. 희망은 충분히 있어. 오봉인 오늘 외출 허가가 나왔다면 틀림없이 돌아오는 설날에도 외출 허가가 나올 거야. 오래 기다려야 하지만 그만큼 세세한 부분까지 계획할 수 있고, 돈을 준비할 수도 있다. 탈주하려면 되도록 완전한 방법을 찾아야 한다. 실패하면 초죽음을 당한다. 그러자면 설날까지 남은 넉 달 정도를 참아야만 한다는 생각이 들었습니다. 나는 성급하게 오로지 '도망쳐야 해, 도망쳐야 해' 만 생각하다 보니 방법을 찾을 수 없었던 겁니다. 역시 어떤 일을 계획할 때는 차분하고 냉정하게, 보다 확실한 방법을 궁리해야만 합니다. 나는 정말 아직 어리구나 하는 생각이 들었습니다.

반드시 목적을 달성해야만 합니다. 자기의 목적도 이뤄내지 못하는 사람이 제대로 된 인간이 될 리 없습니다. 목적을 달성할 수 있을지 없을지는 자기자신에게 달려있습니다. 결과는 직접 행동으로 옮겨야만 알 수 있겠죠. 그래, 내일부터 목적을 향해 계획을 세우고, 준비해서 보다 확실하게 행동해야만 한다. 어떤 식으로든 나를 묶어두려고 하겠지만, 나를 옭아매면 옭아맬수록 나는 그것을 풀어 보이겠다. 나는 반드시 탈주하고야 말테다. 어느 순간부터 나는 탈주에 성공한 것 같은 기분에 취해 있었습니다.

갑자기 바깥이 소란스러워졌습니다. 서눌러 방에서 뛰쳐나왔습니다. 다들 돌아온 것 같았기 때문입니다. 오늘 하루가 나에게는 얼마나 길었던가? 허겁지겁 방에서 뛰쳐나올 정도로 모두가 돌아오길 기다린 겁니다. 이 기회에 도망가면 좋을텐데 하고 생각했던 그 마음은 대체 어디로 사라진 걸까요? 실은 마음 속으로는 모두가 돌아오길 바랐던 것입니다. 한 그룹, 한 그룹, 네댓 명씩 여닫이문을 열고 들어왔습니다. 다들 피곤한 표정은 아니었지만 그렇다고 즐거운 표정도 아니었습니다. 내가 방에서 뛰어나올 때는 '아, 다들 즐거운 표정을 하고 돌아오겠지' 하고 기대하고 있었는데 무언가 잘못된 것 같았습니다.

모처럼의 외출인데 즐겁고 재미난 일도 없었던 걸까. 나 혼자만 기나긴 하루를 보냈다고 풀이 죽어 있었는데 그렇지도 않은 건가? 만약 그렇다면 외출에 그렇게까지 기대를 걸 필요도 없는 것 아닐까? 그런 생각을 하면서도 내 시선은 합숙소 입구의 여닫이 문에 꽂혀 있었습니다. 연이어 들어오는 얼굴들. 다른 동 사람들만 들어오고 내가 보고 싶은 얼굴들은 좀처럼 나타나지 않았습니다. 내가 기다리던 사람들은 같은 동 사람들, 그리고 같은 방을 쓰는 사람들입니다. 빨리 만나서 바깥에서 무얼 했는지 이야기를 듣고 싶었습니다. 빨리 왔으면…… 벌써 몇 그룹이나 돌아왔는데.

'아! 왔다.' 가운데 방 사람들이다. 다섯 명이 함께 돌아왔다. 잠시 후 또 다른 이들이 왔다. 우리 옆방 사람들이다. 그들도 다섯이 모여서 돌아왔다.

그리고 사무소 접수구에 가서 번호표를 낸 뒤 자신의 번호를 큰 소리로 말하고, 각자의 방으로 돌아갑니다. 뒷모습이 쓸쓸해 보였습니다. 어깨가 축 쳐지고 긴장이 풀렸는지 허허로워 보였습니다. 피곤한 건지, 내일을 걱정하는 건지, '아! 왔다 왔다.' 안에서 두 번째 방 사람들에 이어 우리 방 사람들도 돌아왔습니다. 아홉 명이 줄줄이 번호표를 내고, 자기 번호를 말하고 이쪽을 향해 다가왔습니다. 다른 방 사람들은 쓴웃음을 지으며 내 앞을 지나갔습니다. 나는 "고쿠로상"*이라고 말했습니다. 평소에 작업이 끝나고 합숙소로 돌아올 때 하는 인사말입니다. 외출에서 돌아오는 사람들에게 건네는 인사말로는 이상했지만 달리 적당한 말도 없었습니다.

우리 방 사람들이 왔습니다. 뭔가 겸연쩍은 얼굴로 내 앞에 섰습니다. 나는 그들에게도 "고쿠로상"이라고 말했습니다. 가장 나이 많은 아저씨가 선물을 가져오지 못했다고 말했습니다. 다른 사람들은 고개를 떨구고 있었습니다. 나는 그들이 나에게 미안해 하고 있다는 걸 금새 알아차렸습니다. 나는 아저씨에게 "뭐 좋은 게 있던가요?"라고 물어봤습니다. 실은 "재미있었어요?"라고 묻고 싶었지만, 얼굴도 들지 못하는 사람들을 보고 있자니 머리 속을 맴돌던 말이 입밖으로 나오지 않았습니다. 아저씨는 "응, 응" 하며 고개를 끄덕이고는 "자 그럼……" 하면서 동료들에게 재촉하는 듯한 눈짓을 하고는, 내 팔을 방 쪽으로 잡아 끌었습니다. 아저씨와 내가 먼저 방에 들어가 나란히 앉고, 다른 이들도 방으로 들어가 둘

---

* 일본어로 '수고했어'라는 뜻으로 동료 사이에 혹은 윗사람이 아랫사람에게 건네는 인사말.

러앉았습니다.

　아저씨가 구겨진 '킨시' 갑에서 담배 한 개비를 꺼내더니 성냥으로 불을 붙였습니다. '킨시'는 당시의 담배 이름입니다. 하루에 몇 개비씩 담배 배급이 있었습니다. 이 방에서 같은 이불을 쓰는 '백'이라는 아이와 나, 이렇게 두 사람은 담배를 피우지 않았습니다. 담배를 피우지 않는 사람들에게도 같은 양의 배급이 나오기 때문에 우리는 그것을 흡연자 세 사람에게 똑같이 나눠 주고 있었습니다. 아저씨가 조용히 내뿜는 담배연기가 입가에서 완만하게 선을 그리며 퍼져 나갔습니다. 그는 "계속 걷기만 했더니 피곤하다"고 말했습니다. 다른 세 사람은 여전히 고개를 아래로 떨군 채입니다. 아직도 미안해 하는 것 같았습니다. 나는 어떻게든 이 사람들의 기분을 풀어줘야겠다고 생각했습니다.

　먼저 '백'에게 말을 걸었습니다. "맛있는 거 많이 먹었어?" 그러자 '백'은 내 쪽을 향해 "형, 재밌는 거 가르쳐줄까? 그게 말야, 음식점에 들어가 우동 달라고 했더니 안쪽에 있던 우동집 아줌마가 '우동 읍~다' 라고 하는 거야. '우리 가게엔 우동 읍~어'라고. 그래서 다른 가게에 들어가서 '우동 주세요'라고 했지. 그랬더니 또 '우동 읍~어'라고 하더라고. 별 수 없으니 다른 걸 먹을까 하고 다 같이 의자에 앉아 이야기를 나누고 있는데, 우리 자리로 가게 점원이 오더니 '네 명이에요?'라고 묻길래 '그런데요' 하고 대답했어. 그랬더니 안쪽으로 들어가 버리더군. 가게 벽에 메뉴를 써 붙인 종이가 있었어. 그걸 보고 우동, 메밀국수 정도는 알 수 있었지만 다른 건 어떤 음식인지 도통 알 수가 없는 거야. 메뉴를 올려다보며 이것도 아니야. 저것도 아닌 것 같은데 하며 우리끼리 속닥거리고 있었는데, 안쪽에서 김이 모락모락 올라오는 우동을 들고 나오지 않겠어? 다들 웃으며 우동을 먹었지. 그러니까 '읍~다'라는 말은 이 지방 사투리였던거야."

이야기를 들으면서 모두 그 순간이 생각났는지 웃음이 번지기 시작했습니다. 덕분에 모두 기분이 풀린 것 같았고, 이야기가 흥겨워졌습니다. 어디를 가도 여자와 아이들 밖에 보이지 않는다느니, 감이 아직 덜 익어서 떫었다느니, 큰 길에 버스가 다녔다느니, 이 탄광에서 동쪽으로 2킬로미터 떨어진 곳에 기차 종점이 있다느니. 아무튼 하루종일 걸어다니다 왔다는 이야기였습니다. 이야기를 듣고 있자니 나도 함께 나갔다 온 것 같은 기분이 들었습니다.

이 중에서 아무 말도 하지 않고 그저 빙긋이 웃기만 하는 한 사람이 있습니다. 나보다 여섯 살 위인 '김' 씨 성을 가진 사람으로, 당시 스물 셋이라고 들었습니다. '김'의 고향 집은 철물점을 했는데, 말 하는 걸 좋아하지 않기 때문에 장사꾼에 맞지 않아서 언제나 아버지에게 꾸중을 들었다고 합니다. 학교에는 다니지 않았지만 이야기를 할 때는 누구나 알아듣기 쉽게 설명하는 사람이니 학교 선생님이 되면 잘 맞을 것 같다는 생각이 들었습니다. 뭐랄까 왠지 의지할 만한 사람이라고 느껴지는 겁니다. 그래서인지 도망갈 결심을 하게 된다면 김 형에게만은 꼭 알려야겠다고 생각했습니다.

땡, 땡, 땡, 땡. 저녁 시간을 알리는 종소리가 들려왔습니다. 막 돌아왔을 때의 어색했던 분위기는 어디갔나 싶을 정도로 모두의 얼굴은 밝아 보였습니다. 나는 뱃가죽이 등에 달라붙을 만큼 배가 고팠기 때문에 당장이라도 식당으로 달려나가고 싶었지만 그럴 수 없었습니다. 그렇게 하면 애써 풀어진 분위기가 다시 어색해 질 것 같았기 때문입니다. 그때 김 형이 일어서면서 "다들 밥 먹으러 가죠"라고 하며 입구에 앉아있던 사람 앞을 지나갔습니다. 나는 다행이다 생각하며 앞에 앉은 아저씨를 향해 "자, 가시죠"라고 하며 김 형의 뒤를 따랐습니다. 나는 우리 방에서 그가 다른 사람의 마음을 가장 잘 알아주는 사람이라는 생각이 들었습니다.

평소엔 말이 없지만, 그의 말이나 행동을 보고 있으면 왠지 설득력이 있어서 믿음이 갔던 겁니다. 여느 때처럼 사무소 접수구에서 번호를 외치고 번호표를 받아서 식당에 들어갔습니다.

식당 감시인의 수가 늘다

식당에 들어갔는데 이상한 점이 눈에 들어왔습니다. 평소라면 우리 이북 출신을 담당하는 시라야마 대장이 혼자 감시를 하고, 번호표를 내밀고 밥과 반찬을 받는 안쪽 창구 옆에 이남 출신을 담당하는 충청도 출신 대장이 한 명 서 있었을 텐데, 오늘은 양쪽 모두 감시인이 한 명씩 늘어나 있는 겁니다. 입구에 두 명, 안쪽 접수구에 두 명, 합이 네 명이었습니다. 게다가 표정은 모두 딱딱하게 굳어 있었습니다. 평소엔 멍하니 담배를 피우곤 했었는데…… 이상하다. 무슨 일이 있는 게다. 틀림없이 외출 나간 사람들 중 누군가가 도망간 것이리라. 만약 도망간 사람이 있다 해도 우리에겐 그 사실을 숨길 겁니다. 그게 그들의 방식입니다. 가슴이 두근거리기 시작했습니다. 나는 최대한 마음을 진정시키며 김 형의 뒤에서 접수구에 번호표를 내밀었고, 그러자 밥과 반찬이 나왔습니다. 양손에 그걸 들고 어디에 앉을까 하다가 김 형을 보니, 모두가 꺼려하는 감시인 바로 앞 테이블에 앉는 것이었습니다. 나를 포함한 모든 사람들은 이 식당에서 지금까지 단 한번도 감시인 앞에 앉아 밥을 먹은 적이 없었습니다. 감시인이 아니더라도 다른 사람이 위에서 쳐다보고 있는 곳에서 식사하고 싶지는 않았기 때문입니다. 그런데 오늘은 거기에 앉았습니다. 김 형 바로 옆자리였습니다. 김 형은 아무 말도 하지 않고 젓가락을 움직일 뿐이었습니다. 나는 앉기는 했지만 감시인의 눈이 이쪽을 쳐다보는 것 같아 왠지 마음이 편치 않았습니다. '침착해, 침착해, 나는 아무 짓도 하지 않았어'라고 스스로에게 말했습니다. 눈 앞에 때가 탄 커다란 주전자가 여느 때처럼 놓여있었고, 그 옆으로는 타원형 바구니 안에 파란색 찻잔이 아무렇게나 쌓여 있었습니다. 찻잔 안쪽은 뭔가 눌어붙은 것처럼 누렇게 색이 변해 있었습니다. 그에 비하면 밥그릇이 그나마 낫습니다. 그래서 찻잔으로는 차를 마시지 않았습니다. 어느새 식사가 끝났습니다. 주전자와 찻잔 덕분에 나도 모르는 사이에 식사를 다 한 겁니다.

덕분에 한 가지 배우게 되었습니다. 앞으로 마음을 진정시키고 싶을 때는 그 본래의 내용은 생각하지 않고 다른 무언가에 신경 돌리면 된다. 하지만 가슴 속에서 몰아치는 동요를 겉으로 표현하지 않는 것은 무척 어려운 기술입니다. 그때 태연한 척 할 수 있었던 이유는 내가 아무 짓도 하지 않았다고 하는 떳떳함 때문이었습니다. 더러운 주전자와 때묻은 찻잔, 그리고 나의 떳떳함 덕분에 마음 속의 동요를 감시인들에게 들키지 않고 무사히 지나갈 수 있었는지도 모릅니다. 그러나 내 마음이 요동 친 이유는 가슴 속에 꼭꼭 숨겨 두었습니다.

내 예상대로 외출했던 사람들이 도망을 쳤다면, 내가 생각해 낸 탈주 방법과 똑같을 것이기 때문입니다. 만약 그렇다면 나는 선수를 빼앗긴 것이고, 그렇다면 내 계획의 성공률은 떨어지게 됩니다. 탈주의 성공 여부는 그때 중요한 문제가 아니었습니다. 나로서는 동기 그 자체가 문제였습니다. 나는 설날 외출을 노리고 있었습니다. 공출이라며 뺏긴 반지가 원인이 되어 석 달이 지난 지금도 벌을 받고 있지만, 지금부터 설날까지는 꽉 채운 넉 달이 남아 있습니다. 그때까지는 상황도 바뀌겠지요. 내 행동에 따라 저들의 감시가 느슨해질지도 모릅니다. 그렇게만 된다면 설날 외출도 희망이 없는 것은 아닙니다. 이런 생각을 가슴 깊이 품고 있었기 때문에 이번 외출에 누군가가 도망갔다면 내 탈주계획에도 차질이 생기게 됩니다.

이 방법이 떠올랐을 때, 어쩌면 나와 같은 생각을 가진 사람이 있을지도 모른다. 그런 예감이 들지 않은 것은 아닙니다. 그러나 그것이 설마 오늘일 줄이야……감시인이 두 명 는 탓에 이런저런 고민들이 머릿속에서 이마를 뚫고 나올 것 같았습니다. 밥을 다 먹고 밥그릇에 넘칠 정도로 차를 따라서 마셨습니다. 답답한 마음이 어느 정도 편해질 즈음 식당을 나왔습니다.

세 명의 탈주자

식당을 나오면 넓은 중앙통로 맞은편에 우리 동이 보입니다. 광장 같은 그 넓은 길 한복판에서 몇 번이나 심호흡을 했습니다. 어느 동의 누가 도망친 것일까? 혹시 우리 동 가장 안 쪽 방 그 사람들일까? 그런 생각이 들었습니다. 아침저녁으로 얼굴을 보면서도 인사 말고는 말을 잘 섞지도, 어울리려고도 하지 않는 사람들이었습니다. 무뚝뚝한데다가 좀처럼 속을 알 수 없는 사람들. 그러고보니 외출에서 사람들이 돌아올 때도, 식당에서도 그들의 얼굴이 보이지 않았습니다. 확인해 봐야겠다는 생각이 들었습니다.

동 입구까지 가서 뒤를 돌아봤습니다. 사무소에서 지켜보는 것 같지는 않았습니다. 내 방을 지나쳐 안쪽으로 갔습니다. 두 번째 방, 그 방 사람들은 장지문을 열어둔 채로 앉아서 이야기를 나누고 있었고, 세 번째 방도 마찬가지였습니다. 네 번째 방에도 다들 모여 앉아 무언가를 이야기하고 있었습니다. 내 발소리가 들렸기 때문인지 방 앞을 지나칠 때는 모두 이야기를 하다 입을 다물었습니다. 가장 끝에 있는 다섯 번째 방에 다다랐습니다. 장지문이 닫혀 있었고, 고무신 두 켤레가 놓여 있었습니다. 장지문 앞에 서서 "계세요?"라고 불러보았지만 답은 없었습니다. 한손으로 장지문을 살며시 밀었습니다.

문을 열어보니 창문 아래쪽에 두 사람이 벽에 기대어 웅크리고 앉아있었습니다. 이 더운 여름철에 왠지 추위를 견디고 있는 것 같은 모습이었습니다. 나는 멋쩍어서 "뭐야, 있었네요. 기척이 없어서 아무도 없는 줄 알았어요. 저녁은 드셨어요?"라고 물었습니다. 두 사람 모두 고개를 저었습니다. 그리고 그 중 한 사람이 "밥 못 먹어. 도망가서"라고 말했습니다. 그들에게 밥 이야기를 꺼낸 것이 미안해졌습니다. 다른 한 사람이 "자네도 괜히 눈에 띄지 말고 어서 가게"라고 말했습니다. 나는 "아! 그럼"이라고 말하며 문을 닫고 방으로 돌아왔습니다. 대화는 적었지만 서로 통하는 부분이 있어서인지 많은 이야기를 나눈 것 같은 느낌이 들었습니다.

방으로 돌아가 보니 김 형과 백이 식사를 끝내고 돌아와 있었습니다. 내가 들어가자 백이 "지금 안쪽 방에 가 본거지? 다들 있어?" 하고 물었습니다. 나는 "두 사람만 있었어. 세 명이 도망간 것 같아"라고 대답했습니다. 그러자 엎드려있던 백이 똑바로 누우며 "왜 세 명만 갔을까? 다른 두 사람은 왜?" 하고 말을 끊었습니다. 그때 아저씨와 다른 한 사람이 방으로 돌아왔습니다. 김 형이 문득 "어쩐지…" 하고 소리를 내어 말했습니다. 아저씨와 다른 한 사람은 들어오자마자 김 형의 말을 들었는지 "응? 뭐?" 하며 멍하니 서 있었습니다. 나는 "아니, 아무 것도 아니에요. 일단 앉으세요"라고 손사래를 치며 눈짓을 보냈습니다. '그래, 그래' 하는 표정으로 두 사람은 앉았습니다.

앞에 우리가 나눈 얘기를 전하자, 아저씨는 "응, 그렇구나. 그래서 식당 분위기가 이상했던 거구나" 하고 말했습니다. 그리고 우리 모두는 한동안 아무 말없이 가만히 있었습니다. 나는 백이 말을 하다가 중간에 끊은 것이 마음에 걸렸습니다. 백은 "왜 세 명만……"이라며 말을 하다 말았습니다. 아마도 그 다음 말은 '왜 두 사람은 남았을까?'가 아니었을까요? 아니면 '왜 세 명만 도망간 걸까?'일 겁니다. 같은 방에서 누가 도망간다고 하면 다 함께 가는 것이 당연한 것 아닌가? 백은 틀림없이 이렇게 말하고 싶었을 겁니다.

백의 짧은 말은 내 가슴에 와서 박혔습니다. 나는 지금까지 혼자서 도망치려고 생각하고 있었기 때문입니다. 다 같이 움직이면 방해가 된다든가, 걸리적거린다든가 하는 이유는 아니었습니다. 다섯 명씩이나 한꺼번에 도망을 칠 경우, 눈에 띄는 것도 문제지만 그보다 붙잡혔을 때가 가더 큰 문제였습니다. 혼자 도망가다 잡히면 그만입니다. 다른 사람들은 무사합니다. 하지만 지금 백이 한 말은 진심이 담긴 말이었습니다. '그래, 내 생각이 틀렸어'. '하지만 지금 이런 말을 할 수는 없다. 때가 되면 모두에게 얘기해야지. 다른 사람의 의견을 듣고, 남을 사람, 도망갈 사람을 정해야 해. 그것이 사람다운 것이고, 동료라는 것이다. 아무 말 없이 혼자서 도망치는 건 정말이지 비겁하고 동료라고도 할 수 없다'

나보다 어린 백에게 인간의 도리를 배운 것 같았습니다. 인간은 서로 이야기를 나누고, 도움을 주고 받는 존재입니다. 그렇지 않으면 인간이라고 할 수 없습니다. 내가 사무소 사람들을 괴물이라고 여기는 것도, 그들이 인간을 인간이라고 여기지 않기 때문입니다. 자기들만 사람이라 생각하고 우리 징용인들을 개돼지보다 못하게 여기고 있습니다. 그들이야말로 인간 이하의 동물이 아닌가요? 공출이란 명목으로 어떤 증명서도 주지 않고 다른 사람 물건을 가져가고, 자기들만 따로 맛있는 음식을 먹고, 낮에는 잡담에 낮잠에 빈둥거리기만 합니다. 그런 주제에 아침저녁으로 곡괭이 자루를 멋대로 휘두르고 다닙니다. 그러면서 말로는 "나라를 위해 열심히 일해"라며 고함을 칩니다.

나라를 위한다니. 잘도 그런 시건방진 소리를 하더군요. 나라를 위하는 건 자기 자신이 인간다워지는 것에서 비롯됩니다. 인간다워지는 것, 인간답게 사는 것, 인간다운 마음을 지니는 것. 바로 이러한 것들이 사람으로서 필요한 것이고, 없어서는 안 되는 것입니다. 어떤 탄압을 받더라도, 아무리 가난하더라도, 나는 인간다운 삶, 부끄럼 없는 삶을 살고 싶습니다.

1944년 8월 15일은 기나긴 하루였습니다. 곧이어 취침 종소리가 들려왔습니다. 시라야마 대장이 곡괭이 자루를 휘두르며 복도를 탕탕 두드리러 오겠죠. 아저씨가 벽장에서 이불을 꺼내 잘 준비를 하고 있었습니다. 모두 입을 꼭 닫고 있었지만 각자 다른 무언가를 생각하지 않았을까요? 아저씨는 이미 자리에 누웠습니다. 언제나처럼 김 형이 제일 나중에 잠자리에 들었습니다. 나도 이불 속으로 들어갔습니다. 전등을 끄는 건 항상 아저씨지만 아직 끄지 않았습니다. 아저씨도 무언가를 생각하는 것이겠죠. 종이 울렸습니다. 나는 이불을 머리까지 뒤집어썼습니다. 복도를 두드리는 소리를 듣고 싶지 않았기 때문입니다. 시라야마 대장은 뻔뻔스러운 목소리로 "취침, 취침" 하며 복도를 탕탕 두드리며 오갔습니다. 나는 이불밖으로 머리를 내밀었습니다. 전등이 꺼져 있었고, 더웠습니다. 모기가 귓가에서 시끄럽게 엥엥거리며 맴돌자, 누군가가 찰싹하고 맨 살을 때립니다. 아저씨가 잠꼬대처럼 "무사히 도망갔으면" 하고 말했습니다. 그 말에 아무도 대답하지 않았습니다. 잠이 오지 않았습니다. 그저 생각이 꼬리에 꼬리를 물고 이어질 뿐이었습니다.

식당에서 생긴 일

뚜벅뚜벅, 발걸음 소리가 울려 퍼집니다. 소리가 안쪽으로 갔다가 되돌아옵니다. "기상, 기상" 발소리가 지나갑니다. 여름 밤은 왜 이렇게 짧은 걸까요. 잠이 부족합니다. 하품을 하며 "안녕히 주무셨어요?" 하고 모두에게 인사를 했습니다. 다들 허둥지둥 숙소를 빠져나갔습니다. 나는 안쪽 방 두 사람이 나오기를 기다렸습니다. 잠시 후 두 사람이 같이 나오더니 내 앞을 지나쳐갔습니다. 그들에게도 "안녕히 주무셨어요?" 하고 인사를 했습니다. 두 사람 모두 머리만 살짝 숙이고 식당을 향해 걸음을 옮겼습니다. 그들이 식당 안으로 사라지는 걸 보고나서 세수를 하고는 평소처럼 사무소 창구에서 번호를 외치고 번호표를 받아 식당으로 들어 갔습니다. 오늘 아침은 입구에 시라야마 대장만 혼자 서 있습니다. 안 쪽에 배식구 옆에도 충청도 출신의 대장 한 사람이 있을 뿐입니다. 내가 좀 늦어서인지 배식구 앞은 한가했습니다.

번호표를 내밀면서 안을 들여다 봤습니다. 동그란 얼굴의 젊은 여자가 허리를 낮추고 내 얼굴을 빤히 바라보며 "당신, 우라 씨네 소속이지?" 하고 물었습니다. 갑작스럽게 여자가 말을 걸어온 탓에 너무나 당황스러웠지만, 우라 씨는 내가 일하는 곳의 책임자였기에 "아, 네" 하며 고개를 끄덕였습니다. 그 사이 밥과 된장국이 나왔습니다. 밥과 국을 양손에 들려고 했을 때였습니다. 누런 갱지에 동그랗게 싼 물건을 아까 그 동그란 얼굴의 여자가 슬그머니 내밀었습니다. 그리고는 '빨리 집어넣어' 라고 말하듯 눈과 턱으로 신호를 보내는 것이었습니다. 나는 영문도 모른 채 한 손으로 물건을 감추고는 왼쪽을 보았습니다. 그리고 뒤돌아 입구 쪽을 봤습니다. 두 감시인 모두 내 행동을 눈치채지 못했습니다. 나는 재빨리 그 물건을 배꼽 근처에 넣고 식판을 양손으로 들었습니다. 심장이 두근 거렸습니다.

순식간에 일어난 일입니다. 겨우겨우 떨어뜨리지 않고 식탁에 도착했습니다. 밥을 먹는 내내 그 물건은 내 허벅지 사이에 끼어 있었습니다. 허벅지 부근에 온기가 느껴졌습니다. 땀이 배어 나올 것 같았습니다. 아침이라고는 해도 8월이라 더웠습니다. 그래도 다른 사람들이 보면 큰일 이다 싶어 양 무릎을 대고 발뒤꿈치를 벌려 참고 있자니 몸에서도 땀이 배어 나오기 시작했습니다. 그때 내가 입고 있던 웃도리는 푸른 빛이 도는 카키 색의 면 반팔 셔츠였습니다. 아랫도리엔 훈도시 한 장만 걸치고 있었습니다. 훈도시를 따라 온기가 점점 위로 올라왔습니다.

밥을 먹으면서 그 물건이 주먹밥일 거라고 생각했습니다. 밥을 다 먹으면 도시락을 받으러 가야합니다. 나는 그 물건을 셔츠 안 왼쪽 겨드랑이 밑에 끼워 넣고서 겨드랑이에 힘을 주었습니다. 고무공처럼 몸을 둥 그렇게 구부리고 걸었습니다. 도시락을 받아서 겨드랑에 밑에 또 끼워 넣었습니다. 이렇게 해서 무사히 식당을 나갈 수 있었습니다. 중앙 통로로 나와서야 겨우 안도감을 느꼈습니다. 그 어느때 보다 긴장했던 시간이었습니다.

사람은 나쁜 짓을 하고서는 살 수 없나 봅니다. 감시의 눈을 피해 무언가를 건네 받았을 뿐인데, 가슴이 콩닥콩닥 뛰고 몸은 뻣뻣하게 굳으면서 긴장이 되는 겁니다. 이렇게 겁이 많은 내가 탈주를 하려고 합니다. 잠깐 사이에 긴장이 풀리자 이번엔 '이게 뭘까' 하는 생각에 입가에 웃음이 번졌습니다. 서둘러 방으로 돌아갔습니다. 여느 때처럼 다들 등을 돌리고 허겁지겁 도시락을 먹고 있었습니다. 나는 태연한 척 방으로 들어가 창문 아래로 가서 다른 사람들과 마주앉았습니다. 그리고는 아까 받은 동그란 물건을 셔츠 안에서 꺼냈습니다.

내가 도시락도 먹지 않고 다른 짓을 하니 다들 젓가락질을 멈추고 나를 쳐다봤습니다. 나는 꺼내든 종이 꾸러미를 펼쳐보았습니다. 내 예상은 빗나갔습니다. 주먹밥이 아니라 누룽지였습니다. 백이 바로 "아, 누룽지다"라고 말했습니다. 김 씨가 "쉿" 하며 검지를 입에 댔습니다. 모두의 눈이 누룽지에 쏠렸습니다. 아저씨가 나를 곁눈질하며 "이게 뭐야?" 하고 작은 소리로 물었습니다. 나는 우쭐한 기분이 들었지만, 순간적으로 뭐라고 대답해야 좋을지 떠오르지 않았습니다.

나는 "아, 그게, 받았어요" 하고 말하자 "받은 건 알지. 누가 준 거냐고 묻는 거다"라고 아저씨가 말했습니다. 나는 고개를 가로저으며 "그걸 잘 모르겠어요. 그냥 주방의 어떤 여자가 우라 씨를 아냐고 묻길래 그렇다고 했더니 이걸 줬어요. 그 다음은 모르겠어요"라고 거듭 말했습니다. 아저씨는 "응, 그렇구나" 하더니 다시 누룽지를 쳐다봤습니다. 나는 "아무튼 다같이 나눠먹어요" 하고 아저씨 앞으로 내밀었습니다. "응, 그래 **빨리 먹어치워야지. 늦게 나가면 야단나니까**" 하고 말하며 야구공 크기밖에 안 되는 누룽지를 다섯 개로 나눠서 "여기" 하고 그 중 하나를 나에게 주었습니다. 다들 손을 뻗어 누룽지를 한 개씩 집어 들었습니다. 문득 어렸을 때 생각이 났습니다.

어렸을 때 학교에 들어갈 즈음까지 누룽지를 많이 먹었습니다. 지금은 누룽지를 잘 볼 수 없습니다. 누룽지가 뭔지 아는 아이도 없지 않을까요? 지금은 전기나 가스를 써서 밥을 짓는데, 당시엔 부뚜막이란 곳에서 밥을 지었습니다. 부뚜막 위에 가마솥을 올리고 그 솥에 씻은 쌀을 넣어 물을 맞추고 부뚜막에 장작을 태웁니다. 솥 안에 물이 끓을 때까지 세게 불을 피웁니다. 솥 안에 물이 끓어오르면 솥뚜껑이 거품을 내며 들썩거립니다. 그때 장작을 꺼내 불을 약하게 줄입니다. 그리고 때를 봐서 솥뚜껑을 열고 밥 상태를 봅니다. 밥 한가운데가 움푹 들어가면 밥이 다 된 겁니다. 그럼 부뚜막에 남은 불씨를 다 꺼냅니다. 그래도 무쇠솥이기 때문에 열이 계속 남아 있습니다. 그때 솥 바닥에 누룽지가 생기는 겁니다. 긴 시간 밥솥에 눌어붙은 것이어서 그런지 도저히 먹지 않고는 못 배길 정도로 맛이 있습니다. 그래서 어렸을 때는 하루가 멀다 하고 주전부리 대신 누룽지를 먹었습니다.

다들 말을 맞추기라도 한 것처럼 "오랜만에 먹어보네. 맛있다" 하고 말해줬습니다. 허둥지둥 누룽지를 먹고 서둘러 일하러 나갔습니다. 다른 사람들은 빈 도시락통을 들고 있었지만 나는 도시락을 먹을 여유가 없었습니다. 그리고 오늘 아침은 도시락을 먹을 마음이 들지 않았습니다. 누룽지를 받아서 기분이 좋기도 했고, 오늘만큼은 도시락을 그대로 들고 가지 않으면 주방의 동그란 얼굴의 여자에게 미안할 것 같았으니까요.

합숙소에서 탄광 입구까지는 15분 정도 걸어야 합니다. 그 사이 나는 책임자인 우라 씨에게도 오늘은 도시락을 보여줘야겠다고 생각했습니다. 그런데 그 여자는 왜 나에게 누룽지를 줬던 걸까요? 지금껏 한 번도 본 적이 없는 사람이었습니다. 그러니 말을 해본 적은 당연히 없습니다. 겉보기에도 나보다 네댓 살 위로 보였습니다. 아무리 생각해봐도 모르겠습니다. 내가 알 수 있었던 건 그 여자가 우라 씨를 잘 아는 것 같다는 것뿐이었습니다. '그래, 갱도 안에 들어가 우라 씨에게 물어봐야지. 그럼 뭔가 알 수 있을지도 몰라. 그 여자는 누굴까? 이름은 뭘까?' 이것저것 생각하다보니 어느새 갱 입구 사무소 앞이었습니다.

갱 안에서 하는 일

갱 입구에 있는 사무소는 합숙소 사무소보다 몇 배나 큽니다. 학교 건물 같은 곳이었는데, 모든 것이 목조로 되어있었습니다. 기둥, 벽, 창틀, 마루는 물론, 책상이며 책장, 출입문도 모두 나무로 만들어졌습니다. 동쪽이 사무소이고, 중앙에는 우리 징용인들의 대기실이자, 작업을 준비하는 방을 겸한 다섯 평 정도의 공간이 있습니다. 정면에서 보면 뒤쪽 벽에 채광을 위한 작은 창이 있고, 천정에 가까운 양쪽 벽에는 폭 3센티미터, 길이 5센티미터 정도의 번호표들이 빽빽하게 걸려 있습니다. 윗부분에 구멍이 나 있는 번호표를 벽에 있는 못에 거는 겁니다. 번호표는 합숙소별로 구분되어 있습니다. 입구는 뚫려있어서, 밖에서 보면 그 안이 훤히 들여다 보입니다.

서쪽은 갱에 들어갈 때 필요한 캡이라는 전등을 보관하는 곳으로, 그 안에는 전등 배터리 충전소가 있습니다. 우리는 매일 아침 이 곳에 와서 합숙소에서 하는 것처럼 자기 번호표를 전등 보관소의 창구에 내밉니다. 그럼 전등과 배터리를 줍니다. 전등 크기는 자전거에 붙이는 라이트 정도이고, 배터리는 소학생이 쓰는 노트만한 크기였습니다. 배터리 윗부분에 플러그가 있고, 가운데에 두꺼운 고무줄이 고정되어 있습니다. 전등에는 뒷부분에 1미터 정도의 전선이 이어져 있고, 그 끝에는 배터리와 연결하는 플러그가 있습니다. 배터리는 고무줄로 허리에 붙이도록 되어 있는데, 옆으로 붙이면 일할 때 거추장스럽기 때문에 엉덩이 바로 위 허리에 붙입니다. 전등은 캡 앞쪽에 붙입니다.

요즘의 자전거 라이트는 위에서 끼워 넣는 형식이지만, 캡의 전등은 차양 위에 꽂도록 되어있었습니다. 징용인의 캡은 두꺼운 천으로 되어 있었고, 일본인 감시인이나 책임자들은 철로 만든 것을 사용했습니다. 지금의 자전거 라이트는 상당히 가볍지만, 당시 캡의 전등은 무거워서 천으로 만든 캡이 그 무게를 견디지 못해, 몸을 움직일 때마다 흘러내려와 눈을 가립니다. 정말 번거롭기 짝이 없는 물건이었습니다.

전등과 배터리와 모자를 받아서 일할 준비를 끝내고 건물 뒤쪽으로 돌아가면 그 곳에 탄광 입구가 있습니다. 갱 입구엔 인차라고 부르는 철제 광차가 우리를 기다리고 있습니다. 인차는 오늘날의 출근 지하철처럼 사람을 꽉꽉 채워 넣으면 족히 열 명은 더 탈 수 있습니다. 한 대에 세 명

전등과 배터리가 있는 작업용 모자

씩 앉을 수 있는 철로 만든 긴 의자가 세 줄이 있어서, 정원대로라면 한 대에 아홉 명이 타야 합니다. 광차는 스무 대에서 서른 대까지 연결합니다. 아침에는 일정 시간 내에 수 백명을 갱 안으로 옮겨야 하니 그렇게 정원

을 초과해 태우는 겁니다. 아무튼 한 번에 200명 가까운 사람을 갱 안으로 옮깁니다. 우리는 매일 아침저녁으로 이 인차의 신세를 지고 있었습니다.

나는 뒷편에 비어있는 인차에 같은 방 사람들과 함께 탔습니다. 곧이어 출발을 알리는 호루라기가 삐익- 하고 울렸습니다. 움직이기 시작합니다. 나는 인차 뒤편에 기대어 서서 언덕처럼 뻗어 있는 레일을 바라봅니다. 레일 한 가운데로 직경 5센티미터 정도의 와이어 로프가 주욱 늘어져 있습니다. 점점 속도가 올라갑니다. 인차는 무서운 소리를 내며 화살처럼 땅 밑으로 빨려 내려갑니다. 알전구가 '찌직' 소리를 내는 것을 들으며 위로 올라가는 것 같은 느낌이 듭니다. 인차가 멈춰설 때까지 5분 정도 걸리는데, 매일 타는 우리로서는 그 시간이 더 길게 느껴집니다. 그렇게 느껴졌던 건 그곳이 갱 안이기 때문이었을까요? 인차가 멈추면, 각자 서둘러 자기의 자리로 갑니다. 아는 사람을 만나면 "안전하게"라고 인사를 합니다. 갱 안에서는 "안전하게"라고 인사하는 것이 관례입니다. 나는 내 작업장으로 서둘러 갔습니다.

내 작업장은 갱의 가장 안쪽입니다. 나는 '굴진부'로 탄층을 찾는 것이 주요 임무였습니다. 석유는 지하로 시추를 해서 유전을 찾지만 석탄의 경우는 위아래, 가로 세로 각 방향으로 시굴을 해서 탄층을 찾습니다. 그렇게 탄층을 찾으면 그 방향으로 파들어갑니다. 흙이 아니라 암석을 파들어가는 것이어서 무척 힘든 일이었습니다.

나는 우라 씨가 책임자로 있는 조에 들어가 일했습니다. 그는 당시 쉰두 살 정도로, 굉장히 조용하고 책임감이 강했고 무슨 일이 있어도 당황하지 않는 심지가 굳은 사람이었습니다. 그는 징용인들을 측은하게 여겨 우리에게 잘해주었습니다. 특히 나는 신입이었기 때문에 처음 일을 시작했을 때 "똑같은 일이라도 이렇게 하면 좀 더 쉬워"라고 자상하게 가르쳐

주었습니다. 그리고 "잘 모르는 일이나 고민이 있으면 뭐든지 먼저 나에게 물어봐"라고도 말해줬습니다. 나는 우라 씨를 '정말 좋은 아저씨'라고 생각하고 이렇게 좋은 사람을 만날 수 있어서 다행이라는 마음이 들었습니다. 지금까지도 생각이 나곤 합니다.

우라 씨는 먼저 작업장에 도착해서 우리를 기다려 주었습니다. 명절 휴가가 끝나고 첫 작업인데도 전원이 다 모였기에 바로 작업을 시작했습니다. 우라 씨 조는 남자 여섯에, 여자 한 명. 모두 일곱이었습니다. 일의 분담은 책임자인 우라 씨, 그의 부인과 견습생 징용인 한 명. 이렇게 세 명이 시착을 합니다. 그 다음 두 명이 한 조를 이루어 굴착기로 탄층 방향을 향해 구멍을 뚫습니다. 굴착기 맨 앞에는 직경 3센티미터의 '노미'라고 하는 육각형 철봉을 붙이는데, 공기로 진동시켜서 구멍을 뚫습니다. 탄층 중심부는 약 1.5미터 정도를 파냅니다. 터널을 뚫기 위한 작업입니다.

계획했던 구멍이 만들어지면 그 구멍에 도화선이 붙은 다이너마이트를 넣어서 불을 붙여 폭파시킵니다. 이때 생긴 버력을 광차에 싣는데, 나와 동료 한 명, 이렇게 둘이서 이 일을 합니다. 후두둑. 발파로 떨어지는 버력을 광차에 쌓으면서 오늘 아침에 받은 누룽지에 대해서 생각했습니다. 고작 누룽지 하나에 호들갑스럽다고 웃지 말았으면 합니다. 우리 징용인들은 매 식사 때마다 쌀이라곤 누런 현미에, 그것도 눈으로 셀 수 있을 정도로 적은 양의 밥을 먹습니다. 기름을 짜낸 콩깻묵과 보리가 태반인 밥입니다. 양도 한 그릇 이라고는 하지만, 눌러 담지 않고 대충 담아서 우리는 항상 배가 고팠습니다. 우리에게 그건 그저 누룽지가 아니라, 소중한 먹을거리였던 겁니다.

그래서 누룽지 사건은 정말 대단한 일이었습니다. 누룽지를 주고받을 때 누가 보기라도 했다면 나뿐 아니라 그 여자도 그냥은 넘어가지 않았을 겁니다. 그 여자도 그걸 알고 있었을 거라고 생각하면 그 인정에 가슴이 찡해집니다. 그래도 누룽지를 받아 방으로 가져갈 때 그렇게 스릴이 있을 수가 없었답니다. 쿵쾅거리는 가슴, 허벅지 사이로 느껴지는 따뜻함. 지금도 그 온기가 느껴지는 것 같습니다. 하지만 한편으로 감시인의 눈을 피해 허벅지 사이나 겨드랑에 밑에 숨겨서 나와야 했던, 내 처지가 한심했습니다. 이렇게 부끄럽고 우울한 청춘이 또 있을까요. 그때부터 35년이 지난 지금 만약 누가 나에게 청춘이란 무엇이냐고 묻는다면 그 자리에서 바로 '청춘은 배고픔'이라고 말할 겁니다. 그 정도로 당시 우리는 배고픈 청춘이었습니다.

고향에 있었을 때 "젊은 시절이 꽃"이라는 말을 자주 들었습니다. 하지만 그때 내가 처해 있던 상황, 입장, 환경을 생각하면 젊은 시절이 꽃이라는 말은 수긍할 수 없습니다. 꽃과는 멀어도 한참 먼 이야기였습니다. 나는 흘러내리는 캡 전등을 밀어 올리며 끊임없이 버력을 광차에 쌓아 올렸습니다. 그리곤 "꽃은 옘병. 애먼 나라 거름이구만" 나는 내 자신에게 화가 났습니다. 요란스러운 굴착기 소리가 멈췄습니다. 암석 가루로 부옇던 현장이 점점 선명해졌습니다. 오늘은 점심시간이 평소보다 빨리 온 것 같습니다. 어제 외출허가가 나지 않았던 일, 같은 동 동료들이 탈주한 일, 게다가 오늘 아침은 누룽지 사건까지 있어서 시간이 흐르는 것을 느끼지 못했기 때문이었나 봅니다.

누룽지의 비밀

나는 오랜만에 현장에서 점심 도시락을 열었습니다. 다른 징용인들과 조금 떨어진 곳에 있는 광차 그늘로 갔습니다. 우라 씨 부부는 왠일인가 하는 표정으로 내 얼굴과 도시락통을 번갈아 쳐다보았습니다. 우라 씨는 "자네, 오늘은 도시락을 갖고 왔는가?"라고 말을 걸었습니다. 나는 "네,

이상하시겠지만 저도 도시락을 갖고 올 때가 있답니다"라고 말하고는 우라 씨 옆으로 가서 앉았습니다. 오늘 아침에 누룽지를 준 여자에 대해서 물어보려고 했던 겁니다.

우라 씨는 천천히 날 보며 젓가락으로 반찬을 집어 내 노란 밥 위에 올려주었습니다. 나는 밥 위에 올려진 반찬을 바라보며 "저기, 오늘 아침에 누룽지를 받았어요"라고 말했습니다. 그는 씹는 걸 멈추고 누구한테 받았냐고 물었습니다. 그리고는 아무 일도 없었다는 듯이 다시 밥을 먹기 시작했습니다. 나는 누룽지를 받았을 때의 상황을 처음부터 설명했습니다. 그 여자를 본 것도 처음이고 이야기해 본 적도 없는, 그래서 이름조차 모르는데 왜 누룽지를 주었는지 전혀 모르겠다는 말로 이야기를 끝맺었습니다. 우라 씨는 내가 아직 밥을 먹지 않았다는 것을 눈치 채고는 빨리 먹으라고 턱짓을 했습니다. 그래서 서둘러 밥을 먹기 시작했습니다. 밥을 먹는 동안 무슨 말을 해주길 기다렸는데, 밥을 다 먹고 부인이 차를 나눠 줄 때까지 아무 말도 하지 않았습니다.

내가 차를 다 마시자 부인이 "누룽지 받아서 어떻게 했어?"라고 물었습니다. 부인도 내 얘기를 듣고 있었고, 도시락을 비우길 기다리고 있던 것 같았습니다. 누룽지를 받아서 허벅지에 몰래 숨겨 방으로 가져가 다 같이 나눠먹은 것, 그래서 오늘은 도시락을 들고 온 것, 아직도 허벅지 사이에 온기가 느껴진다는 것을 이야기했습니다. 부인은 누룽지를 허벅지 사이에 끼운 채 아침밥을 먹었다는 부분에서 "호호호호" 하고 웃었습니다. 그리고나서 "그거…… 누룽지 준 애가, 우리 딸이야" 하고 말하고 다시 소리내어 웃는 것이었습니다. 두 번째 웃었을 때는 나도 따라 웃었습니다. 웃으면서도 부끄러운 기분이 들었습니다. 왠지 초라해진 것 같았습니다.

우라 씨는 "흐음" 하는 소리를 내며 기특해 하는 것 같았습니다. 부인이 이번엔 혼잣말처럼 "그 아이가 말이야……" 하고 남편을 보면서 말을 이었습니다. "지난 번에 합숙소 이야기가 나왔거든. 그때 이 사람(내 쪽을 턱으로 가리키며) 얘기 했어? 설마…… 그 아이가……" 우라 씨는 그 말에도 대답을 하지 않고 맞은편 벽만 바라보고 있었습니다. 나는 얼굴이 동그란, 누룽지를 준 여자가 우라 씨의 딸이라는 것을 알고나서, 우라 씨 가족의 친절함이 전해져 울컥한 마음에 아무런 말도 할 수가 없었습니다.

나는 생각했습니다. 할 수 있는 한 우라 씨를 위해 일하자고. 탈주할 기회가 오면 그걸 놓칠 수는 없지만, 도망갈 기회가 생기지 않아 그냥 일을 계속 해야 한다면, 그때는 평생 우라 씨 밑에서 일하자. 그렇게 생각했습니다.

시굴 기계가 벨트를 돌리며 희미하게 윙윙 소리를 내며 움직이고 있습니다. 시굴기계는 아침에 운전을 시작하면 저녁에 작업이 끝날 때까지 멈추지 않습니다. 우라 씨는 시굴 기계 쪽으로 눈길을 주며 딱히 누구에게랄 것 없이 "그랬군" 하고 말하며 시굴 기계로 다가갔습니다. 그리곤 톱니바퀴와 회전축에 기름을 치고 모터 주변을 기름 먹인 천으로 닦았습니다. 부인은 빈 도시락통을 보자기로 싸고 있었습니다. 새하얀 도시락 보자기는 도시락용으로 만든 것처럼 딱 맞게 도시락통을 감쌌습니다. 우라 씨가 "슬슬 시작하지"라고 말하자, 광차 그늘에서 소곤소곤 이야기를 나누던 징용인 동료들이 그 소리를 신호로 일을 시작했습니다. 나도 다시 양동이에 버력을 담아 광차에 실어 날랐습니다. 굴착기가 내뿜는 암석 가루가 짙은 안개처럼 일어나 점점 우리의 작업장은 부옇게 변해갔습니다.

어제는 이상할 정도로 긴 하루였지만, 오늘은 생각보다 짧은 하루였습니다. 작업을 끝내고 도구도 정리했습니다. 굴착기로 파낸 구멍에 다이너마이트를 넣고, 우라 씨만 남아 도화선에 불을 붙인 후 재빨리 자리를 뜹니다. 이것으로 굴진부의 하루 작업이 끝납니다. 그 다음은 인차 타는 곳으로 서둘러 갑니다. 3, 40미터 정도 가면 그제서야 아까 넣어 놓은 다이너마이트가 터지는 소리가 들립니다. 폭발음을 뒤로 하고 우리는 인차를 타고 바깥 세상으로 올라갑니다. 8월의 해는 서쪽으로 기우는 것을 망설이는 듯 높은 곳에 멈춰져 있습니다.

대본영의 거짓발표

갱 작업자 전용 목욕탕으로 가서 먼지와 탄가루 때를 벗겨내고 맑은 물에 몸을 담그면, '아! 나는 오늘도 저 땅 밑에서 살아돌아왔구나' 라는 생각이 듭니다. 목욕탕에는 번호표도 감시인도 없습니다. 우리에겐 이 목욕탕이 유일하게 자유로운 공간입니다. 그곳에서 그날 있었던 일을 서로 이야기하고 위로합니다. 목욕탕은 탈주에 필요한 지식이나 정보를 얻기에도 좋은 장소입니다. 다른 동 사람들과 이야기할 수 있고 비밀 상담이 가능한 곳은 여기 밖에 없습니다. 그렇다고는 해도 갱에서 나오는 시간을 합숙소에서 잘 알고 있기 때문에 오래 머물 수만은 없습니다. 그래도 3, 40분 정도는 여유가 있어서 얼추 궁금한 것을 묻고 대답을 듣는 것 정도는 할 수 있었습니다.

나는 원래 탕에 오래 들어가 있는 걸 좋아하지 않지만, 어떤 정보라도 입수해야만 하니 탕 속에 들어가 주변에서 소곤거리는 이야기에 귀를 기울였습니다. 망보는 이도 감시인도 없지만, 전쟁 이야기가 나오면 자연스럽게 목소리를 낮추며 주변을 경계합니다. 그때 내 귀에 "일본이 지금 전쟁에서 이기고 있다는 건 정부의 새빨간 거짓말이고 실제로는 패전의 기운이 짙어서 가까운 시일 내에 미국이 밀고 들어온다"는 이야기가 들렸습니다. "일본인들은 그걸 전혀 모르니 한심하다 할지, 불쌍하다 할지. 그런데 미국이 밀고 들어오면 우리는 어떻게 될까. 모두 일본인으로 취급당해 포로가 될까봐 걱정이야" 그러자 옆에서 듣고 있던 사람이 "걱정은 무슨 걱정. 이런 탄광보단 미국 포로가 되는 것이 훨씬 낫지. 내일이라도 당장 들어닥치면 좋겠군. 이왕 오는 거 빨리 왔으면 좋겠네. 내 생각은 그래" 나도 그 사람 말이 맞다고 생각했습니다.

실제로 그 당시 전쟁 상황을 발표하는 곳은 대본영이었는데, 모두 일본군이 승리했다는 소식뿐이었고 전투에서 졌다는 말은 단 한마디도 없는, 온통 거짓 발표만을 할 뿐이었습니다. 그걸 믿고 전쟁에서 이기는 꿈을 꾸면서 일본 본토에 남아있는 여자, 아이, 노인, 장애인을 불문하고 많은 이들이 노동에 내몰리고, 결국 조선인인 우리까지 징용으로 끌려와서 이렇게 강제 노동을 하고 있는 것입니다. 그뿐인가요, 집집마다 금붙이는 물론 가마솥까지 공출로 가져갔습니다. 가난한 살림을 힘겹게 꾸려가는 우리에게 나라를 위해서라며, 없는 살림을 쥐어짜 솥바닥까지 긁어 가더니 결국 아내며 딸까지 노동봉사를 시켜, 할아버지 할머니가 자식과 손주를 보며 논밭에서 허리도 펴지 못하고 일하고 있는 겁니다. 이 모든 것이 거짓으로 똘똘 뭉친 대본영 발표 때문입니다.

그런데 정말 틀리지 않았죠. 목욕탕에서 들었던 이야기대로 딱 일 년 뒤에 일본은 무조건 항복을 하며 유례없는 패전국이 됩니다. 나는 이때 중요한 정보를 손에 넣었다고 생각했습니다. 일본이 전쟁에서 지면 우리는 포로가 된다는 겁니다. 포로가 되면 먹는 건 지금보다 나아질 지 모릅니다. 하지만 내가 가장 원하는 것은 몸의 자유, 행동의 자유, 언어의 자유입니다. 그런 건 어떻게 될까요? 역시 나는 탈주를 해야만 한다고 생각했습니다. 단 한 순간이라도 좋아. 인간답게 살고 싶다. 자유를 찾자. 탄광도, 포로도 싫다. 그 무엇보다 전쟁이 가장 싫다. 애초에 이게 다 전쟁때문이 아니던가. 전쟁만 없었다면 고향 산천에서 자유롭게 청춘의 날들을 보내고 있었을 것이다. 지금 내 삶은 사람의 삶이 아니다. 청춘의 삶이란…… 나는 다시 한번 형편없는 지금의 삶에 서글픔을 느끼면서 합숙소로 돌아갔습니다.

고향을 향한 그리움

그날 밤, 취침 종이 울리고 시라야마 대장의 순찰이 끝난 뒤, 같은 방 동료들의 코고는 소리를 들으며 나는 깊은 생각에 빠져있었습니다. 어둠에 감싸인 방. 푸른 청춘의 눈은 힘없이 천장을 배회할 뿐입니다. 전쟁을 위해, 나라를 위해, 살기 위해, 헤아릴 수 없는 희생을 당하고 있습니다. 징용인 뿐만 아니라. 조선 전체가 희생을 강요당하고 있는 겁니다. 일본 군국주의의 뜻대로 따라갈 수밖에 없었습니다. 식민지에서 태어났기에, 정복한 자와 정복당한 자의 차이가 지금 여기에 있습니다. 전쟁은 싫습니다. 탄광도 싫습니다. 죽는 것도 싫습니다. 식민지도 싫습니다. 내 몸 하나 뉘일 곳 없다는 사실이 서럽게 가슴에 사무쳐왔습니다.

곧 미국이 들이닥칠 것이라는 정보는 중요했습니다. 명목상이라고는 하지만, 우리가 일본국민으로서 봉사하고 있는 이상 포로가 되는 건 당연하다는 생각이 들었습니다. 당시 나는 일본이 지든 미국이 오든, 포로가 되든 말든, 그런 것들엔 그다지 신경이 쓰이지 않았습니다. 내가 정말로 중요하다고 여기는 건, 그런 사태가 되었을 때 우리 조선은 어떻게 되는가입니다. 다른 나라의 식민지가 되는 것은 아닐까, 미국은 옛날에 흑인을 노예로 만들었다던데. 발전된 나라, 힘 있는 나라만이 다른 나라를 침략해서 식민지로 만든다. 미국은 이런 조건을 갖춘 나라다. 있을 수 있는 일이다. 승전국이 된 미국이 일본을 대신해 조선을 식민지로 삼는 것에 불만을 표시할 나라 같은 건 없지 않을까? 오봉이 지나자 8월의 무더위도 밤에는 어느 정도 선선해졌습니다. 나는 부디 우리 조국을 다시 다른 나라의 식민지가 되지 않도록 해달라고, 지금보다 더한 희생은 너무나 잔인한 일이라고, 그렇게 신에게 기도하는 것 밖에 할 수 있는 일이 없었습니다.

어렸을 때부터 아버지께서 자주 하셨던 말씀이 떠올랐습니다. 남에게 기대지 마라, 신에게도 기대선 안된다. 다른 사람에게 기대는 사람은 나태한 사람이고 신에게 기대는 사람은 죄를 지은 사람이라고 아버지는 말씀하셨습니다. 아마도 아버지의 영향을 많이 받아서인지 지금까지 남에게 기댄 적은 없었습니다. 신에게는 더더욱 없었습니다. 그런데 그랬던 내가, 지금 신에게 기도하고 있습니다. 죄를 짓기는커녕 오히려 선량하기 그지없는 젊은이일 뿐입니다. 그런데 노예같은 생활을 하고 있습니다. 뿐만 아니라 다시 식민지가 될지도 모릅니다. 진짜 노예가 될지도 모릅니다. '아버지, 그래도 신에게 기대면 안 되나요? 정말 힘들 때는 지푸라기라도 잡으라고 하지 않나요?' 생각이 여기에까지 이르자, 혼자 어두운 천정을 바라보며 쓴 웃음을 지을 수밖에 없었습니다.

소문을 듣자 하니, 전쟁이 한창인데도 일본 국내에는 무기가 전혀 없다고 합니다. 국민 각자가 대나무를 잘라 끝을 날카롭게 깎아 만든 죽창을 현관에 둔다고 합니다. 이것이야말로 지푸라기를 잡는 것과 마찬가지죠. 그래도 일본인들은 모두 전쟁에서 이긴다고 믿고 있다니 이것을 두고 무지라고 해야 할지, 아무튼 말도 안되는 믿음입니다. 흔히들 '뭐든 정도껏' 이라고 하지 않습니까? 정부 지도자를 믿는 것도 정도껏 해야한다고 생각합니다. 속마음은 어떨지 모르겠지만, 표면적으로 봤을 때 일본 국민은 너무나 맹목적이었습니다. 그게 무엇이든 맹목적으로 믿으면 경우에 따라서는 자신의 눈을 멀게 만듭니다. 지금 나는 고독하긴 하지만 맹목적이 되는 것은 피하고 싶은 것입니다.

패전이 코앞인데도 대본영 발표에서는 지금까지 귀축미영*을 격퇴한

---

* 귀축미영(鬼畜米英)는 아시아태평양전쟁때 '도깨비나 짐승 같은 미국과 영국'이라는 뜻으로 일본에서 쓰인 적대적인 슬로건이다.

다며 부르짖고 있습니다. 그러나 머지않아 미국이 밀고 들어오는 것은 틀림없는 사실일 겁니다. 포로가 되는 건 참을 수 있습니다. 그러나 또다시 누군가 우리 조선을 식민지로 삼는 것은 용서할 수 없습니다. 어제까진 이 전쟁이 계속 된다면 탄광에서 탈주해 도망가도 틀림없이 군대로 끌려갈 것이라고 생각하고 있었습니다. 그런데 오늘 목욕탕에서 들은 정보는 처음부터 다시 생각하라고 명령하는 것 같았습니다. 그렇게 마음속으로 중얼거리며 깊은 잠에 빠졌습니다.

도시락

1944년 8월 17일, 아침 해는 유난히 눈부셨습니다. 잠이 부족했던 탓인지 일어나자마자 수도꼭지 밑에 머리를 넣고 물을 뒤집어써도 식당으로 향하는 발걸음이 무겁습니다. 하지만 가지 않을 도리가 없습니다. 도시락을 받아야만 하고 어제 아침 누룽지를 받은 것에 감사 인사도 해야 하니까요. 식당 배식구에 번호표를 내밀면서 주방 안쪽을 들여다봤습니다. 옆으로 여자 손이 나와 내 번호표를 가져갔습니다. 곧이어 밥과 된장국이 나왔고 그 뒤로 종이에 쌓인 낯익은 꾸러미가 스윽 하고 눈 앞에 놓였습니다. 나는 일단 꾸러미를 손바닥으로 감추면서 그걸 준 여자의 얼굴을 봤습니다. 틀림없이 어제와 같은 여자입니다. 나는 소리는 내지않고 눈으로만 고맙다고 말했습니다. 여자도 말없이 괜찮다는 표정을 지었습니다.

나는 오늘도 무사히 식당을 나올 수 있었습니다. 방으로 와서 어제 그랬던 것처럼 누룽지를 사람들 앞에 내놓았습니다. 모두의 눈이 쏠렸습니다. 아저씨가 손을 내밀어 가볍게 꾸러미를 들어 소중한 것을 다루듯 내 눈 앞에 살며시 놓으며 "이건 네 것이야. 어제는 다들 얻어먹었지만 오늘부터는 다른 누구의 것이 아니라 네 것이다"라고 말했습니다. 옆에서 김 형이 "그래, 우리가 이걸 받으면 네게 친절을 베푼 분에게도 미안한 일이지. 오늘부터는 너 혼자 먹는 걸로 우리끼리 얘기가 다 됐어"라고 말했습니다. 이어서 백이 "맞아. 괜히 우리 신경쓸 거 없어"라고 말해주었습니다. 나는 목이 메어 말이 나오지 않았습니다. 그리고는 다들 약속이나 한 듯이 여느 때처럼 도시락을 먹기 시작했습니다. 나도 도시락 뚜껑을 열었습니다.

백이 "도시락 먹고 갈꺼야?" 하고 물었습니다. 나는 "응"이라고 대답하곤 밥을 마저 먹었습니다. 빈 도시락에 누룽지를 채워 넣었습니다. 그리곤 갱으로 들어갔습니다. 점심 시간이 되었습니다. 그리고 또 늘 그랬던 것처럼 우라 씨 부부와 징용인들은 따로 떨어졌습니다. 징용인은 광차 그늘로 갔습니다. 오늘은 나도 우라 씨에게 아무 말 하지 않고 동료들 곁으로 갔습니다. 우리는 보통 완만한 암벽에 기대 잠깐 눈을 붙입니다. 나는 도시락을 열어 누룽지를 다섯 조각으로 나눈 다음 하나씩 집으라고 말했습니다. 모두들 "이게 뭐야?"라고 물었고, 나는 어제 있었던 일을 숨김없이 이야기했습니다. 다만 목욕탕에서 들은 이야기는 그냥 넘어갔습니다. 말이 옮겨져서 합숙소 사무소에 알려지기라도 하는 날엔, 또 비국민 새끼라는 소릴 들을 테니까요. 뒷일이 두려웠습니다.

아무튼 점심 시간은 아주 오랜만에 평화롭고 즐거웠습니다. 누룽지를 다 먹고 나서 누군가가 내일도 얻게 되면 가져와 달라고 해서 나는 속으로 '참 속이 없구나'라고 생각하면서도 "네, 가져올게요"라고 약속했습니다. 우리는 이야기를 끝내고 작업을 시작하기 전에 우라 씨 부인에게 차를 받았습니다. 우라 씨 부인은 매일 우리 몫까지 차를 챙겨옵니다. 우리는 미안한 마음에 점심 때만 차를 마십니다. 차를 마시고는 바로 작업을 시작합니다.

갱 안의 고된 작업

갱 안은 가만히 있으면 그렇게까지 덥지 않지만, 움직이기 시작하면 땀이 멈추지 않습니다. 그래도 우리 작업장은 괜찮은 편입니다. 갱 안에서의 작업은 크게 세 종류로 나뉩니다. 굴진부에 대해서는 앞에서 설명한 대로입니다. 그것 말고는 채탄부라고 있는데, 직접 석탄을 캐는 일을 합니다. 탄광 안에서 채탄은 가장 위험하고, 체력을 가장 많이 소비하는 일입니다. 채탄 장소는 석탄 탄맥을 따라 파내는데, 탄맥의 폭이 50미터라면 2미터 간격으로 채탄부들이 옆으로 나란히 파내는 겁니다. 문제는 탄맥의 높이입니다.

탄맥의 높이는 가장 높은 곳이 1미터 정도이고, 낮은 곳은 60센티미터밖에 되지 않습니다. 그래서 옆으로 나란히 서서 곡괭이로 석탄을 파내는데, 키가 작은 사람은 무릎을 꿇고 앉아서 작업하지만 키가 큰 사람은 옆으로 누운 자세로 곡괭이질을 합니다. 훈도시 한 장 차림에 땀을 쏟아내니 온 몸에 석탄 가루가 묻어서 옅은 어둠 속에서도 검게 빛이 납니다. 입술과 눈 주변만 간신히 원래 인간의 피부색을 알려줍니다. 이런 모습은 말 그대로 눈앞의 지옥이라도 해도 지나치지 않을 정도입니다. 탄광에 온 징용인 중 80%는 채탄부일 겁니다. 왜냐하면 감독 말고는 채탄부 전원이 징용인이었기 때문입니다.

다음으로, 지주부(支柱夫)가 있습니다. 지주라는 일은 지금 설명한 채탄부가 석탄을 파내서 구멍이 생긴 곳에 직경 50센티미터에서 10센티미터 이하의 통나무를 2미터 간격으로 세우는 일입니다. 구멍이 난 천정이 무너지는 것을 막기 위해서 설치하는 겁니다. 그 외에는 우리가 굴진한 뒤에 나무 설치물을 세우고, 설치물과 천정 사이에 통나무나 두꺼운 판자로 천정이 무너지는 것을 막는 일을 합니다. 이 일은 탄광 안에서는 비교적 위험이 적으면서도 급료는 가장 높다고 합니다. 지주 일은 한 조에

탄광노동자들
(국립일제강제동원역사관 소장)

네댓 명인데 징용인은 별로 쓰지 않고, 쓴다고 하더라도 키가 크고 힘이
좋은 사람 한 명 밖에 없습니다.

운이 좋으면 굴진부가 되고, 지주부가 되면 출세했다고 말할 정도였습
니다. 이것 말고도 광차를 미는 일이나 갱 안의 하수구 청소 등 다양한
일이 있습니다. 그러나 지금까지도 채탄부의 모습은 머릿속에서 떠나질
않습니다. 그 모습을 떠올릴 때마다 닭살이 돋을 정도로 소름이 끼칩니
다. 이렇게 징용인을 데려다 쓰면서 전쟁을 한다고 생각하면 더더욱 할
말이 없습니다. 우리의 이런 고생을 누가 알아줄까요? 전쟁 중에는 나
라, 즉 일본을 위하는 일이라며 강요당했습니다. 그러나 전쟁이 끝나자
모든 것이 물거품처럼 사라져버리고 말았습니다.

첫 급료

나는 지금 이렇게 이 글을 쓸 수 있게 되었고, 쓰고 있습니다. 그리고
그때 운 좋게 탈주의 기회를 붙잡아 정말 다행이라고 생각하고 있습니

다. 오봉날 외출을 금지당한 덕분에 그날부터 우라 씨 가족의 친절에 보답한다는 마음으로 열심히 일했습니다. 그의 딸이 건네주는 누룽지는 일주일 동안 받다가 그 다음 일주일은 못 받는 걸로 정착되었습니다. 오전 4시에 새벽 출근을 하는 일주일은 받고, 오전 11시에 늦은 출근을 하는 일주일은 못 받는 겁니다. 나는 누룽지를 받든 못 받든 상관없이 두통이 있어도, 배가 아파도, 감기에 걸렸을 때도 정기 휴일인 5자가 붙은 날을 빼고는 쉬는 날 없이 일했습니다.

8월도 끝나고 9월에 들어서자 급료라는 걸 주더군요. 이 탄광에 와서 넉달 째 되던 달이었습니다. 왜 넉 달 째에 급료를 주는지는 묻지 않았습니다. 처음부터 급료 같은 걸 받으리라고는 생각하지 않았기 때문입니다. 그리고 꼬치꼬치 물으면 또 비국민새끼라고 욕을 먹을 것 같아서, 지금은 그저 묵묵히 일만 하자고 마음 먹었기 때문입니다. 나는 방에 들어가기 전에 노란 급여 봉투의 뒷면을 봤습니다. 거기에는 항목별 내역이 인쇄되어 있었습니다.

아마도 옆의 자료과 거의 같을 겁니다. 첫 급료였기 때문에 지금도 잊지 않고 있습니다. 봉투를 열어 거꾸로 들고 흔들자 35엔이 떨어졌습니다. 당시 '킨시'라는 담배가 얼마나 하는지는 몰랐지만 담배값이 꽤 비싸다고 생각했고, 송금에 관해서는 조만간 알게 될 거라 생각하며 35엔을 꼭 쥐고서 이건 내 돈이라고 느꼈습니다. 방에 들어가자 다들 급료 봉투를 뚫어져라 바라보고 있었습니다. 김 형만이 일찌감치 고향의 아버지에게 편지를 쓰고 있었습니다. 나도

급	료		120엔
숙 소	비		
담	배		15엔
	술		
가	불		
의	복		
일	용		
송	금		70엔
공	제		85엔
잔	액		35엔

김 형에게 갱지 두 장을 빌려서 연필로 아버지에게 편지를 썼습니다. 먼저 편지가 늦어서 죄송하다고 쓰고서는 건강히 잘 지내고 있으며, 밥이 좀 모자란다는 것, 탄광 일은 처음이라 익숙해질 때까지는 시간이 걸릴 것 같다고 썼습니다. 고향의 동생들은 잘 있느냐고 물었고, 이번에 처음으로 급료를 받았는데 70엔이 송금되었다고 썼습니다. 끝으로 잘 지내고 있으니 걱정하지 말고 마음 편히 계시라고 썼습니다.

이튿날, 우표를 붙이지 않고 사무소에 편지를 맡기고 일을 하러 갔습니다. 작업장에서 우라 씨에게 처음으로 급료를 받았다고 말했더니, 징용으로 온 사람은 석 달 동안은 훈련생이라 급료가 없는 것이고, 그래서 넉달 째부터 급료가 나간다고 알려 주었습니다. 속으로는 납득할 수 없었지만 말로는 "그렇군요" 하며 이해했다는 듯이 대답했습니다. 적긴 하지만 급료가 있다는 것은 하늘이 도운 것이라고 생각했습니다. 탈주를 하려면 돈이 많을수록 좋기 때문입니다. 고향을 떠나올 때 아버지께 받은 70엔은 한 푼도 쓰지 않고 목욕 주머니 안에 잠자고 있습니다. 내가 가진 돈은 105엔이 되었습니다.

앞으로 설날까지 급료를 세 번 받을 수 있습니다. 그럼 200엔 이상 모을 수 있을 겁니다. 그러니 돈에 대해선 일단 마음 놓을 수 있게 되었습니다. 당시는 조선의 부산항과 일본의 시모노세키 사이의 연락선 차비가 100엔이 안됐습니다. 그건 다음 해 1945년 8월 15일 전쟁이 끝나 조선에 돌아가려고 규슈의 하카타 항에 갔을 때 연락선 차비가 100엔이었기 때문에 그렇다고 짐작한 것입니다. 하지만 결국 나는 돌아가지 못하고 오늘에 이르렀습니다.

아무튼 당시 200엔은 큰 돈이었습니다. 탈주를 위해 한 발을 내딛은 것 같아 가슴이 뛰었습니다. 앞으로 우라 씨 가족을 위해서도, 내 자신을 위해서도 더욱 노력해야겠다고 새삼스레 마음을 다잡게 되었습니다. 이

런 말을 하는 이유는 실은 내가 7월 중순부터 8월 오봉 때까지 '노손'(ノソン)이란 걸 했기 때문입니다. '노손'은 아침에 합숙소를 나와서 갱 안으로 들어갈 때까지는 규칙대로 움직이지만, 갱 안에 들어가서는 자기의 작업장에 가지 않고 석탄을 파낸 폐광에 숨어들어가 일을 하지 않는 것을 말합니다. 그리곤 저녁 시간을 짐작해서 위로 올라갑니다. 그러고는 목욕탕에 가서 동료들과 합류해서 시치미를 뚝 떼고 합숙소로 돌아가는 겁니다.

신기하게도 이 노손은 잘 걸리지 않습니다. 징용인은 몸이 아파 일을 쉴 때는 의사의 휴업증명이 없으면 쉬지 못합니다. 그래서 이 방법을 생각해낸 것이죠. 사무실의 느슨한 업무 관리를 이용해 고안해 낸 방법인 겁니다. 급료를 일당으로 지급하면 매일 일하는지 안 하는지 알겠지만, 월급제인데다 그날 하루 일했다는 어떤 증명도 표식도 없습니다. 합숙소 사무소는 그저 아침에 우리를 들여보냈다가 저녁에 돌아오면 그날 하루 일했다고 생각하는 것 같았습니다. 그래서 걸리지 않았던 겁니다. 몸이 조금 아픈 걸로는 의사의 증명서를 받을 수 없으니 노손이 많았던 겁니다.

II
해협이 보이는 곳까지

노천탄광에서 일하는 조선인 노동자들

조국에서 온 편지

나의 노손은 그런 것이 아닌, 우리의 처우에 대한 최소한의 저항이었습니다. 하지만 오봉이 지나고 내 마음은 180도 바뀌었습니다. 더 이상 노손을 할 필요도 없을뿐더러, 해서도 안 되는 상황이 된 것입니다. 나는 5일, 15일, 25일에 있는 정기휴일 이외에는 쉬지 않고 일했습니다. 노손도 하지 않고 말입니다. 낮은 없고 밤만 있는 생활 탓인지 더운 여름도 9월이 되자 꽤 선선하게 느껴졌습니다. 이맘 때 고향에서는 가을걷이가 한창이라 아이들까지 일손을 도울 정도로 바쁜 철입니다. 내가 일하다 끌려온 콩밭에서 아버지가 콩대를 한 줌씩 낫으로 베어 나갑니다. 그러면 내가 길가 한 곳에 모아두었다가, 저녁이 되면 소달구지에 콩대를 산처럼 쌓아 집으로 갑니다. 새빨간 저녁 노을이 서산을 향해⋯ '태양은 어디로 가는 걸까. 하늘을 보니 내일도 날씨가 좋을 것 같군.'

그런 생각을 하며 집으로 가는 발길을 재촉해야 할 내가 지금은 바다 건너 머나먼 곳에서 이렇게 탄광 일을 하고 있습니다. 우리 아버지는 솔개가 들짐승을 채가듯 어느 날 갑자기 아들을 빼앗기고, 어떤 저항도 하지 못한 채 그저 입 다물고 원망과 한숨의 날들을 보내고 계시겠죠. 서글프기 짝이 없습니다. 낯선 곳에서 처음으로 가을을 맞이했습니다. 아침저녁으로 작업장을 오가며 건너편 산이 하루가 다르게 고운 색으로 물들어가는 것을 봅니다. 그 산에 우리 고향 뒷산이 겹쳐 보이는 가슴 사무치는 가을입니다.

10월에 처음으로 고향에 계신 아버지의 편지를 받았습니다.

가을걷이는 거의 다 마쳤고, 지금은 월동준비로 바쁘다. 네 동생 하나는 네가 보내준 돈으로 밀렸던 수업료를 내고 옷도 한 벌 장만해 줬더니 아주 신이 났단다. 네 동생 흥률이는 매일 아침 숙모께 맡기는데 잘 먹고 잘 놀고 잘 자는 아이라 아주 편하다. 너도 몸조심하면서 일해라. 사람은 어떤 상황이라도 몸 하나 성하면 어떻게든 된다. 그리고 돈은 언제 어떻게 필요해질지 모른다. 다음엔 돈 보내지 않아도 되니 소중하게 잘 가지고 있거라.

달랑 한 장짜리 편지였습니다. 아버지에게 받은 편지는 그것이 처음이자 마지막이었습니다.

아버지와의 소식은 그때를 마지막으로 완전히 끊어졌습니다. 편지를 읽고 부모는 아무리 멀리 떨어져 있어도 자식의 마음을 꿰뚫어보고 있다고 느꼈습니다. 언제 어떻게 돈이 필요할지 모른다는 아버지의 말씀을 나는 가슴이 아릴 만큼 잘 알 것 같았습니다. 그리고 아버지는 나의 탈주를 이해해 주실 거라는 생각이 들었습니다. 하지만 나는 송금을 중단하지는 않았습니다. 최소한의 효도는 해야겠다는 마음도 있었지만, 송금을 해도 그 나름의 탈주 자금은 충분할 것이라고 생각했기 때문입니다.

탈주를 향해

얼마 전 목욕탕에서 들은 정보인데, 탄광에서 도망쳤을 때, 절대로 잡히지 않는 방법이 하나 있습니다. 군수와 관련된 공장으로 도망가는 것입니다. 그럴 경우, 탄광에서 손을 쓸 수가 없다는 정보였습니다. 새롭고도 귀중한 정보였죠.

어느 날 나는 우라 씨에게 일본 지도가 있으면 빌려달라고 부탁했습니다. 일본 전체 지도는 없지만, 이곳 사가현(県) 지도라면 가지고 있다면서 그 다음 날 가져다 주었습니다. 지도를 건네주면서 우라 씨는 이곳 도쿠스에초에서 곧장 북쪽으로 올라가면 가라쓰라는 곳이 나오는데 거기에 군항이 있고, 남쪽으로는 이마리라는 항구가 있다고 알려주었습니다. 만약 놀러갈 기회가 있다면 가보라고 하더군요. 두 곳 모두 남자들만 들어갈 수 있는 놀이터가 있다고요. 나는 맘속으로 눈물이 날만큼 우라 씨에게 고마움을 느꼈습니다.

우라 씨는 내가 지도를 빌려달라고 부탁했을 때, 왜 지도가 필요한지를 눈치채고, 넌지시 힌트를 준 것이라 생각합니다. 실제로 우라 씨의 힌트를 바탕으로 무사히 도망갈 수 있었답니다. 감사한 마음을 깊이 간직한 채 나는 그저 "고맙습니다"라는 말 밖에 할 수 없었습니다. 도시락통을 흔들어도 소리가 나지 않도록 지도를 도시락통에 딱 맞게 접어 넣고 손수건으로 쌌습니다.

'그런데 일을 마치고 난 뒤 지도를 어떻게 방까지 가지고 들어가지?' 빌린 것까지는 좋았지만 들고 갈 방법이 떠오르지 않습니다. 도시락통은 식당에서 돌려줘야 합니다. 몸에 걸친 거라곤 훈도시와 작업용 신발뿐. 아니다. 반팔 티셔츠도 입고 있다. 그렇습니다. 10월부터 반팔 티셔츠를 입어도 된다고 해서 티셔츠를 둥글게 말아 도시락통과 함께 둡니다. 저녁에 밖으로 나갈 때는 다시 입고 나갑니다. 잘 하면 지도를 무사히 가지고 나갈 수 있을 것 같습니다.

저녁에 일을 끝내고 목욕탕에 들러 도시락통에서 지도를 꺼내 티셔츠 안 겨드랑이에 꽉 끼우고 사무소 앞을 지나 식당으로 가서 도시락통을 반납했습니다. 지도가 빠질 것 같아 겨드랑이에 힘을 주고 있자니, 한쪽 어깨를 움직일 수 없었습니다. 안되겠다 싶어 움직이지 않는 손으로 훈도시 끈을 잡고 사무소 앞으로 지나갔습니다. 그때 하필이면 시라야마 대장이 내 이상한 태도를 보고서 "야, 너 왜 그러고 다녀?" 하며 고함을 질렀습니다. 나는 할 수 있는 한 아무렇지 않게 "훈도시 끈이 끊어졌어요"라고 대답하고 그 앞을 지나갔습니다. 시라야마 대장이 뱉는 "쳇" 하는 소리를 뒤로 하고서, 후다닥 방으로 왔습니다. 지도가 땀범벅이 되어 있었습니다.

나는 서둘러 지도를 펼쳤습니다. 김 형, 백, 다른 한 사람도 같이 들여다봤습니다. 아저씨만 관심없는 얼굴로 담배를 피웠습니다. 나는 일단 도쿠스에쵸를 찾아 손으로 짚고서, 그 손끝으로 가라쓰까지 갔다가 이마리로 갔습니다. 내 손가락이 움직이는 대로 모두의 눈이 따라왔습니다. 내 손은 다시 돌아와 가라쓰에서 동그라미를 그렸습니다. 김 형만 "음"하고 소리를 냈습니다. 다른 사람들은 동그라미의 뜻을 이해하지 못한 것 같았습니다. 나는 침을 꿀꺽 삼키고, 이번 설날에 외출하게 되면 그길로 도망칠 거라고 말했습니다. 모두들 아무 말이 없습니다. 김 형이 무릎을 조금 움직이며 "나도 간다"라고 말했습니다. 아저씨는 "나는 남겠네" 하고 말했고, 다른 한 사람은 "그때까지 생각해볼게"라고 했습니다. 끝으로 백이 "저는 아저씨와 남을래요"라고 말했습니다. 결국 탈주를 결정한 것은 나와 김 형, 남겠다고 한 사람은 아저씨와 백이고, 다른 한 사람은 아직 결정하지 않았습니다.

그러는 동안 취침 종이 울리고 시라야마 대장의 순찰 뒤에 전등이 꺼졌습니다. 모두들 아무 말 없이 누워 있었습니다. 아저씨가 혼잣말하듯 "실패하지 않도록 잘 생각해서 안 하느니만 못하는 일은 되지 않도록 하게" 하고 중얼거렸습니다. 원래는 탈주 직전에 말하려고 했지만 지도를 펼친 이상 털어놓을 수밖에 없었습니다. 나는 그때 털어놓길 잘했다고 생각했습니다. 모두에게 생각할 시간을 준 겁니다. 이걸로 됐습니다. 이제 때를 기다리는 일만 남았습니다. 빨리 자고 내일도 열심히 일 해야지……

그 후로 나는 매일 일이 끝나면 서둘러 목욕탕에 가서 시간을 끌 수 있을 때까지 끌었습니다. 어떤 정보라도 손에 넣기 위해서였습니다. 10월이 되자, 아침저녁으로 날이 쌀쌀해졌습니다. 곱게 물들었던 산이 점차 회색으로 변해갔고, 이 땅에도 겨울이 오는 것 같았습니다. 지난 여름 그 무더위를 생각하면 겨울이 오고 눈이 내리는 것을 상상할 수 없었습니다. 이 낯선 땅, 탄광에 와서 첫 가을이 지나고 겨울을 맞이하려고 하고 있습니다. 인차에 타서 갱 안으로 들어가 작업을 해도 땀 흘리는 일이 적어졌습니다. 날씨가 선선해지자 뜨거운 탕에 들어가 몸을 풀었을 때의 기분도 남달랐습니다.

오늘은 또 특별한 정보가 들어왔습니다. 육군과 해군은 식량이든 물자든 차이가 아주 많이 난다고 합니다. 육군과 비교해서 해군이 식량이나 물자가 풍족하다는 겁니다. 왜 그런지 알 도리는 없지만, 목욕탕에서 얻는 정보는 믿을만하다고 생각했습니다. 사실 도망친 이후의 경험으로도 이때 들은 정보는 어느 것 하나 틀리지 않았다는 것이 증명되었습니다.

그렇게 11월도 끝을 향해 가던 어느 날, 갱에서 나와 여느 때처럼 목욕탕에 갔다가 합숙소로 돌아왔더니 왠일로 시라야마 대장이 나를 보고 히죽거리며 "너, 사무소로 와"라고 하는 것입니다. 나는 순간 숨을 삼켰습니다. 얼마 전 방에서 탈주 이야기를 한 것이 밖으로 새어나간 것은 아닐까 하는 생각이 뇌리를 스친 것입니다. 만약 계획을 들켰다면 모든 것이 끝장입니다. 아마 사지육신 멀쩡하게 돌아오지는 못할 겁니다. 어차피 당할 일이라면 당당하게 굴자. 그렇게 마음 먹었습니다.

11월부터 급료가 오르다

사무소 문을 닫으며 늘 하던 대로 "320번"이라고 큰소리로 외쳤습니다. 정면 벽 쪽으로 긴 책상을 앞에 두고 앉은 사람은 예순 정도 되어 보였는데, 얼마 되지도 않는 머리숱을 정확하게 7대3으로 나누고 주황색 안경을 쓰고 있었습니다. 그 사람은 마시던 찻잔을 달그락 하고 책상 위에 내려놓았습니다. 그리고는 눈과 코를 움직여 안경을 코끝까지 내리더니 안경테 너머로 눈을 치켜 뜨고 나를 보았습니다. 그리곤 "자네가 320번인건 아니까 그렇게 무서운 표정 짓지 말게. 잡아먹지 않을 테니 안심해"라고 말했습니다. 옆에 서있던 시라야마 대장이 "합숙소 소장님이시다. 뭐든 솔직하게 말해라"고 했습니다. 나는 얼굴색 하나 바꾸지 않고 미동도 없이 합숙소장을 바라보았습니다.

소장은 한 손으로 종이 한 장을 흔들며 말했습니다. "320번이 일을 성실히 잘 하니 급료를 올려달라고 자네 작업반 책임자가 청원서를 올렸다네. 그래서 네 기록은 모두 삭제하고 11월부터 급료를 10엔 올리기로 했어. 앞으로도 나라를 위해 열심히 일해 주기 바라네. 자네처럼 모두가 성실히 일해 준다면 우리나라는 전쟁에서 반드시 승리한다. 알겠나" 나는 어차피 당할 일이라면 당당하게 당하겠다는 마음으로 온몸에 잔뜩 힘을 주고 있다가 소장의 말이 끝나자마자 온몸의 힘이 발끝에서 빠져나가 그 자리에서 주저앉고 말았습니다.

그런 내 모습을 보고 소장은 "어이, 됐네, 됐어" 하며 손사래를 치고는, 내 행동이 자기에 대한 존경과 감사 때문이라고 생각했는지 눈을 가늘게 떴습니다. 나는 손을 짚어 바닥에서 일어나 머리를 숙여 인사하고 사무소를 나왔습니다. 등 뒤로 웃음 소리가 들렸습니다.

방으로 돌아와 바로 자리에 누웠습니다. 아저씨가 "많이 늦었구나. 배라도 아픈게냐?" 하고 물었습니다. "아니, 피곤해서요"라고 대답했습니다. "그럼 됐다" 하고 아저씨가 안심한 듯 말했습니다. 사무소에서 있었던 일을 얘기할까 말까 망설였지만 역시 이야기하지 않는 편이 좋겠다는 결론을 내렸고, 그 이후 탈주를 하고 전쟁이 끝났어도 이 이야기만큼은 하지 않은 채로 지금까지 지내왔습니다. 내 성격은 추운 지방에서 자란 탓인지 인내심이 강하고 꼭 감추어야 할 일은 설사 함께 탈주한 사람에게도 철저하게 감추는, 좋은 면과 나쁜 면을 동시에 갖고 있습니다. 나는 무언가를 참는 것을 좋아하지만 감추는 것은 싫어합니다. 지금 이렇게 내 나쁜 면을 쓰면서 모든 나쁜 면을 토해내고 싶은 지도 모르겠습니다.

잠자리에 들고 주변이 조용해 지고나서도 사무소에서 있었던 일을 생각했습니다. 모처럼 급료를 올려준 합숙소장에게는 미안했지만, 내 계획이 들어맞았다는 사실에 마음이 놓였습니다. 내일 작업장에 가서 우라씨에게 감사 인사를 해야겠습니다. 그리고 밤엔 고향의 아버지에게 편지를 써야겠다고 생각했습니다. 답장은 더 이상 필요없다고, 더 이상 내 편지가 오지 않는다고 해도 난 잘 있다고 여기고 마음 편히 계시라고 써야겠다고 생각하며 잠에 빠져들었습니다.

11월이 되어 월급이 나왔는데, 송금액도 변함없고 다른 공제 금액도 예전과 똑같이 빠져 나갔지만 내가 받는 금액만 10엔 올라 45엔이 되었습니다. 이렇게 해서 이제 내 수중에는 220엔이 있습니다. 만약 12월 월급을 설날 전에 준다면 265엔이 됩니다. 목적달성을 위해서는 이 정도면 충분할 것 같았습니다. 나는 가까운 시일 내에 한번 더 같은 방 동료들과 이야기를 나눠야겠다고 생각했습니다. 앞으로 일주일 뒤인 12월 15일은 공휴일입니다. 그날 이야기를 해야겠다고 마음 먹었습니다.

나는 변함없이 매일 저녁 갱에서 나오면 목욕탕으로 가서 정보를 모았습니다. 그 즈음엔 관동지방으로 미군기가 날아와 폭격을 했다든가, 미군이 상륙해 오면 싸우기 위해 일본인들이 활을 만들고 있다는 등의 이야기가 많았습니다. 또 어떤 이가 미군은 여자를 좋아해서 여자들만 남기고 남자는 한 명도 남기지 않고 다 죽일 거라는 말을 하자, 또 누군가는 그 전에 일본인들은 다 자살할거라고 했습니다. 이런 정보인지 소문인지 모를 이야기가 들려왔습니다. 단 한 가지 알 수 있었던 건, 일본은 전쟁에서 지고 미군이 상륙할 것이라는 것만은 틀림없는 사실이라는 것입니다.

마음 속으로 미국이 오기 전에 도망가야 한다고 생각했습니다. 미군이 오면 우리도 일본인으로 취급되어 포로가 되든지, 아니면 이곳에서 한 발도 나가지 못하고 석탄을 캐든지 둘 중 하나일 겁니다. 둘 다 가능성은 충분합니다. 우리는 일본인이 아니지만, 조선인이라고 말해도 통할 것 같지 않았습니다. 어떻게든 설날까지는 미군이 들어오지 않기를 빌었습니다. 설날이 되면 반드시 도망갈 수 있을 거라고 자신하고 있었으니까요. 공휴일인 15일에 지금까지 결정을 못하고 있던 사람과 이야기를 나눴습니다. 결국 그 사람도 남기로 해서, 나와 김 형 만 탈주를 하게 되었습니다.

탈주 계획

나는 그날 김 형과 이야기를 나눴습니다. 준비물은 두 사람 모두 이곳에 올 때 입었던 상하의 한 벌. 돈은 각자 30엔씩만 손에 들고 나머지는 훈도시 안에 넣고 꿰맬 것. 이 외에는 아무 것도 지니지 말 것. 만약 한 사람이 붙잡히더라도 다른 한 사람은 도망갈 것. 무슨 사정이 생겨 따로 떨어져 혼자가 되더라도 연락은 반드시 직접 할 것 등을 정했습니다. 김 형은 "만약 내가 잡혀도 방향만은 반대로 말할테니까 자네도 정한 방향으로 그냥 가도록 해"라고 덧붙였습니다.

나는 "알겠어요. 저도 만약 붙잡히면 그렇게 할게요" 하고 대답했습니다. 우리가 도망가는 방향은 이미 북쪽 방향인 가라쓰라는 곳으로 정해져 있었습니다. 가라쓰로 정한 이유는 한 발이라도 고향과 가까운 곳으로 가고 싶은 마음과 그곳에 군항이 있다는 것, 나머지 한 가지는 '가라쓰'라는 지명이 왠지 중국풍으로 느껴져 친근감이 느껴졌기 때문입니다.

두 사람이 이야기를 마칠 무렵 김 형이 "이 군, 이건 같은 방 동료들에게 모두 이야기를 해두는 편이 좋지 않을까 싶은데 어떨까?" 하며 다시 이야기를 꺼냈습니다. 나는 "김 형이 좋다고 생각하면 그렇게 하세요. 저는 이견 없습니다. 그런데 왠지 마음이 무거워요. 다섯 명 중에 우리 둘만 탈주하게 되어서요" 하고 말하자 김 형은 "별 수 없지. 각자 자기 계산이 있으니까. 둘이서라도 혼자서라도 꼭 해야만 하는 일이 있는 거잖아. 설사 죽임을 당한다 하더라도 해야할 일은 반드시 해야지. 이 군도 알겠지만 옛날에, 30년 정도 전에 조선이 일본 식민지가 되었을 때, 조선의 애국자들이 독립을 외치며 거리로 나왔어. 그때 많은 사람들이 살해당하고 투옥당했지. 그걸 역사에서는 3·1 사건이라고 해. 그 후에 일본의 이토 히로부미 암살도 있었고.* 우리 조선의 애국자들은 목숨을 걸고 식민지 반대를 계속해서 외쳐왔어. 아마도 지금 우리가 알지 못하는 곳에서, 우리도 모르는 사이에 누군가 식민지에 반대하고 독립을 외치고 있을지도 몰라. 이 군도 나도 거기에 참여할 순 없지만 적어도 자기 자유를 스스로 얻는 것 정도는 해야하지 않겠나. 우리가 탈주를 하면 사람들 눈에는 그저 탄광 징용인들이 도망간 걸로 밖에 보이지 않겠지만, 우리 입장에서 말하면 단순한 도망이 아니라 식민지배를 반대하는 저항운동의 하나라고 나는 생각하네. 일본이라는 나라의 입장에서 보면 우리의 탈주는 비국민적인 행동이고 용서할 수 없는 일이겠지. 하지만 우리가 지금 당하고 있는 강제 연행, 강제수용, 강제노동 같은 학대의 사슬을 누가 끊어줄거라고 생각하나? 이 사슬을 끊는 것은 그 누구도 아닌 우리 자신이야. 이 군도 나도 스스로 끊어야만 하는 거지. 사람은 누구나 가치 있는 인생을 원해. 그게 인간의 본성이지만 지금 우리는 가치 있는 인생을 바

---

* 3.1운동은 1919년이고, 이토 히로부미 암살은 1909년이므로 시간상 전후가 맞지 않는다. 저자의 착각인 듯 하다.

랄 처지가 아니지. 무슨 짓을 하더라도 몸을 묶고 있는 사슬을 자르고 한 발이라도 좋으니 자유를 향해 내딛어야만 하네. 이 군도 그저 배 부르게 밥이 먹고 싶은 이유만으로 도망을 결심한 건 아닐테니까. 우리 둘 만 가게 되어 마음이 무거운 건 알겠지만 지금은 사사로운 정은 마음 속에 묻어둬야 할 때라고 생각하네. 일단 탈주하는 이상, 실패는 절대 용납할 수 없네. 만약 실패한다면 남은 동료들도 애통해 할 것이 눈에 보여. 개죽음도 절대 안돼. 자네도 그렇지……?" 하고 말을 끝맺었습니다.

김 형은 내 각오를 확인한 것이겠죠. 나는 김 형의 말에 다시금 마음을 다잡고 각오를 새롭게 했습니다. 내가 지금 이렇게 나름 일본어로 말하고 쓸 수 있게 된 것은 김 형의 사려 깊음과 풍부한 학식에 부러움을 느껴 열심히 노력한 덕분입니다. 이렇게 나는 많은 사람들의 도움과 김 형의 영향 덕분에 자신감을 가지고 사는 법을 배웠다고 생각합니다.

우리가 탈주에 대해 이야기를 하고 일주일, 또 열흘이 지나, 1944년도 사흘밖에 남지 않았습니다. 이 탄광에 수용되고 7개월째. 매일 새로운 경험을 쌓은 것은 말할 것도 없습니다. 특히 기억에 남는 것은 강제연행, 강제수용, 강제노동이 있다는 것은 진작에 알고 있었지만, 그것이 일본 본토에서 행해진다는 것에 놀랐고, 노란 무절임과 잎차로 다른 나라에 왔다는 걸 실감했으며, 2주 동안이나 강제로 군대식 훈련을 받고 탄광에 들어가 석탄을 캐는 웃지 못할 희극, 아침저녁으로 곡괭이 소리에 취침하고 기상하며 힘들어서 도망갔다가 붙잡히면 생고무 몽둥이 소좆 세례를 당하는 비극, 누룽지를 허벅지 사이에 숨기는 황폐한 청춘…… 쓰려고 하면 끝이 없습니다. 정말 단 한 순간도 평안함을 느끼지 못했던 200일이었습니다.

저물어 가는 열 일곱 살의 마지막 밤, 잠자리엔 차가운 냉기가 더해갑니다. 사랑받지 못했던 이부자리도 오늘밤이 마지막이 될지 모릅니다.

살아 있는 한, 두 번 다시 이곳으로 돌아오지 않기를 빌었습니다. 사람이 주는 굴욕은 견디기 어렵고, 사람의 정은 잊기 어렵습니다. 힘든 상황에 처한 한 명의 징용인을 차별 없이 대해주고 배려해준 우라 씨 가족에게 감사의 눈물을 올렸습니다.

슬픈 일, 원망스러운 일, 기대와 불안이 뒤섞인 내 마음과는 상관없이 설날 아침부터 다른 날보다 오랜 시간 요란하게 복도를 두드리고 다니는 이 세상의 괴물들. 나는 잠에서 덜 깨 멍한 상태로 '저 자식들은 전쟁이 끝나면 뭘 해서 먹고살까' 하는 생각이 들었습니다. 저런 놈들을 모아 한 집단의 우두머리로 내세워서 이용하는 어둠의 사람들. 자고로 나라의 소중함을 아는 사람을 우두머리로 삼아야 할 터인데. 전쟁에 질 수 밖에 없는 이유가 이런 곳에도 똬리를 틀고 있습니다. 이 합숙소 안에 있는 어느 누구도 시라야마를 사람으로 보지 않습니다. 시라야마가 싫어서 도망간 사람도 적지 않을 겁니다. 시라야마를 볼 때마다 탈주를 향한 의지가 더욱 강해집니다.

몇 번이나 하품을 하면서 오늘의 운수를 점쳐보고 싶은 마음에 방 안의 동료들을 둘러봤습니다. 모두들 괜찮다고 말하는 것처럼 고개를 끄덕여 주었습니다. 김 형도 똑같이 고개를 끄덕였습니다. 나는 김 형에게 미안하다며 고개를 숙였습니다. 김 형은 오봉 때에도 외출을 했었기 때문에 전혀 문제가 없었습니다. 그러나 나는 너무나 불안했습니다. 비국민이라는 낙인이 찍힌 채 6개월이 지나고, 이제 막 그들의 불신에서 벗어나려던 참이었습니다. 과연 외출 허가를 내줄지 어떨지가 단 하나 불안의 씨앗입니다. 미지수인 외출 가능성에 기대어 있는 나에게 김 형은 자신의 운명을 걸었습니다. 나는 그런 김 형에게 머리를 숙인 겁니다.

마지막 식사

설날이라고는 해도 아침식사는 변함없이 7시까지 마쳐야 합니다. 아저씨가 우리를 모두 모아 식당으로 갔습니다. 하늘은 구름 한 점 없이 청명해서 새해 첫 날에 어울리는 아침이었습니다. 사무소 창문은 안쪽이 따뜻한 덕분에 김이 서려 있습니다. 접수구에만 손바닥으로 닦은 자국이 남아있습니다. 번호를 외친 후 320이라고 써있는 나무 팻말을 받아 들고 식당으로 들어갔습니다. 설날 특별식이라도 기대했는지 서른 명 넘게 앉을 수 있는 테이블 다섯 개는 거의 다 차 있었습니다. 하지만 평소와 다름없는 밥과 반찬 그리고 된장국에 두부 대여섯 점이 들어있는 정도였습니다. 그래도 평소에 먹던 시든 채소 몇 점이 둥둥 떠다니는 멀건 된장국보다는 나았습니다. 떡도 없는 설날을 보낸 것은 그 이전에도 그 이후에도 없었습니다.

아침 식사가 끝나고 방으로 돌아갈 때 번호표를 돌려받는 대신 외출허가증을 받습니다. 나는 천천히 밥을 씹으면서 번호표를 그릇 사이에 두고 '너는 320이라고 쓰여진 나무 판대기에 지나지 않아. 그런데도 너는 내 이름을 빼앗았다. 그뿐인가, 밥도 너 없이는 받지 못해. 넌 7개월 동안 나를 지배했다. 너도 사람처럼 마음이 있다면 이쯤에서 나를 놓아 주길 바란다. 잠시 뒤 너의 마음을 시험해 보겠다. 네게 침을 뱉을 지 평생 못 잊을 추억이 될 지는 두고 보면 알겠지.' 나는 마음 속으로 번호표에게 말을 걸면서 식사를 끝내고 다시 한번 배식대를 들여다 보았습니다.

꾸준히 누룽지를 챙겨 준 우라 씨 따님에게 인사를 하고 싶었기 때문입니다. 취사장 안에서 모르는 아주머니가 "왜?" 하고 물었습니다. 내가 작은 소리로 "우라 씨는요?" 하고 묻자 "아!" 하며 고개를 끄덕이더니 "도키"하고 불러주었습니다. 바로 동그란 얼굴이 고개를 갸웃하며 나타났습니다. "무슨 일로……" 하며 내 얼굴을 바라봤습니다. 나는 딱히 할 말을 정해놓은 건 아니었기 때문에 "저기……고마워요. 음…… 그 말 하려고"라고 말하고는 그대로 발길을 돌려 걷기 시작했습니다.

외출 허가가 떨어지다

이걸로 됐다고 생각하면서 기도하는 마음으로 사무소로 다가갔습니다. 번호표를 두 손으로 접수구에 조용히 내밀고 "320번"이라고 외쳤습니다. 과연 어떤 대답이 돌아올 지 가슴이 쿵쾅거렸습니다. 접수구에서 넌지시 안을 살펴보았습니다. 평소처럼 시라야마 대장이 일어서서 뒤돌아 봤습니다. 손끝에 명찰 같은 종이를 들고 있었습니다. 접수구에서 눈을 치켜 뜨고 나를 보면서 "너 열심히 일했구나. 4개월 개근이라고 합숙소장이 칭찬했더군. 앞으로도 계속 열심히 하게. 이건 상이니 받고" 하고 말하며 뒷짐으로 쥐고 있던 종이를 접수대에 올려놓았습니다.

그 종이에는 확실하게 '외출허가증'이라고 커다랗게 파란 글자가 찍혀 있었습니다. 나는 너무나 기쁜 나머지 "가, 감, 감사합니다"라고 큰소리로 외쳤습니다. 나도 모르게 눈가가 뜨거워지는 것을 느끼며 명함 크기의 외출허가증을 칙서라도 되는 듯 양손으로 받으며 번호표에게 했던 말을 떠올렸습니다. 이쯤에서 나를 놓아달라고 매달리는 마음으로 했던 말을요. 묵으로 쓰여진 320이라는 숫자가 손때가 묻어 지워져가는 그 나무 팻말에게 말입니다.

사무소를 나오자마자 달리기 시작했습니다. 숨을 헐떡이며 방으로 뛰어들어가니, 다들 '어떻게 되었나' 하는 얼굴로 나를 바라봤습니다. 나는 말없이 마술사가 관객을 향해 트럼프 카드를 보이듯 짠하고 허가증을 내보였습니다. 다들 그걸 보더니 깜짝 놀란 모습이었습니다. 나는 먼저 김 형을 향해서 "김 형, 이제 같이 나가게 되었어요. 잘 부탁드려요" 하고 허리를 굽혔습니다. "그래, 다행이다. 나도 이제 조금 마음이 놓이네. 모두 자네 걱정을 하고 있었어. 그치?" 아저씨가 "아주 조짐이 좋은 출발이다. 막내야, 도시락통에 물을 가득 받아오렴. 이별의 잔을 나눠야지" 하며 손을 들어 백에게 지시를 했습니다.

백은 서둘러 뚜껑이 없어 물이 넘쳐흐르는 도시락통을 양손으로 감싸쥐고 들어왔습니다. 아저씨가 다시 "다들 도시락통 꺼내게" 하고 재촉했습니다. 모두 도시락통을 꺼내자 "막내야 조금씩 나눠서 부어라"라는 아저씨의 지시가 이어졌습니다. 백은 김 형부터 시작해 차례로 물을 따랐습니다. 그리고 "새해 첫 날 물로 건배하는 것이 서운하긴 하지만, 김 형과 이 군을 위해 건강과 무사를 기원해 주게. 물잔도 잔은 잔이다. 출발을 축하하는 건배를 합시다" 이렇게 우리는 세상에 없는 건배를 했습니다.

건배가 끝나도 아저씨는 우리 두 사람이 걱정되었는지 "밖에 나가면 어떻게 해서든 우선 소금을 한 줌 구하게. 혹시 먹을거리가 떨어져도 소금과 물이 있으면 사흘은 버틸 수 있어. 그리고 성냥은 소중히 간직하게. 비에 젖게 해선 안돼. 배탈이 났을 때 나무를 태워 재를 만들어 빻아서 먹으면 설사가 멈춘다네. 그리고 목욕을 할 수 없을 때는 매일 밤 자기 전에 마른 수건을 몸에 마찰시켜주면 좋아. 감기에도 안 걸리고 이가 생기지도 않거든. 그런 게 필요없게 될 지도 모르지만. 아무튼 무슨 일이 있어도 두번 다시 이 곳으로 돌아오지 않길 바라네. 이 자리가 마지막이라고 생각하고 야무지게 잘 하게" 아저씨는 마치 자기 아들들을 사지에라도 보내는 마음인 것 같았습니다. 나는 눈물이 차오르는 것을 꾹 참았습니다.

이렇게 우리는 서로 아쉬운 마음을 뒤로 하고 외출 준비를 했습니다. 곧이어 외출허가를 알리는 종이 울렸습니다. 아저씨는 디딤돌에 앉아 목을 빼고 사무소 쪽을 살폈습니다. 우리는 아저씨의 말이 떨어지길 기다렸습니다. 20분 정도 지나고 나서 "지금이다. 지금 나가자" 하고 말했습니다. 우리는 방을 뛰쳐나갔습니다. 사무소 앞은 2,30명이 행렬을 이루고 있었습니다. 우리 다섯 명도 그 대열에 섰습니다. 아저씨, 백, 나, 다른 한 사람을 두고 김 형 순이었습니다. 이 순서도 아저씨가 정한 것이었습니다. 앞에서 말했듯이 이 아저씨는 징용 전에 도망간 아들을 대신해서 온 사람입니다. 우리 아버지도 그렇게 하고 싶었겠지만 사정이 여의치 않았다는 것을 생각하면 내 아버지처럼 여겨져서 애처롭고 친근하게 느껴졌습니다. 깊은 신뢰도 쌓였습니다. 줄 선 순서대로 외출 허가증 검사도 무사히 마치고 드디어 합숙소 바깥으로 한발을 내딛었습니다.

결행

　일본 땅을 밟은 지 7개월, 자나 깨나 감시의 눈이 두려운 날들이었습니다. 이런 나에게도 단 하루지만 자유롭게 걷고 자유롭게 먹고, 거리낌 없이 무슨 말이든 할 수 있는 기회가 찾아왔습니다. 밖에 나오니 이런 자유 속에서 공기마저 다른 것 같이 느껴졌습니다. 하지만 나는 다른 동료들과 달리 첫 외출이었기 때문에, 눈에 보이는 모든 것이 흥미로워서 이야기를 하는 것보다 구경을 하는 것이 더 신기하고 재미있었습니다. 곧 역이 있는 도쿠스라는 곳에 도착했습니다. 우리가 일본에 와서 마지막으로 내린 역이었습니다. 그때는 제대로 서 있기조차 힘들어서 역이 어떻게 생겼는지 볼 여유가 없었는데다가, 밤이었기 때문에 제대로 보는 건 이번이 처음이었습니다. 생각보다 낡고 퇴색한 작은 역이어서 조금 놀랐습니다.

　매표 창구가 한 곳, 그 옆으로는 수하물 창구가 있었습니다. 대합실은 세 평정도인데 한 쪽 벽에 긴 목제의자가 하나 놓여있고, 그 맞은편 벽에 색이 바랜 시간표가 붙어 있었습니다. 아무 장식도 없이 그을린 벽으로 둘러쳐진 초라한 역이었습니다. 대합실에 들어가서 가장 먼저 눈에 들어온 건 새해를 맞아 곱게 차려입은 젊은 여자들이었습니다. 전쟁중이라고는 해도 고운 기모노 차림의 여성들은 잠깐이나마 전쟁도 징용도 잊게 해 줄 만큼 마음을 평안하게 해주었습니다. 그런데 눈 앞으로 가슴을 쿵 내려앉게 만드는 무언가가 지나갔습니다. 카키색 군복을 입은 사람이 팔짱을 끼고 불길한 분위기를 풍기며 걸어가는 것이었습니다. 김 형이 지금은 안되겠다고 귓속말을 했습니다. 나도 목소리를 죽이고 밖으로 나가자고 말하고 역 앞 광장으로 나왔습니다.

광장이라고는 해도 버스가 한 바퀴도 돌지도 못하는 크기였고, 그 옆 도로에 버스정류장이 있었습니다. 정류장 시간표를 보니 기차가 도착하고 10분 뒤에 버스가 출발합니다. 편도 버스 출발이 하루에 여섯 번 있는데, 막차는 오후 다섯 시 반, 기차와 버스가 약 두 시간에 한 대 꼴로 있다는 것을 알게 되었습니다. 기차나 버스를 한 번 놓칠 때마다 두 시간을 어딘가에서 기다려야만 하는 것입니다. 우리는 의논 끝에 탄광에 남기로 한 세 사람과는 이곳에서 헤어지기로 했습니다. 서로 두 손을 붙잡고 건강과 무사를 기원하며 헤어졌습니다. 세 사람은 자꾸만 뒤를 돌아보며 서로가 보이지 않을 때까지 손을 흔들며 남쪽 이마리 방향으로 사라졌습니다.

김 형과 나는 저도 모르는 사이에 마치 자석에 이끌리듯 동료들이 사라진 방향을 향해 걸었습니다. 버스정류장에서 한 블럭 정도 남쪽이었는데, 남겨진 우리 둘은 정류장으로도 역으로도 가지 않고 그 주변을 어슬렁거리며 시간을 보냈습니다. 그런데 우리의 행색이 딱 봐도 한눈에 징용인 차림인 것이 무척이나 신경이 쓰였습니다. 나는 고향을 떠나올 때 아버지에게 받은 하얀 면 양복에 검은 레이온 운동화 차림이었고, 김 형은 탄광에서 받은 녹색 삼베 옷에 신발은 나와 같은 것을 신고 있었습니다. 이런 차림을 한 사람은 누가 봐도 한눈에 탄광 징용인이라는 걸 알 수 있습니다.

만약 이렇게 서성거리다가 헌병이라도 만나면 의심받을 게 뻔합니다. 그렇게 되면 모든 것이 수포로 돌아가게 됩니다. 하지만 그 근처에 몸을 숨길 만한 곳은 없었습니다. 농가 주위를 어슬렁거리다가는 틀림없이 누군가가 수상한 놈들이 돌아다닌다고 경찰에 신고할 겁니다. 아무튼 다음 버스 시간까지는 이대로 기회를 살필 수밖에 없습니다. 김 형과 나는 어서 시간이 가기를, 제발 버스가 빨리 오기를 빌었습니다. 드디어 기차가 도착할 때가 된 모양입니다. 역 안으로 사람들이 들어가는 것이 보였습니다. 드디어 우리에게도 희미하지만 희망이 보였습니다. 기차가 떠나면 곧 버스가 도착할 겁니다. 사람들의 눈치를 살피고, 추위에 떨면서 두 시간이나 기다린 버스가 오는 겁니다.

우리가 왜 기차가 아닌 버스를 선택했는가 하면, 탄광을 탈주해 기차를 타면 거의 대부분의 사람들이 붙잡혀 강제로 돌려보내진다는 정보를 들었기 때문입니다. 기차 안에는 항상 사복 경찰이 있어서 눈에 불을 켜고 탈주 징용인을 잡으려고 한다는 겁니다. 그래서 버스를 선택할 수밖에 없었던 것이죠. 드디어 역에서 기적 소리가 들리고 곧이어 몇 사람인가 역에서 나와 마을 쪽으로 흩어져 갔습니다. 우리는 버스정류장으로 천천히 다가갔습니다. 거기엔 아직 아무도 없었습니다. 그래도 조심하면서 버스가 오면 뛰어서 올라탈 요량으로 반 블럭 정도 떨어진 곳에서 기다리기로 했습니다. 그곳에 도착했을 때 국민복을 입은 중년 남자 둘이 버스정류장에 서 있는 것이 보였습니다.

국민복이란 당시에 양복을 입는 것이 금지되자, 양복 대신 남자들이 입던 옷인데, 황녹색 천으로 만들어져서 옷깃이 목까지 바짝 올라가 있고, 앞섶에는 단추가 네댓 개 달려있는 옷입니다. 왜 국민복이라고 불렀

국민복을 입은 남자들

는지는 모르겠지만, 아무튼 당시에는 국민복을 정장으로 알고 있었기 때문에, 갑자기 나타난 두 남자가 공무원인지 외출한 마을 사람인지 구분할 수가 없었습니다. 한 사람은 두 손을 앞으로 모으고 있었고, 다른 한 사람은 뒷짐을 지고 있었는데, 둘은 계속해서 무언가 이야기를 나누고 있었습니다. 그들이 마을 사람이라면 문제가 없겠지만, 만약 공무원이라면 함께 버스에 탈 수는 없습니다. 공무원은 징용인이 기차나 버스에 타서는 안 된다는 것을 알고 있기 때문입니다. 우리가 도망자라는 걸 눈치채게 되면 붙잡힐 수도 있는 일입니다. 난감하기 짝이 없었습니다. 나는 김 형의 표정을 살폈습니다. 김 형도 판단이 안 서는 모양이었습니다. "이군, 이번엔 그냥 보내자" 하고 말했습니다. 결국 우리는 또다시 두 시간 뒤에 오는 다음 버스를 기다리기로 했습니다. 지금이 점심 전이니 다음 버스는 한 시에 옵니다.

우리는 밥을 먹어두려고 목적지인 북쪽 가라쓰와는 반대방향인 이마리 방향으로 걸었습니다. 우리가 타려고 했던 도쿠스에 버스정류장에서 세 정류장 정도를 걸어가서야 겨우 음식점 하나를 발견했습니다. 안으로 들어가자, 서너 평 되는 가게 안에 길이 1미터 정도 되는 테이블 세 개를 붙여놓고 의자 다섯 개가 늘어서 있었습니다. 아침부터 계속 서있었던 탓에 조금 지쳐 있었기에 의자에 앉으니 왠지 안심이 되었습니다. 잠시 후 김이 오르는 우동 그릇이 눈앞에 놓였습니다. 파냄새가 위 밑바닥까지 건드리는 것 같았습니다. 붉은 색과 흰 색이 섞인 어묵 두 조각이 색감을 더해 식욕을 자극했습니다. 일본 우동을 먹은 건 그때가 처음이었습니다. 우동 그릇을 양손으로 잡고 국물을 마셨습니다. 정말 맛있더군요. 순식간에 한 그릇을 다 비우고 한 그릇을 더 시켜서 그것도 국물까지 깨끗하게 비웠습니다. 몸도 따뜻하고 배도 부르자 아까보다 훨씬 마음이 편안해 졌습니다.

김 형이 담배를 꺼내며 아주머니에게 성냥을 빌려달라고 하자, 이내 새 성냥을 가져다주며 "가지세요"하고 김 형에게 건네주었습니다. 김 형은 고맙다는 말을 하면서 의미심장한 표정으로 나를 보며 빙긋 웃었습니다. 그리곤 불을 붙여 맛있게 담배를 피웠습니다. 김 형은 성냥을 손에 넣었다고 말하고 싶었던 것 같았습니다. 우리는 도쿠스에 정류장으로 돌아가지 않고, 우동집 근처에 있는 버스정류장에서 차를 타기로 했습니다. 도쿠스에에 도착해서 상황을 살핀 후에 버스에서 내릴지 그대로 타고 가라쓰까지 갈지 정하기로 했습니다. 우동집에 붙어있는 버스 시간표를 보니 아직 20분 정도 시간이 있었습니다.

밖에 나가서 기다리면 춥기도 하거니와 사람들의 의심을 살 수도 있습니다. 어떻게 할까 궁리하다가 주방 쪽으로 "아주머니, 버스는 몇 시에 와요?"하고 큰 소리로 물었습니다. 그러자 아주머니가 머리만 내밀고는 "어느 쪽으로 가든 20분은 더 있어야 해요. 추우니까 여기서 기다려요"하고 말했습니다. 나는 바로 "고맙습니다 아주머니"라고 대답했습니다. 이제 밖에서 기다리지 않아도 됩니다. 말하길 잘했다며 혼자 기분이 좋아졌습니다. 대단하다는 듯한 표정을 지었습니다. 나는 "형님이 성냥을 손에 넣은 것에 대한 보답이죠."라고 말했습니다.

운명의 버스를 타고

우리는 아무튼 무사히 버스에 탈 수 있었습니다. 첫 번째 정류장에서도 무사히, 두 번째 정류장도 별 탈없이 지나갔습니다. 세 번째인 도쿠스에가 가까와 오자 차장이 "다음은 도쿠스에, 도쿠스에입니다. 내리실 분은 미리 말씀해 주세요"라고 말했습니다. 하지만 우리는 가만히 있었습니다. 정류장에 점점 다가갈수록 '이거 야단났군' 하고 생각했습니다. 아까 본 사람들은 아니지만, 그들처럼 카키색에 옷깃을 바짝 올려붙인 두 사람이 서 있는 겁니다. 내가 김 형을 보자. 김 형은 고개를 가로저었습니다.

우리는 중간에 내리겠다며 가라쓰까지 가는 표를 차장에게 건네고 버스에서 내렸습니다. 우리는 결국 처음에 왔던 도쿠스에로 돌아오고 말았습니다. 우리가 그렇게 한 것은 처음의 다짐처럼 절대로 실패해선 안 되기 때문입니다. 국민복 차림의 두 사람이 어떤 사람들인지 몰라도 우리에겐 아직 반나절의 시간이 있습니다. 초조하게 굴 것도, 위험을 무릅쓸 필요도 없습니다. 기회를 기다리는 것은 탈주의 첫 번째 조건이기에 천천히 마지막 버스까지 기다려야 한다고 마음 먹었던 겁니다.

우리는 기다리는 일 말고는 달리 할 일이 없었습니다. 버스는 앞으로 세 번, 그러니까 세 시, 다섯 시, 일곱 시에 있는데 일곱 시 버스는 너무 늦어서 안됩니다. 우리는 세 시와 다섯 시 버스, 두 대에 운명을 걸었습니다. 만약 다섯 시까지 버스를 타지 못한다면 탄광으로 돌아갈 수밖에 없습니다. 실패하면 희망은 제로가 되지만, 돌아가면 다시 희망을 걸어 볼 수 있습니다. 이런 이야기를 하면서 우리는 추위를 견디며 버스를 기다렸습니다. 우리는 버스에서 백 미터 정도 떨어진 곳에서 다른 사람에게는 일부러 그 근처를 어슬렁거리는 사람으로 보이도록 행동했습니다. 그건 상당히 힘든 일이었습니다. 이 추운 날씨에 내복도 없이 상의 안쪽에 걸친 것이라곤 녹색 반팔 셔츠, 아래엔 훈도시 위에 바지 한 장만 입었을 뿐이라 정말 뼛속까지 스며드는 추위를 견뎌야 했습니다. 그렇게 기다리고 기다리던 버스가 남쪽 산의 그림자 속에서 소리도 없이 나타났습니다.

우리는 버스정류장으로 서둘러 걸음을 옮겼습니다. 돌아보니 버스는 우리를 향해 곧장 다가왔습니다. 우리는 달렸습니다. 그때 군인 두 명이 역에서 나왔습니다. 그들은 녹색과 황색이 섞인 군인용 코트를 입고 팔에는 하얀 바탕에 붉은 색으로 헌병이라고 쓰인 완장을 차고 있었습니다. 코트 자락 사이로 갈색 칼집이 가죽 군화 옆으로 길게 튀어 나와있었습니다. 우리는 하얀 입김을 토해내며 버스보다 한 발 먼저 정류장에 도착했지만 헌병들은 두 손을 코트 주머니에 찔러넣은 채 뭔가 더러운 것이라도 보는 것처럼 김 형과 나를 번갈아가며 훑어보는 것이었습니다.

우리는 도저히 버스를 탈 수 없었습니다. 버스는 엔진 소리를 크게 내

일본 헌병들의 모습

며 미끄러지듯 우리 눈 앞에 섰습니다. 헌병들은 우리를 곁눈질하며 구두 소리도 우렁차게 버스에 올라탔습니다. 우리는 부러운 마음을 가슴속에 묻어두고 그 자리에 그저 서 있을 수밖에 없었습니다.

버스 차장이 버스 문을 잡으며 "안 타세요?"라고 말을 걸었습니다. 우리 둘은 동시에 손을 내저었습니다. 차장은 머리를 옆으로 갸웃하며 문을 닫았습니다. 버스는 엄청난 매연을 남기고 떠나갔습니다. '아, 이제 버스에 탈 기회가 한 번밖에 남지 않았다. 이제 그만 우리에게 길을 열어주지 않겠나' 나는 청명하고 차가운 겨울 하늘을 향해 소리 없이 외쳤습니다. 이미 태양은 서쪽으로 넘어가며 약한 빛을 던지고 있을 뿐, 온기라고 할만한 힘도 없었습니다. 추위만이 점점 뼛속 깊이 스며들어 왔습니다. 우리는 이제 단 한 번 남은 기회를 바라며 몸을 계속 움직였습니다. 어깨를 흔들고 무릎부터 발가락까지 문질러가며 온기를 지키려고 했습니다. 그렇게 펄쩍펄쩍 토끼뜀을 뛰며 추위와 싸운 것은 그 전에도 그 후에도 없었습니다. 내가 태어난 고향은 1월이 되면 영하 15도로 내려가고 눈도 15센치미터나 쌓이는 곳입니다. 거기에 비하면 눈도 내리지 않고 기온이 영하로 떨어지지 않는데도 뼛속까지 사무치는 이곳 겨울의 추위는 대체 뭘까요? 마음의 한기란 이런 걸까요? 하루 종일 추위 속에서 떨어가며 몇 번이나 목표를 놓쳐버린 저녁이었습니다. 집집마다 굴뚝에서 밥 짓는 연기가 올라오고, 서쪽 산으로 흐릿한 어둠이 서서히 내려오는 것 같았습니다. 우리는 점점 옅은 어둠에 휩싸여갔습니다. 몸 안의 피가 속도를 높여 온기가 몸에서 빠져나가는 것 같았습니다.

멀리 남쪽에서 흐릿한 불빛이 떠올랐습니다. 우리는 이번엔 천천히 정류장을 향해 걸었습니다. 정류장 간판이 확실하게 보이는 곳에 다다르자 정류장에 아무도 없는 것을 알 수 있었습니다. 뒤를 돌아보자 노란색 라이트를 켠 버스가 모습을 드러냈습니다. 우리가 정류장에 도착하자마자 버스가 정차했습니다. 문이 열리고 서너 명이 내렸습니다. 버스 안은 거의 꽉 차 있었습니다. 출입문 쪽만 조금 비어 있고 안쪽엔 서 있는 사람도 많았습니다. 우리는 바로 올라탔습니다. 안쪽으로는 들어가지 못해서 출입구 부근에 선 채로 짐칸 철봉을 꼭 붙잡았습니다. 옆사람에게 들릴 정도로 심장이 쿵쾅거렸습니다. 차장이 허리에 맨 가방에서 버스표를 꺼내며 우리를 발끝에서부터 올려다보며 "차표 사세요. 어디까지 가세요?"라고 말했습니다. 내가 "가라쓰까지 갑니다"라고 답했습니다. 우리는 이렇게 버스로 긴 세월 동안의 노력과 추운 하루를 견디며 염원하던 탈출의 첫발을 떼게 되었습니다.

버스 안에서 생각한 것들

다가왔다가 이내 뒤로 달아나는 논밭의 마른 겨울 풍경이나 투명한 산기슭을 무심히 바라보는 척을 했습니다. 징용인이라는 걸 아무도 알아차리지 못하도록 일생일대의 연기를 펼친 겁니다. 이마에 식은땀이 맺혀서 눈 위로 무언가 무거운 것이 매달려 있는 듯한 기분이었습니다. 과장이 아니라, 연기를 제대로 해내지 못한다면 그땐 내 인생도 끝날 것 같았습니다. 누군가가 내 뒷모습을 쳐다보고 있는 것 같아 불안했습니다. 하지만 돌아봐서는 안 되고, 지금 돌아보면 끝장이라고 생각했습니다. 내 신경은 온통 등에 집중되었습니다. 누가 어깨에 손을 얹으면 어쩌지? 가슴이 뛰고 등에 땀이 배어 허리께로 흘러 내렸습니다.

탈주자인 내게 버스 안은 마치 동물 우리처럼 느껴졌습니다. 막상 일이 잘못되었을 때 도망갈 곳이 없었습니다. 나는 버스만큼 탈주에 어울리지 않는 교통수단은 없다는 걸 알게 되었습니다.

문득 정신을 차려보니 어느새 태양은 서쪽으로 넘어가 창밖은 어두워져 있었습니다. 두세 개의 마을을 지나쳐 왔는데, 한결같은 검은 지붕과 벽이 눈에 들어왔습니다. 그렇지만 실외등도 없고, 불빛이 새어나오는 집도 한 채 없었습니다. 밤인데 왜 마을에 불빛이 없는가 하면 이것도 다 전쟁때문입니다. 1944년 말부터 적군의 비행기가 일본의 도시와 항구를 공습하기 시작했습니다. 이 공습을 피하기 위해 정부가 생각해 낸 방법이 하얀 지붕이나 벽에는 검은 페인트를 칠하고 밤이 되면 실외등을 끄게 하고 집 안의 전등은 외부에 불빛이 새어나가지 않도록 갓을 씌우고 그 위를 검은 천으로 감싸게 한 겁니다. 그래도 안심이 되지 않아 창에도 검은 커튼을 치게 했습니다.

이렇게 하는 것은 당시 국민들이 나서서 한 것이 아니라, 국가의 명령으로 등화관제라는 새로운 단어가 만들어져 나라 구석구석까지 철저하게 실시된 겁니다. 이 명령으로 일본의 밤은 새까만 어둠이 되었습니다. 달리는 버스 안에도 콩알 정도의 흐릿한 불빛 밖에 없었는데 긴장된 상황이었기 때문에, 불빛이 흐려서 참 다행이라고 생각했습니다. 생각지도 않은 곳에서 등화관제가 도움이 되다니 참 아이러니가 아닐 수 없습니다.

버스는 정류장을 몇 개나 지나갔지만, 어두워지고 나서는 내리는 사람은 있어도 타는 사람이 없었습니다. 이것도 무척 다행스런 일이었습니다. 도쿠스에서 버스를 탔을 때는 서서 가는 승객이 열 명 가까이 있었는데, 사람들이 내리고 좌석이 생기면서 서 있는 사람이 점점 줄더니 창가에 서 있는 사람은 네댓 명밖에 남지 않았습니다. 다행히 내 옆에 서 있는 사람은 두꺼운 코트를 입은 40대였는데, 그대로 서서 갔기 때문에 마음 속으로 감사하다는 인사를 했습니다.

밖이 어두우니 창에 서로의 얼굴이 비쳤습니다. 나는 할 수 있는 한 침착한 척하며 창 밖 어둠에 시선을 던졌습니다. 버스가 정류장을 대여섯 개 지났을 무렵, 긴장으로 딱딱하게 굳은 신경도 어느 정도 풀리는 것을 느낄 수 있었습니다. 흐릿한 버스 안 불빛으로도 창에 비치는 사람의 모습은 확실하게 보였습니다.

나는 내 얼굴을 보고 '변했구나' 하고 느낀 동시에 비참한 기분에 휩싸였습니다. 빡빡 깎은 머리에 창백하게 야윈 얼굴, 눈만 예전보다 더 커진 것 같았습니다. 가운데 손가락으로 눈 주위를 만지며 확인해 봤습니다. 틀림없는 내 눈이고 내 얼굴이었습니다. '꽤 많이 상했구나……' 속으로 중얼거렸습니다. 탄광에 있는 동안 거울이란 걸 본 적이 거의 없었습니다. 강제연행되어 징용을 온 것이니 나는 물론이고 그 누구도 거울 같은 걸 준비할 시간도 여유도 없었던 겁니다.

탄광에서는 합숙소 안은 물론 목욕탕에도 거울 같은 건 없었습니다. 그리고 일주일에 한 번씩 이발사가 합숙소로 오는데, 그때 머리가 많이 자란 사람들이 차례대로 이발을 합니다. 합숙소 사무소 앞에 의자와 세면대를 하나씩 놓고 바리깡으로 머리를 빡빡 밀고나면 이발사가 물이 담긴 세면기에 손을 넣어 물을 묻혀서 징용인의 얼굴을 향해 탁탁 뿌립니다. 그리고 나서 수염을 깎습니다. 징용인의 머리는 멋을 내려는 것이 아니라 머리를 길게 내버려두지 않으려는 것만이 목적이었습니다. 따라서 거울 같은 건 필요가 없었던 것이지요.

강제연행되어 탄광에 온 지 7개월, 내 얼굴을 볼 새도 없이 그저 나라를 위해 땅 밑으로 들어가 일만 한 것입니다. 오랜만에 거울에 비친 내 얼굴을 보니 원래 내 얼굴이라고 할 만한 구석은 한 군데도 없었습니다. 그렇다고 다른 사람의 얼굴도 아닙니다. 전혀 웃을 수 없는 비극, 얼굴 모양이 일그러지는 것 같았습니다. 고작 7개월만에 피부색도 인상도 스스로를 의심할 정도로 변하다니. 정말 놀라운 경험이었습니다. 나는 타고나길 농사꾼의 아들이어서 탄광으로 끌려올 즈음엔 매일 밭에 나가 농사일을 거들었던 덕분에 남쪽나라 토인에 지지 않을 정도로 검게 그을린 얼굴과 몸을 자랑스럽게 생각하고 있었습니다. 그런데 그 얼굴이 완전히 사라져 버리고 말았습니다. 버스 창에 비친 얼굴이 너무나 불쌍해서 잠깐 동안 내가 탈주자라는 것도 잊을 뻔했습니다.

다시 어떤 정류장에 가까워졌는지 옆에 서 있던 사람이 머리 위 짐칸에서 보따리를 내리고 있었습니다. '이 사람이 내리면 내 옆에 틈이 너무 많이 생긴다. 이거 상황이 좋지 않은데.' 나는 순간적으로 내 안전이 무너지는 것을 느꼈습니다. 그 사람의 입장이나 사정 같은 걸 생각할 여유가 없었습니다. 곧이어 버스가 멈추고 그 사람은 코트깃을 세우며 버스에서 내렸습니다. 그 모습을 보며 '저 사람은 돌아갈 집이 있구나, 나이로 봐선 아이도 몇 명 있겠지, 보자기엔 선물이라도 있었던 걸까? 돌아갈 집이 있다는 건 좋은 거구나, 부럽다'는 생각이 들었습니다. 버스가 다시 출발하자, 그 사람의 모습이 멀어졌습니다. 나는 목적지만 정해져 있을 뿐, 막상 그 곳에 간다고 해도 배를 채울 밥 한 그릇, 하룻밤 몸을 뉘일 잠자리가 있을지 어떨지도 장담하지 못하는 상황입니다. 이 버스 승객들은 우리 두 사람을 빼곤 모두 돌아갈 집과 가족이 있을 테고, 우리처럼 먹을거리와 잠자리 따위를 걱정하는 사람은 없겠죠. 그런 소중한 것들과 맞바꾸고 우린 무슨 업으로 이런 벌을 받고 있는 걸까요?

우리는 나라를 정복당했을 뿐 아니라, 징용인이라는 무거운 짐까지 짊어지고 있습니다. 그때문에 마치 죄인처럼 주변의 눈치를 보고, 사람들의 시선을 신경 쓰며, 밤이슬을 막아줄 잠자리도, 허기를 달래 줄 음식도, 함께 나눌 말조차 약속할 수 없는 도망자라는 내 처지를 생각하면 버스에 같이 타고 있는 일본인들이 부러우면서도, '우리는 왜 이런 일을 당해야 하나, 우리 조선인이 대체 뭘 잘못했다는 것인가, 선량한 신은 없는 것인가' 하고 마음 속 깊은 곳에서 외치고 싶은 마음이 생겨났습니다.

지금의 전쟁은 처음부터 정의 따윈 없는 전쟁이었습니다. 일본 제국주의자들은 처음에 조선을 침략, 정복하고 다음으론 중국의 동북부를 손에 넣어 그곳에 만주국이라는 걸 만들어서 중국 전체를 지배하는데 성공했습니다. 전쟁터는 점점 동남아시아 전체로 확장되었습니다. 그런데도 배가 덜 찼는지 미국의 진주만까지 공습한 겁니다. 그야말로 선전포고 없는 기습 공격이었습니다. 그렇게 애초에 조선침략부터 침략만을 거듭했을 뿐 정의 따윈 아랑곳하지 않는 전쟁이었습니다. 마지막으로 기습 공격을 당한 미국은 얼마나 화가 났을까요? 미국은 영국, 프랑스 등 다른 서구 여러 나라들과 연합군을 만들어 일본에 맞섰습니다. 그리고 결국 나가사키와 히로시마에 원자폭탄이 떨어졌고 일본은 무조건 항복을 하게 된 것입니다.

이렇게 정의라고는 눈곱만치도 없는 전쟁에 정복한 나라의 민중을 내세워 노예로 삼은 겁니다. 큰 희생을 치른 것은 우리 조선인만이 아닙니다. 전쟁 당시의 일본 국민들도 말로 다 할 수 없는 희생을 당해야 했습니다. 몇 천만 명의 청년들이 전쟁의 제물이 되었죠. 그들은 전사하거나, 불구의 몸이 되었습니다. 그리고 그들의 아버지, 어머니, 형제, 친척들은 그 슬픔을, 아픔을, 울지도 못하고 차마 입 밖으로 내지도 못한 채, 그저 탄식의 눈물만을 삼킬 뿐입니다.

당시 사람들은 아들의 죽음, 형제의 죽음에 대한 슬픔을 겉으로 표현하지 않고, 그 아픔을 딛고 일어서는 것이 나라에 대한 충성이며 국민으로서의 미덕이라고 여겼습니다.

전쟁이 끝난 지금에서야 '이런 용기와 미덕이 전쟁을 향한 것이 아니라 평화를 위해 발휘되었더라면 최악의 비참한 경험을 하지 않아도 되었을 텐데' 하는 생각이 들어 가슴이 묵직하게 저려옵니다. 언제, 어떤 세상이더라도 전쟁이란 사람의 희생이 없이는 성립될 수 없습니다. 전쟁은 세상 그 무엇보다 나쁜 행동입니다. 정의가 있든 없든 나는 두 번 다시 전쟁에 협력하지 않을 것입니다. 만약 다시 강제적으로 전쟁에 협력해야

할 입장이 된다면 나는 주저없이 자신의 목숨을 버릴 것입니다. 주의주장은 그 다음입니다.

이 탈주가 성공한다면 지금 이 마음 이대로 살아가자. 그렇게 결심했습니다. 버스 안에서 그런 생각을 하다가 문득 버스 창밖으로 겨울비가 내리고 있다는 것을 깨달았습니다. 왠지 무엇이든 다 잘 될 것 같았는데 이 무슨 얄궂은 비란 말입니까.

빗발이 점점 굵어지기 시작했습니다. 창에 떨어진 빗방울은 파도처럼 물방울을 튀기며 흘러 내렸습니다. 가라쓰라는 곳에 가려면 얼마나 더 시간이 걸리는 걸까? 그때까지 비가 그치지 않으면 어쩌지? 나는 원래의 탈주자 신분으로 돌아와 이 비상사태를 어떻게 극복할 것인지 그 하나만을 생각하며 기원하는 마음이 되었습니다.

나는 다시 나의 처지를 생각하며 작년 5월에 입고 온 이 하얀 목면 양복을 내려다 봤습니다. 그러나 옷은 이 뿐이라 추위가 밀려왔습니다. 창밖은 어둡고 추운 겨울비가 내려서 아무것도 보이지 않았습니다.

버스는 나처럼 몸도 마음도 추위에 떨고 있는 젊은이가 있다는 것 따위는 아랑곳하지 않고 어두운 빗속을 뚫고 달렸습니다. 정류장이 있는지 없는지 한참을 쉬지 않고 달린 것 같았습니다. 어느새 버스 엔진 소리가 조용해지고 서 있는 몸의 흔들림도 차분해졌습니다. 조용히 미끄러져가는 느낌이었습니다. 갑자기 앞이 환해지고 버스는 그 환한 곳으로 삼켜지듯 빨려 들어갔습니다. 밝은 전등이 켜져있는 지붕 밑에서 버스는 정차했습니다. 차장이 "가라쓰, 가라쓰입니다. 이 버스의 종점입니다. 잊으신 물건 없이 하차해 주시기 바랍니다" 하고 멀리까지 잘 들리는 목소리로 말했습니다.

나는 바로 그때 출입구 근처에 서 있던 몸을 재빨리 두 세 발자국 운전석 뒤로 움직였습니다. 도망자라는 위축감에 제일 먼저 내리는 것이 꺼려졌기 때문입니다. 나는 손잡이를 양손으로 잡고 차례로 내리는 사람들을 눈으로 쫓았습니다. 차장이 허리에 차고 있던 폭이 넓은 검은 가죽 밴드에 걸린 검고 큰 돈가방을 열어 승객이 건네는 차표를 받아서 넣었습니다. 나와 함께 탈출한 김 형이 승객들 틈에서 차장에게 차표를 건네고 뒤도 돌아보지 않은 채 성큼성큼 걸어갔습니다. 그날은 1945년 1월 1일 밤이었습니다.

Ⅲ
보이지 않는 조국을 가슴에 품고

本部　營門
整備工場
格納庫
生徒隊宿舍

다치아라이 육군비행학교

후쿠오카현 북서부 부근

후쿠오카현

쓰야자키마치

미야지다케선

서일본철도

후쿠마쵸

와지로역

가시이역

다타라
나지마
하코자키역

후쿠오카
공항

하카다
다케시타역

후쿠오카시

지쿠히선

가고시마본선

가라쓰역

기타하타무라
도쿠스에

사가현

0   5   10   15   20   25
(km)

아마기시

다치아라이쵸

하키마치

탄광 도망자

가라쓰 거리

밤 하늘은 원래 변덕스러운 모양입니다. 우리가 군항에 도착했을 즈음엔 빗발이 가늘어지면서, 새카맣던 하늘도 점점 구름이 걷혀갔습니다. 하지만 홑겹의 면 양복은 찬 비를 그대로 흡수했고 온몸이 움츠러들며 얼어붙는 것 같았습니다. 그 추위를 극복하게 만드는 것은 항상 따라다니는 긴장과 긴박감이었습니다. 청춘의 출발이라고 하기엔 너무나 차갑게 얼어붙은 시작이었죠. 그래도 우라 씨가 챙겨 준 지도로 갈 방향을 아는 것만으로 크게 도움이 되었습니다.

반 년 남짓 탄광 생활을 했던 때는 밤에 외출을 한다는 건 상상조차 못하던 일이라, 일본거리의 밤 풍경 같은 건 알 길이 없었습니다. 버스 안에서도 느낀 것이지만 가라쓰 거리도 불빛이라곤 찾아 볼 수 없는 짙은 어둠 속에 잠겨 있어 내 마음은 더욱 더 낙담과 슬픔에 젖어갔습니다. 이곳에서 살고 있는 사람들의 사정은 알 수 없었지만, 옆에서 걷고 있는 김 형은 상당히 당황하는 것처럼 보였고 "이렇게 어둡다니 이 동네도 참 안됐네. 이게 우리를 이런 꼴로 만든 일본국민의 모습이라니. 암흑이군. 암흑 그 자체야"라고 우리가 처한 처지와 다르지 않다는 듯이 말했습니다. 가라쓰 거리의 어둠, 뿐만 아니라 야망에 휘둘리는 일본국민의 모습에 조금은 동정하는 듯한 김 형의 말을 듣고, 나는 가슴 밑바닥에 끓어오르는 감정을 누르지 못한 채 "자업자득이죠!"라고 대답했습니다.

그러나 냉혹한 위정자들에게 조종당해 전쟁에서의 승리를 꿈꾸는 일본 민중이야말로 진짜 희생자들이 아닐까? 전쟁이라는 괴물은 얼마나 비정하고 악랄한가. 제대로 된 세상이라면 우리도 이렇게 떳떳하지 못한 기분으로 탈주 같은 걸 생각하지 않았을 것이고, 일본 민중도 이런 암울한 생활을 강요당하는 일은 없었을 겁니다. 그런 생각을 하자니 야망으로 똘똘 뭉친 일부 위정자들과 미쳐 날뛰는 어리석은 인간들이 나라의 중대사를 좌지우지하는 이곳의 민중이야말로 불쌍하기 짝이 없으며, 짙은 어둠에 묻힌 이 세상은 그 앞날에 어떤 빛도 없다고 생각되는, 그런 밤이었습니다.

우리는 가라쓰 거리에서 계속 북쪽을 향해 걸었습니다. 고무 바닥에 천을 덧대어 꿰맨 운동화는 빗물을 거침없이 빨아들였습니다. 그 냉기와 피로때문에 당장 벗어던지고 맨발로 걷고 싶은 마음이 굴뚝 같았습니다. 하지만 습관이라는 게 쉽사리 떨쳐버릴 수는 없는 것인지, 사람이라면 당연히 신발을 신어야 한다는 생각을 했던 것 같습니다. 신발을 질질 끌듯이 걸으며 무거운 다리로 몸을 지탱했습니다.

탄광에서 우라 씨로부터 가라쓰는 활기가 넘치는 항구도시라는 말을 듣고, 그런 일본의 도시를 내 눈으로 직접 볼 수 있다는 생각에 가슴이 부풀어 오르고 기대가 되었는데, 지금 이 모습을 보니 우라 씨에게 한방 얻어맞은 것 같은 느낌이었습니다. 그 어디에도 불빛이라고는 볼 수 없었고, 인적 또한 찾아볼 수 없는 곳이었습니다. 빛이 바깥으로 새지 않도록 지나치리만큼 조심하고 있었고, 결코 활기 넘치는 거리라고는 말할 수 없는 이상한 느낌이 들었습니다. 물을 뿜어낼 정도로 물을 먹은 운동화를 끌며 한 시간 정도를 걸은 것 같았습니다. 이때 두 갈래로 갈라진 길이 나타났습니다. 고민한 끝에 왼쪽방향으로 가기로 했습니다. 누군가에게 길을 묻고 싶어도 사람 그림자조차 없었습니다. 오른쪽은 북쪽을 너무 정면에 놓고 가는 것 같다는 김 형의 주장으로 에둘러 북쪽 방향인 왼쪽으로 정한 것입니다.

어둠을 헤매다 맞닥뜨린 위병소

조심스럽게 움직여야 한다고 생각하면서 10분쯤 걷자, 다행히도 사람과 만나게 되었습니다. 새까만 어둠 속에서 돌연 "꼼짝마"라는 소리와 함께, 상반신을 겨누는 듯한 빛이 우리에게 쏟아졌습니다. 게다가 누군가가 우리 가슴에 총검을 들이대는 바람에 숨도 쉬지 못할 정도의 긴장감으로 몸이 덜덜 떨렸습니다. 하필이면 우리는 군항의 출입구를 지키는 위병소에 들어가고 만 것입니다. 우리는 머리부터 발끝까지 샅샅이 몸수색을 당했습니다. 그리고는 이름부터 시작해서 어디에서 왔는지, 목적지는 어디인지, 무엇을 하러 가는지 꼬치꼬치 캐묻는 심문이 이어졌습니다. 그러는 동안에도 총검은 내내 우리 가슴을 겨누고 있었습니다. 무뚝뚝하고 비정하기 짝이 없는 놈들이었습니다. 몸 수색을 끝냈으니 위험인물이 아닌 것을 알았을텐데도 총검을 내려놓지 않았습니다. 외부인의 접근을 절대로 허용하지 않는, 완고함으로 똘똘 뭉친 일본군의 나약함을 그대로 보여주는 것 같았습니다.

아무리 규율이 엄격한 군대라고 해도 어찌됐든 그들도 인간이며 일본 국내에 있는 이상, 국민의 한 사람이라는 것은 변하지 않는 사실일 겁니다. 자기들의 세력권 안에, 더욱이 수비진지 안에서 총검을 들이대 몸수색을 해서 위험물을 지니지 않은 것을 확인하고서도, 총검을 겨눈 채 심문을 계속하는 행동은 도를 넘는 것이라고 밖에는 생각할 수 없었습니다.

당시 일본군은 적의 내습을 두려워한 나머지, 군율에 융통성이 전혀 없고 정신적인 여유가 없었으리라 생각됩니다. 하지만 한바탕 심문이 끝난 후 자기들끼리 의논을 하더니, 별일 아니라는 판단을 했는지 보초 중

한 명이 메모를 주면서 이 곳에 가면 일자리도 있고 안전하다고 말해주는 것이었습니다. 우리는 그의 말보다 일단 풀려났다는 사실에 안심했습니다.

인간의 어리석음이 스며나온 것 같았습니다. 메모를 그 자리에서 볼 마음의 여유는 없었기에 "뒤로 돌아"라는 구령에 쫓기듯 왔던 길을 돌아서 나왔습니다. 투광기 빛 속에 있었던 탓에 눈이 캄캄했습니다. 웃자고 하는 얘기가 아니라, 눈 앞이 캄캄하다는 말은 바로 이런 거구나 하는 생각이 들었습니다. 그래도 더듬더듬 5분 정도를 걸어나가 아까 위병소로 잘못 들어간 삼거리로 나왔습니다. 그곳에 와서야 겨우 아까 받은 메모를 볼 여유가 생겨 성냥불을 비추어 메모를 읽었습니다.

메모에는 '오시마, 야스야마반, 다리를 건너 왼쪽으로'라고만 써 있었습니다. 메모를 쓴 사람은 이것만으로도 무슨 말인지 아는 걸까요? 우리는 가라쓰도 태어나서 처음 온 데다가 심지어 지금은 캄캄한 밤입니다. '오시마, 야스야마 반, 다리를 건너 왼쪽으로'라니. 이 곳에 가면 안전하다고는 해도 대체 어떻게 갈 수 있다는 것인지… 그렇다고 안전하다면서 일부러 써 준 메모를 그대로 버릴 정도의 배짱은 없었기에 그 방향으로 발걸음을 옮겼습니다. 일단 한 발이라도 우리 조국, 우리 고향으로 가까이 가겠다는 마음뿐이었습니다.

고향에 돌아간다고 해서 일본의 침략정치가 사라지는 것도 아니고 우리의 인생이 변할 리도 만무하지만, 어쩔 도리 없는 연약한 인간으로 할 수 있는 일이라고는 쓸모없어 보일지라도 그것 밖에는 없었습니다.

일단 세상에 태어난 이상 살아가야만 한다는 교훈을 이때 얻은 것 같은 느낌이 듭니다. 그리고 무엇이든 경험을 하다 보면 인생에 도움이 될 거라고 생각했습니다.

우리는 서로 아무 말 없이 무언가에 이끌린 듯 메모에 적힌 대로 걸어갔습니다. 이 탈주가 끝없이 이어질 것만 같아 견딜 수가 없었습니다. 다른 이야기이지만, 아까 그 보초가 총검을 다루는 솜씨는 정말 대단했습니다. 가슴까지 세 치도 안 되는 거리에서 총검이 가슴에 닿았는데도 옷엔 상처 하나 없었던 겁니다. 조금이라도 수상하다고 여겨졌더라면 그대로 찔렸겠구나 하는 생각을 하니, 등에 식은땀이 흘렀습니다.

나는 탈주에 대해서 나름대로 자긍심을 느끼고 있었습니다. 배가 너무 고팠고 탄광 일이 극도로 힘들었습니다. 게다가 자유도 없었습니다. 그러나 이런 바보 같은 이유만으로 목숨을 걸고 탈주를 한 것은 아닙니다. 나는 엄격한 군국주의에 대항하여 반격한다는 것에 스스로 자랑스러워하며 탈주를 행동에 옮긴 것입니다.

미숙한 소년이라고는 해도 목숨을 건 행동인 이상, 나름대로 계산이 있고 그 나름의 판단을 합니다. 궁지에 몰렸을 때 목숨을 버리는 것은 쉽지만 목숨을 지키려고 하면 이만저만 어려운 일이 아닙니다. 이날의 탈주를 실행하기까지 반 년 가까운 날들을 준비했습니다. 계획도 면밀히 세웠습니다.

하지만 탄광에서 도망쳤다고 하더라도 바다를 건너지 않는 이상 어딜 가도 일본 국내에 있는 것이 됩니다. 어디에 가든, 어디까지 가든 일본 안에서 계속 도망다녀야 하는 것입니다. 제국의 군정은 나라 구석구석까지 그물을 던져 놓았습니다. 늙은이와 젊은이를 막론하고 초등학교 아이들까지도 군국주의라는 한 가지 색으로 칠해진 일본에서, 일본어 단어조차 제대로 발음하지 못하는 조선인 풋내기가 언제 끝날지 모르는 탈주를 결심하기까지 몇 번이나 흔들리는 마음을 다잡고, 다잡았던 것입니다.

이렇게 말하는 건 목숨을 버리는 것이 아니라, 어떻게든 목숨을 부지하는 것이 최대의 고민이었기 때문입니다. 목숨을 소홀히 여기는 것은 세상만사를 소홀히 여기는 것이고, 사람의 도리에 어긋나는 것이라고 생각합니다. 그래서 마지막까지 목숨을 버리는 일만큼은 하지 않겠다는 각오로 탈주를 실행한 것입니다.

그러나 당시 일본의 국군주의에서 사람의 목숨은 그다지 중요한 것이 아니었습니다. 우리가 탈주한 후에 생긴 일입니다만, 군대훈련을 목적으로 특별한 제도로 만들어진 청년학교라는 교련소에 입소하게 되었을 때, 훈련 중에 교관 한 명이 했던 말을 지금도 잊을 수가 없습니다. "네 놈들 열 명보다 말 한 마리가 더 낫다!" "무슨 말인지 알겠나? 너희들 열 명의 목숨은 아무 것도 아니다. 나라를 위해 말 한 마리가 훨씬 소중하고 필요하다는 것이다!"

이런 말을 아무렇지도 않게 내뱉는 겁니다. 그 정도로 국민의 목숨은 아무렇지 않게 버려졌습니다. 나는 바로 그 이유때문에 일본이 전쟁에서 졌다고 생각합니다. 사람의 목숨이란 건 그 무엇과도 바꿀 수 없는 것입니다. 어떻게 생명을 지킬 것인가가 인간의 가장 큰 의무라고 생각합니다.

우리 조선인을 탄광으로 끌고 와 일을 시키는 건 그런대로 참을 수 있습니다. 그러나 고열로 앓고 있는 사람에게 양동이째 물벼락을 퍼붓는 악랄함은 참을 수 없습니다. 또 어쩔 수 없이 갱 안에 들어가긴 하지만 일을 하지 않고 시간만 보내고 합숙소로 돌아오는 '노손' 이 발각되기라도 하는 날엔 한겨울의 혹한에도 이불을 빼앗아 가고, 식사 세 끼를 금지하며 병원에도 가지 못하게 합니다. 죽든 살든 처벌이 우선인 시대였습니다. 그 외에도 참을 수 없는 일들은 셀 수 없이 많았습니다.

그래도 우리는 그것을 차별이라고 생각하지 않고, 우리가 나약하고 무지하기 때문이라고 스스로를 탓하며 참고 또 참으며 청춘을 바친 겁니다. 서류상으로 징용인은 2년 계약으로 끌려옵니다. 그러나 내가 탄광에 징용되어 갔을 땐 이미 삼 년이 지난 사람, 길게는 오 년이 지나도록 집으로 돌아가지 못하고 일을 하는 사람도 있었습니다. 서류상에는 연기되었다고 쓰여 있지만 일본이 전쟁을 계속하는 한 탄광에서 벗어나지 못하는 구조인 겁니다.

무지하고 무능해서 참는 것 밖에 할 수 없었던 내가 탄광에서 탈주하고 군국주의가 언제 끝날지 모르는 일본으로부터 도망칠 각오를 한 것입니다. 지금 생각하면 탈주를 실행한 이유에는 배가 고팠고 탄압이 심했던 것도 있지만, 탈주를 결심하게 된 결정적인 이유는 생명의 본능이라고 할 수 있는, 살기 위한 집착이 아니었나 하고 스스로에게 물어봅니다.

그 후로 오늘까지 나라고 하는 생명을 살리기 위해 살아온 것입니다. 나라를 위해서나 그 누군가를 위해서 함부로 목숨을 던지는 사람은 없을 겁니다. 인간이 자기 목숨을 던질 때는 틀림없이 자기자신에 대한 이해, 혹은 자신을 만족시키기 위한 행위일 것이라고 생각합니다.

나에겐 전쟁이라는 파렴치한 짓도 자기자신의 만족을 위한 집단행위라고밖에 보이지 않습니다. 바로 그 이유로 열 일곱 살 풋내기도 목숨을 걸 정도의 행동을 하게 되는 것이라고 생각합니다. 사람의 목숨이 얼마나 소중한 것인지 내 알바 아니라는 시대에 내가 얻은 깨달음입니다. 그 정도로 사람의 목숨을 가축처럼 여기는 당시 제국 일본의 행정이야말로 멸망의 원인을 품고 있었던 것입니다. 그 패배의 일각, 한 구석에 끌려온 것이 수많은 조선인, 징용인입니다. 징용으로 끌려온 지 반 년, 탄광에서 도망치고 전쟁이 끝날 때까지 약 일 년 삼 개월의 시간이었습니다. 그러나 오늘날까지도 내게는 그 시간들이 몇 십 년 동안 싸운 것 같은 느낌이 듭니다.

메모 한 장에 의지해서

김 형과 나는 아무 말없이 걸었습니다. 위병소에서 맛본 공포를 뒤로하고, 꽁꽁 언 몸을 움직이는 것에 온 정신을 쏟았습니다. 머릿속은 '이 길의 막다른 곳이 경찰이나 헌병이 모이는 곳이라면 어쩌지? 혀를 깨물까, 상대가 시키는 대로 할까?' 이런 생각으로 꽉 차 있었습니다.

메모를 본 뒤에 김 형은 어두운 하늘을 올려다보며 "나는 메모를 믿지는 않지만 방향이 북쪽이니 메모에 적힌 대로 가려고 하네. 자네는 자네 뜻대로 하게"라고 말했습니다. 나는 그 자리에서 "저도 같이 가겠습니다"라고 말하고는 메모를 따라 함께 길을 떠난 것이죠. 그러면서도 앞으로 갈 길에 대한 불안은 커져만 갔습니다. 눈은 위를 향해 있지만 아래를 향해 걸어가는 것 같은 괴로운 마음으로 서둘러 발걸음을 내딛었습니다.

위병소에서 빠져나온 지 십오 분에서 이십 분 정도밖에 지나지 않았지만, 그 사이 소모된 신경과 체력을 생각하면, 삼 년치는 될 만큼 피로했습니다. 날카로운 신경과 긴장된 상태가 만약 한 시간 이상 그런 식으로 지속되었더라면 틀림없이 수명이 십 년은 단축되었을 거라는 생각이 지금도 듭니다. 앞에서 걷고 있던 김 형의 속내를 알 수는 없었지만, 한 마디도 하지 않은 것을 보면 그 역시 나와 마찬가지로 긴장과 불안으로 가득 차 있었던 모양입니다.

그 뒤 이삼 일 지나서 김 형에게 그때의 심경을 이야기하자 "나도 무서웠어. 그 땐 누구라도 긴장과 불안으로 얼어붙었을 거야. 평정심으로 있을 수 있는 사람은 없어"라고 말했습니다. 인간의 마음은 어떤 극단적인 상황에 직면하면 나이나 됨됨이의 차이는 사라지고 오직 지금 처해있는 상황으로 정신도 육체도 빨려 들어가는 것이라고 생각했습니다.

나는 공포의 어둠 속에서 검게 빛나는 콘크리트 도로를 노려보듯 살피며, 얼어붙은 발을 끌며 걸었습니다. 만약 붙잡혀서 다시 탄광으로 끌려가게 된다면, 내 일생은 거기에서 끝날 거라고 생각했습니다. 바로 그때였습니다. 김 형이 갑자기 멈춰 섰습니다. 나는 순간적으로 몸을 움츠리고 앞을 바라보았습니다. 불안감때문에 본능적으로 그런 자세를 취하게 된 겁니다. 어둠 속 저편에 부옇게 하얀 것이 도로를 끼고 양쪽으로 우두커니 서 있었습니다. 가만히 귀를 기울여보니 몇 사람의 목소리가 들렸습니다. 불안한 예감이 적중했다고 생각하면서도 더 이상 확인하지 않은 채로 있을 수는 없었습니다. 바닥에 거의 붙어서 기는 듯한 자세로 정신과 시력을 집중시켰습니다.

어둠때문에 구분할 수는 없었지만 양 쪽으로 무언가 서 있는 것은 확실해 보였습니다. 그러나 아무리 봐도 사람으로는 보이지 않았습니다. 사람이라면 위아래 구별이 있을 텐데, 그건 위아래 구분이 없는, 말하자면 커다란 무 같은 것이었습니다. 평평한 판자를 세워놓은 것 같기도 하고, 둥근 기둥처럼 보이기도 했습니다. 하지만 어렴풋하게 사람 목소리가 들리는 것에 신경이 쓰였습니다.

내가 경계하는 자세를 유지하면서 김 형에게 "형님, 저거 안 움직여요. 사람이 아닌 것 같아요"라고 말하자 김 형도 "응, 움직이지 않는 건 확실해. 하지만 사람 목소리가 나오지 않는가. 우리가 조심할 밖에..양쪽으로 갈라져서 확인해 보도록 하지" 하고 말했기 때문에 내가 도로를 비스듬하게 가로질러 오른쪽으로 이동해서 한발한발 가까이 다가가려고 했고 김 형보다 몇 미터 앞질러 기게 되었습니다.

그것은 조금도 움직이는 것 같지 않았습니다. 어렴풋이 들렸던 사람 목소리는 가까이 다가갈수록 서너명의 목소리라는 것을 알 수 있었습니다. 두 사람 모두 소리를 낼 수 있는 상황은 아니어서, 나는 나대로 막다른 상황이 닥쳤을 때를 상상했습니다. 지금 이야말로 어찌되든 발각되면 그대로 도망가겠다. 그래야 도망에 성공할지, 그들에게 당할지 결론이

날 것이다. 그렇게 각오를 다졌습니다. 그런 생각을 하며 걸은 탓인지 발걸음이 빨라졌던 모양입니다. 김 형과 거리가 멀어지고 말았습니다.

드디어 그 물체의 정체에 대면했을 때 발밑을 보고 깜짝 놀라 이상한 소리를 질렀습니다. "다리에요. 형님, 다리 난간이에요" 하고 한 동안 크게 내보지 못했던 소리를 냈습니다. 동시에 김 형 쪽을 뒤돌아 보자 검은 덩어리였던 김 형이 스윽하고 바람처럼 다가왔습니다.

"이군 목소리가 커, 어쩌려고 이러나" 하고 화를 누른 듯한 목소리가 들려왔습니다. 나는 '아차' 하며 우리의 처지를 떠올리고는 김 형을 향해 "미안합니다" 하고 사과했습니다. "서로 목숨을 건 상황이란 걸 두 번 다시 잊지 말게"라고 김 형은 주의를 주었습니다. 그리고는 난간에 쭈그리고 앉아 담배에 불을 붙였습니다.

나는 나대로 김 형의 동작을 보고는 그거야말로 눈에 띄는 행동 아니냐고 말을 할 뻔 했습니다. 담배불이 빨갛게 올랐다가 사그라드는 것을 심통이 난 채로 바라보았습니다. 그때 다리 저편에서 꽤 분명하게 사람 목소리가 들려왔습니다. 김 형도 눈치를 챘는지 불이 붙어있는 담배를 발로 비벼 껐지요.

여러 사람의 목소리가 섞여 있어서 몇명인지 알 수는 없었지만 목소리가 주는 느낌은 거리낌이 없는 듯 했습니다. 그런데 더욱 놀라운 것은 그 말이 조선말이라는 겁니다. 내 귀를 의심하며 다시 숨을 죽이고 귀를 쫑긋 세웠습니다. 그건 틀림없는 조선말이었고 뭔가 장난을 치는 것 같았습니다. 난간 그림자에서 그 방향을 엿보니 몇 명인가가 점점 가까이 다가오고 있었습니다. 김 형이 움직이는 기색은 아직 없었습니다. 내가 결단을 내릴 수밖에 없었죠. 어떻게 할까, 한번 해볼까 하고 생각하자마자 나는 난간을 벗어나 다리 한 가운데로 나갔습니다.

알다시피 내 옷은 하얀 색이라 어둠 속에서도 눈에 띕니다. 목소리들은 바로 눈치를 챘는지 뚝 하고 소리가 멈추고 검은 덩어리가 되어 조용히 다가왔습니다. 어떻게든 되겠지 하고 생각하면서도 동시에 내가 잡혀도 김 형은 도망갈 지도 모른다는 생각이 들어 그런 결정을 내린 것입니다.

의심과 두려움에 떨면서 가까이에서 보고 난간 기둥인 것을 안 순간, 그 위병소 메모는 거짓이 아니었다는 기쁨과 함께, 이것으로 탈주가 성공할지도 모른다는 앞선 낙관, 그리고 그것이 기뻐 큰 소리를 내고 말았던 나를 나무랐던 김 형 본인이 암흑 속에서 담배불을 번쩍거리면서도 '서로 목숨을 걸고……' 어쩌고 하는 말을 하는 걸 보고 우리 사이는 여기서 끝이구나 하고 단념한 것입니다. 그런 마음도 있었기에 반은 자포자기하는 심정으로 다리 한가운데로 나섰습니다.

다리 위에서의 만남

인간의 동작은 경우에 따라서 본인조차 예상할 수 없는 곳으로 흐르기도 합니다. 나는 우뚝 선 자세로 검은 무리를 맞이하기로 했습니다. 검은 무리의 모습이 보이면서 그들이 여섯 명이나 된다는 것에 놀랐습니다. 역시 난간 기둥 그림자에 숨어서 그들을 보내자고 판단했던 것이 틀리지 않았다고 생각했습니다. 만약의 사태가 벌어졌을 때는 도망가자고 생각한 것도 상대가 이 정도 숫자라면 우리는 독 안에 든 쥐라는 걸 예상했기 때문이었습니다.

그럼 어떻게 할까? 잠시 뒤 나는 그 무리들에게 빠른 걸음으로 다가가 갑자기 조선말로 "살려주세요, 살려주세요"라고 반복해 말했습니다. "당신들 우리 동포잖아요. 나는 탄광에서 도망쳐 나온 사람이에요"라고 말했습니다. 그때 무리 안에서도 유독 키가 큰 남자가 한 걸음 앞으로 나오더니 내 팔을 덥석 잡고 "그렇구나, 도망쳐 나온 거야? 정말이야?"라고 중얼거리며 자기가 걸치고 있던 솜옷을 벗어 "이거 입어. 그 차림은 너무 눈에 띄어서 연극을 보러 가지도 못해"라고 하면서 내 어깨에 걸쳐주었습니다. 다른 사람들은 자기들끼리 하는 말이라 무슨 말인지 알아들을 수가 없었고, 나는 그저 겉옷을 벗어준 사람에게 고마운 마음이 차올랐습니다.

이 다리 위에서의 만남은 내 일생에 가장 비참하면서도 가장 큰 기쁨을 맛본 때이기도 했습니다. 그러나 그런 기분을 느낄 여유도 없이 곧바로 나를 포함한 무리는 연극을 구경하러 가게 되었습니다. 내가 도와달라며 탄광에서 도망쳐 왔음을 고백했을 때, 그들의 행동은 이미 결정되어 있었습니다. 겉옷을 벗어준 것으로 이미 그 행동은 시작되었습니다. 겉옷을 준 사람은 "일단 걷게" 하며 뒤를 돌아 말한 뒤 선두에 섰습니다. 그 뒤에 다섯 명은 나를 둘러싸고 내가 지금 온 방향을 향해 갔습니다. 이건 생각치도 못한 전개였습니다.

조심성 많은 김 형은 지금도 난간 기둥 그림자에 숨어 있는 것인지, 내가 이 사람들과 이야기를 나누는 동안에 어디론가 도망간 것인지, 행방을 알 수 없었습니다. 그렇다고 해서 아무렇지도 않은 얼굴로 나만 이 무리와 함께 사라지는 것도 마음에 걸려서 난간 기둥까지 왔을 때 나는 "실은 동료 한 사람이 더 있어요……" 하고 말을 꺼냈습니다. 겉옷을 벗어준 남자가 걸음을 멈추고 "어디 있지?"라고 묻기에 나는 난간 기둥을 가리키며 "저기요"라고 말했습니다. 그 남자는 "우리는 동포다. 안심하고 이쪽으로 오시게" 하고 조용히 말을 걸었습니다.

김 형이 거기에 있을지 없을지 반신반의했지만 잠시 후 스윽하고 검은 물체가 일어나는 것을 보니 왠지 모르게 눈시울이 뜨거워졌습니다. 그동안 김 형을 의지해왔기 때문이었는지, 도망갈 줄 알았는데 그 자리에 있어주었기 때문인지, 마음이 든든했기 때문인지, 눈물이 나는 이유를 저도 알 수가 없었습니다.

그렇게 우리 여덟 명은 한 무리가 되어 걸으면서 아까 위병소로 헤매 들어간 삼거리를 지나 극장에 도착했습니다. 극장 앞은 스무 평 정도의 광장으로 입구 쪽으로 갓을 씌운 전구가 한 개, 그 오른쪽으로 한 평 정도 되는 공간에 매표소가 툭 튀어 나와 있었습니다. 표는 누가 샀는지, 얼마였는지 기억이 나지 않습니다.

우리 두 사람은 여섯 명에게 둘러싸여 떠밀리듯 극장 안으로 들어갔습니다. 극장은 이미 관객으로 꽉 차 있어서 앉을 자리는커녕 각 통로마다 서서 보는 사람까지 있었습니다. 우리는 딱히 누구의 지시라고 할 것도 없이 자연스럽게 가운데 입석 관객 속으로 섞여 들어갔습니다. 내가 쭈뼛거리며 주변을 둘러보니 여섯 명이 빙 둘러싼 형태로 있었던 것이 인상적이었습니다.

무대의 막이 이미 올라가 있었고, 연극은 꽤 진행된 것 같아 보였습니다. 우리가 처음으로 본 것은 콩트연극이었을 겁니다. 두 남자가 무대 위에서 서로 밀고 당기며 수다를 떨고 한 사람이 노래를 부르면 다른 한 사람이 그걸 타박하는 연극이었습니다. 끊임없이 관중들이 웃음을 터트렸던 것을 기억하고 있습니다. 나는 무리에 둘러싸여 있었고, 솜옷까지 걸치고 있었기 때문에 상반신은 춥지 않았습니다. 하지만 난방시설이 없는 곳이라서 빗물로 축축해진 운동화 바닥에서 냉기가 올라오는 것이 느껴졌습니다. 옆에 서 있던 김 형은 겉옷도 없이 나보다 더 춥겠구나 싶었지만 솜옷을 벗어줄 마음이 생기진 않았습니다. 겉옷을 준 남자에 대한 의리도 있지만 아까 다리에서 만났을 때 김 형의 언동이 마음에 들지 않았기 때문입니다.

연극의 막이 내려오고 그 너머에선 다음 무대를 준비하는지 덜그럭 덜그럭, 쿵쾅 쿵쾅 하는 상당히 큰 소리가 입석 관객이 있는 곳까지 들려왔습니다. 한참을 기다린 끝에 막이 열리는 것 같았습니다.

　무대를 준비하는 동안에 극장 안은 어두웠습니다. 우리를 데리고 온 사람 중에 누군가가 당시에 물베게라는, 고무로 만든 튼튼한 물건에 탁주를 넣어왔습니다. 한 되 정도는 충분히 들어갈 것 같은 고무주머니에 잔 하나를 차례로 돌리며 한 잔씩 마시는 겁니다. 당연히 마지막엔 내 쪽으로 잔이 돌았고 나도 한 잔을 받아 단숨에 잔을 비웠습니다. 텅 빈 뱃속에 비에 젖은 몸. 거기에 단숨에 들이킨 술이라서 목을 타고 위장 안까지 내려가는 술의 흐름이 잘 느껴졌습니다. 한 순배가 돈 뒤에도 아직 남은 듯, 잔은 첫 번째 사람에게 돌아가서 한 잔 술을 반만 마시고 다음 사람에게 넘기는 형태로 탁주의 평등한 나눔을 처음으로 경험했습니다.

　나는 술은 마셔도 취할 정도로는 마시지는 않습니다. 유전이라고 할까, 가풍이라고 할까, 내가 아는 한 우리 가족 중에 다리가 휘청거릴 정도로 술을 마시는 사람은 없었기 때문인 것 같습니다. 이때도 마지막으로 김 형이 반 남긴 것을 내게 줬을 때 그대로 김 형에게 돌려보내고 마시지 않았습니다. 술에 취하면 안 되는 내 처지가 떠올라 마실 수가 없었습니다. 그때까지는 발가락을 움직여 온기를 내려고 했는데 이 술 한 잔으로 온 몸이 따뜻해졌습니다.

　다리 위에서 만난 뒤로 이 사람들은 우리에게 아무 것도 묻지 않았습니다. 그저 무대가 바뀌는 연극을 보며 이러쿵저러쿵 이야기를 나눌 뿐입니다. 얼렁뚱땅 무리 속에 들어온 나는 이들에 대한 의혹에 사로잡혀 연극을 즐길 마음의 여유가 없었습니다.

　시간은 흘러 밤이 깊어 갔습니다. 대체 우리는 어떻게 되는 걸까, 오직 그것만이 신경 쓰여 무대가 몇 번 바뀌었는지, 연극 내용은 무엇이었는지, 전혀 기억에 남지 않았습니다. 딱 한 번 겉옷을 준 남자가 귓가에 "탁주 맛있었나? 그거 다른 건 섞지 않고 순쌀로만 만든 거야. 마음에 든다면 얼마든지 있다네. 뒷일은 걱정 말고 연극 보고 집에 가세" 하고 말해 주었는데, 무리의 다른 사람들처럼 나는 마음 편하게 있을 수가 없었습니다. 편치 않은 자리는 더욱 길게만 느껴지는 법이라 겨우 연극이 끝나고 나니 해방된 기분이 되었습니다.

하얀 쌀밥에 김치

밖으로 나오니 그야말로 한 치 앞도 볼 수 없이 캄캄한 데다가 온몸이 부들부들 떨릴 정도로 추웠습니다. "으으으으으! 엄청 춥다" 하는 소리가 여기저기서 들렸습니다. 솜옷 주인에게 다가가 옷을 벗어 내밀며 "돌려드릴게요" 하고 말했는데, "됐네. 그냥 입고 있게. 눈에 띄지 않는 게 먼저지" 하고 그가 말했습니다. 내 차림을 보니 확실히 머리부터 발끝까지 온통 흰색이었습니다. 눈에 띄지 않아야 한다는 것을 핑계로 솜옷이 주는 따뜻함을 조금만 더 느끼기로 했습니다. 다시 사람들에게 둘러싸인 형태로 그들의 분위기에 점점 섞여 들어가며 아까 그들과 만났던 다리로 향했습니다. 이야기를 나누는 그들의 태도를 보면 낙천적이라고 할까, 자유분방해 보였습니다.

드디어 다리에 도착해서 아까 내가 도움을 청했던 곳을 지날 때도 그들은 관심은커녕 아무런 반응도 보이지 않았습니다. 다리 위에서 보니, 건너편은 육지가 아니라 독립된 섬처럼 보였습니다. 다리 폭이 상당히 넓고 바닥도 매끈한 것이 당시로써는 훌륭한 다리였습니다. 길이도 꽤 길어 보였는데 건너편 절벽이 묵묵히 빛나고 있었습니다. 다리 중간쯤 오자 양쪽의 육지가 눈에 들어왔습니다. 물가의 집들은 불빛 한 점 없었고, 수면 위엔 비늘 모양의 불빛만이 쓸쓸함을 더했습니다.

이 사람들이 대체 뭐하는 사람들인지, 그리고 우리를 어떻게 할 생각인지 그 의도를 알 수가 없어서 불안이 커져만 갔습니다. 그러나 타인에게 의지하기만 해서는 안된다고, 무슨 수를 쓰더라도 덤벼야 한다고 새롭게 다짐해야만 했습니다. 나는 용기를 내어 위병소에서 받은 메모에 대해 이야기해볼까 생각했지만 그 전에 김 형과 의논을 해야할 것 같았습니다. 하지만 둘러싸인 채로는 어쩔 도리가 없었기 때문에, 이 또한 될 대로 되라고 생각할 수밖에 없었습니다.

짐작대로 다리는 상당히 길어서 300미터는 되는 것 같았습니다. 밤이 깊었던 탓인지 우리말고 다리를 건너는 사람은 없어서 무사히 다리 건너편에 도착했습니다. 다리로 이어진 도로의 골목 몇 개를 지나 도로변에 있는 집 한 채가 그들의 집이었습니다. 여닫이 문을 열고 누군가가 "다녀왔어요" 하고 말하며 집 안으로 발을 들여놨습니다. 나도 뒤에서 등 떠밀리 듯 집 안으로 들어갔습니다.

그곳은 콘크리트 바닥에 네다섯 평 정도의 부엌 겸 식당이었습니다. 들어가서 가장 먼저 눈에 들어온 것은 폭이 넓고 긴 테이블이었습니다. 입구 옆에 놓인 테이블 위에는 밥주발이나 접시, 찻잔 같은 것이 종류별로 담긴 대나무 바구니가 늘어서 있었습니다. 그리고 젓가락 통이며 조미료 병 같은 것들이 한곳에 모여 있었는데, 그 옆으론 가는 새끼줄을 꼬아 만든 자루 속에 들어있는 큰 밥솥이 놓여 있었습니다.

난생 처음 겪는 일이라 이럴 때는 어떻게 해야 할 지 몰라서, 입구를 등진 채 그들의 행동이나 집 구조를 둘러보았습니다. 입구 바로 왼쪽에 이층으로 올라가는 계단이 있고 그 계단의 왼편으로 장지문이 있는 걸로 보아 방인 것 같았습니다. 내가 서있던 오른편은 하얗게 칠한 흙벽으로 한가운데에 낡은 벽시계가 걸려 있었는데 마침 11시 반을 가리키고 있었습니다. 안쪽 어둠 속에는 아궁이 같은 것이 보였습니다.

그들은 우루루 들어오더니 마구 섞여서 밥솥에서 밥을 퍼서 사기접시에서 절임을 덜어가며 제각기 음식을 찾았습니다. 음식을 늘어놓고 양껏 먹을 수 있다는 것에 놀랐습니다. 오늘 아침 탄광에서 탈주한 내 입장에 선 이렇게도 환경이 다른 곳이 있다는 것이 너무나 신기해서 그저 바라만 보고 있었습니다. 세상이 미친 건가? 아니면 여기는 딴 세상인가? 하는 생각이 들었습니다. 왜냐하면 밥솥에서 퍼 올린 것은 하얀 쌀밥이었기 때문입니다. 거기에 배추와 무로 담근 조선 김치를 봤을 때는 눈이 커지기 전에 입에 침이 먼저 고였습니다. 내게 솜옷을 줬던 남자가 밥주발에 밥을 푸며 맞은편 장지문에 대고 말했습니다 "아저씨, 동료 두 사람을 데리고 왔어요. 이번엔 아주 팔팔한 게 잘 길들이면 준마는 될 것 같아요. 한번 보시면 엄청 욕심 날 걸요"라고 말하고는 밥을 그득히 담아 긴 나무 의자에 앉았습니다. 그리고 우리를 향해 "어이. 배고프지? 이리 와서 뭐든 양껏 드시게"라고 말하자 다른 곳에서 "사양 말고 들어. 사양하면 너만 손해야" 라는 목소리가 들렸습니다.

나는 엄청나게 긴장했지만 밥을 보니 입 안에 침이 고여 당장 밥을 향해 달려가고 싶은 마음뿐이어서, 옆에 서 있던 김 형을 보았습니다. 김 형도 그들이 밥을 먹는 모습을 그저 눈으로 쫓고 있었습니다. 그때 왼쪽 장지문이 열렸습니다. 쉰살 전후의 머리를 각지게 바짝 깎아 올린 남자가 거기 있었는데 속옷 위에 검은 솜옷을 걸치고, 양반 다리를 하고서 담배를 피우고 있었습니다. 그리고 우리 쪽을 보며 턱을 내밀고 관찰했습니다. 눈이 마주치자 인사를 했는데, 대답은 하지 않고 우리를 데려 온, 솜옷을 준 남자에게 "야마, 그렇게 혼자만 먹어서야 쓰겠냐. 애들도 좀 먹여야지." 하고 장지문을 닫으려고 했습니다.

나는 당시 일본어로 유창하게 말은 하진 못했지만 곧잘 알아들었습니다. 이 사람이 대장이라는 걸 직감한 나는 서둘러 "아, 저기…." 하고 말을 걸었습니다. 그는 장지문을 닫으려다 말고 '야마'라고 부른 사람을 향해 턱을 치켜 올렸습니다. 나는 그걸 보고 김 형에게 메모를 달라고 해서 그 메모를 아무 말 없이 '야마'라고 불린 남자에게 건넸습니다. 야마 씨도 그걸 받아서 고개를 갸웃하며 각진 머리에게 건넸습니다.

각진 머리는 메모를 보면서 이번엔 "야마, 이 사람들은 야스야마 반에 가는 것 같은데, 친절하게 잘 가르쳐 주게" 하고 말했습니다. 솜옷 남자는 "뭐? 야스야마 반에 가는 길이었어? 그렇군. 그래서 여기에서 밥을 안 먹으려고 했던 거구나. 그럼 빨리 가르쳐줘야지" 그렇게 말하고는 일본어가 아닌 조선말로 "야스야마 반은 말야⋯⋯ 저 문을 열고 밖에 나가서 하늘을 보고 빙그르 한 바퀴 돌면 여기 문하고 똑같은 문이 있을 거야. 그럼 실례합니다 하면서 그 문을 열고 들어가. 거기가 야스야마 반이야. 지금쯤 연극 보러 갔던 놈들이 돌아와서 야식이라도 먹고 있을테니 가보게. 아주 반가워할거야" 하고 말해주었습니다.

가만히 듣다보니 야스야마 반이 바로 여기라는 걸 알아차렸습니다. 김 형이 차분한 말투로 "미안합니다. 몰랐습니다" 하고 사과했습니다. 나도 왠지 부끄러워졌습니다. 다리 위에서 만났을 때부터 지금까지 그 누구도 야스야마 반이라는 말을 하지 않았고, 우리도 물을 기회가 없었습니다. 피차일반이라고 말하고 싶은 마음에 웃음이 났습니다. 야마 씨의 설명이 끝난 순간 그들도 모두 폭소를 터트렸습니다.

무사히 숙소에 들어가다

우리의 탈주는 정말로 행운의 연속이었습니다. 각진 머리를 한 대장은 슬며시 웃으며 장지문을 닫았습니다. 우리는 그들의 동료가 되어 저녁을 겸한 야식을 나누어 먹었습니다. 꿈을 꾸는 것 같은 기분으로 하얀 쌀밥에 김치를 입에 넣다가 문득 눈시울이 뜨거워졌습니다. 쌀밥에 김치 말고도 너무나 그리웠던 조선의 음식이 솥 채 눈앞에 있을 뿐 아니라 양껏 먹을 수 있는 겁니다.

밥을 먹으며 눈시울이 촉촉해진 건 하얀 쌀밥 때문이었습니다. 앞에서도 말한 것 같은데, 나는 어렸을 때부터 추석과 설날, 생일 말고는 쌀밥을 먹은 적이 없었습니다. 하얀 쌀밥을 먹지 못했던 가장 큰 이유는 내가 가난한 농사꾼의 자식이었기 때문입니다. 논보다 밭이 많았던 토지에 시설이 충분하지 않았던 탓도 있지요. 그리고 전쟁 때 생긴 공출제도 때문이기도 했습니다. 가난하고 시설이 충분하지 않았다고 하더라도 일본이 전쟁을 일으키지만 않았다면, 공출을 하지만 않았다면, 침략을 당하지 않았다면 우리 부모형제가 해왔던 자급자족의 생활은 무너지지 않았을 겁니다.

보리밥이라도 먹으면 그나마 사정이 나은 편입니다. 조, 옥수수, 감자가 주식이 되었고, 쌀밥은 일 년에 세 번밖에 먹지 못하는 비참한 환경이었습니다. 먹을 것이 없어 한스러웠던 것이 아닙니다. 내 가슴을 치며 올라오는 것은 거대한 권력에 압도당한 나약한 인간의 비애였습니다.

자연스럽게 탄광에 남은 같은 방 동료의 모습이 떠올랐습니다. 우리 때문에 받지 않아도 될 배식금지라는 벌을 받아 주린 배를 잡고 잠을 청하면서도 우리의 탈주를 기도하고 있을 그들을 생각하면 바싹 말라버린 마음 깊은 곳에서 눈물이 샘물처럼 솟구쳐 올랐습니다.

밥주발 속 하얀 쌀밥 위로 눈물이 뚝뚝 떨어졌습니다. 목구멍 어드메쯤에서 맴돌던 밥알들이 눈물에 밀려 다시 올라왔습니다. 주발에 남아있던 밥을 향해 젓가락이 더이상 움직이지 않았습니다. 옆에 있던 김 형이 "이군, 왜 그래?" 하고 작은 목소리로 물었습니다. 나는 그 작은 목소리가 더욱 슬퍼져서 밥그릇에 얼굴을 묻고 컥컥 소리를 냈습니다.

정월 초하루에 연극을 보고 들뜬 기분이 더해졌는지 어떤 이는 밥을 먹고, 또 어떤 이는 막걸리를 마셨습니다. 그렇게 한참 와자지껄하게 먹고 마시는 중에 내가 보인 갑작스런 행동에 깜짝 놀란 그들은 "왜 그래?

무슨 일이야?" 하며 다가왔습니다. 나는 끓어오르는 슬픔을 억누르며 "아무 것도 아닙니다. 탄광이랑 비교하자니 음식이 맛나서 가슴이 벅차서요 …… 미안합니다. 이제 괜찮습니다" 하고 대답하며 주발에 남아있는 밥을 입에 밀어넣었습니다.

내 옆에 모여 있던 사람들도 '그런 거였어?' 하는 표정으로 자기 자리로 돌아갔습니다. 그리고 야식을 다 먹고서는 각자 이층으로 올라갔습니다.

다만 한 사람, 솜옷 남자는 담배를 피우며 남아있었습니다. 내가 밥을 다 먹자 우리를 향해 "나는 최가야. 이곳에서는 야마모토라고 하지. 고향은 황해도" 하고 자기소개를 했습니다. 김 형이 "제가 먼저 말씀드렸어야 했는데, 저는......" 이라고 말했을 때, "죄송합니다. 어린 제가 먼저 인사를 드리는 것이 도리인 것 같습니다. 저도 같은 황해도 출신이고 성은 이가입니다. 창씨개명 때 일본 이름이 게이슈(慶州)였습니다. 오늘로 열 여덟이 되었습니다. 작년 오월에 도쿠스에 스미토모 탄광으로 징용을 왔고, 오늘 처음으로 외출을 나와서 아까 그 다리에서 여러분과 …… 잘 부탁드립니다" 하고 스스로 생각해도 썩 훌륭하게 인사를 했습니다.

야마모토 씨는 "그렇구나. 동향 사람이군. 천천히 얘기 나누고 싶네" 하고 말했을 때, 김 형이 "다시 제 소개를 하겠습니다. 나도 같은 황해도 해주에서 태어났고 성은 김인데, 일본 이름은 가네모토라고 합니다. 모든 것이 처음이니 지도 부탁드립니다" 하며, 나이 덕분인지 제대로 된 자기소개를 했습니다.

야마모토 씨는 다시 "둘 다 동향이군. 든든하네. 서로 도와가며 잘해봅시다" 하며 격려를 해 준 뒤 "밤도 늦었으니 오늘 밤은 이쯤에서 끝내고 내일도 모레도 휴일이니 천천히 얘기해 보자" 고 해서 같이 이층으로 올라갔습니다. 이층은 생각보다 넓어서 앞쪽 방이 세 평, 안쪽 방이 네 평에 벽장이 있었습니다. 안쪽 방은 이미 이불을 둘둘 말고 자는 사람들로 꽉 차 있었고, 문지방 넘어 장지문 없는 앞쪽 방엔 네댓 명이 앉아 한참 화투를 치고 있었습니다. 우리 세 사람이 올라가도 화투에 정신이 팔려 있었습니다.

계단을 오르면 바로 충계참 겸 신발 벗는 곳이었는데, 작업용 신발, 고무 장화, 나막신 같은 것이 어지럽게 흩어져 있었고, 문지방은 있었지만 장지문은 없는, 계단에서 바로 방으로 이어지는 숙사(宿舍)였습니다.

검은 커튼이 쳐진 곳은 아마도 창문이겠지요? 탄광 합숙소와 별반 다르지 않은 알전구 갓에 검은 천을 덧씌워 빛이 외부로 새어 나가지 않게 해두었더군요. 야마모토 씨는 나막신을 아무렇게나 벗어던지며 "가네야마, 일꾼 두 명을 데리고 왔네. 잘 부탁해" 하며 화투를 치던 사람들에게 말하자 그 중 한 사람이 얼굴도 들지 않고 "아, 그래? 알았네' 하는 대답만이 돌아왔습니다.

야마모토 씨는 휘적휘적 안쪽 방으로 가더니 벽장에서 이불 몇 채를 꺼내 와서는 화투를 치는 사람들 옆에 던져놓고 우리에게 "이불은 각자 펴고 어서 자게. 많이 피곤할텐데"라고 권했습니다. 온몸이 젖은 채로 연극을 보고 밥을 먹어 배까지 부르자 참을 수 없이 잠이 쏟아졌습니다. 우리는 그대로 "여러분 잘 부탁합니다" 하고 말하고 바로 쓰러지듯 이불 속으로 들어갔습니다.

하지만 아까 밥 먹을 때 했던 생각이 다시 떠올라 잠이 오지 않았습니다. 같은 인간들이 사는 세상인데 왜 이렇게 차이가 나는 걸까. 침략이나 전쟁은 왜 일어나는 걸까, 곰곰이 생각하다 보니 이 모든 것은 인간의 욕심에서 생겨난 것이라는 생각이 들었습니다. 불교가 가르치는 무욕무정이라면 세상은 얼마나 밝고 살기 좋은 곳일까요. 이렇게나 갑갑하고 캄캄한, 그저 살기에만 급급한 세상, 사람은 왜 태어나는 것인지, 그 중에서도 조선인은 악운의 별에 홀린 것인가요? 그러고보니 반 년 동안 별을 보지 않고 지냈습니다. 몸은 물에 젖은 솜처럼 피곤하지만 쉽사리 잠들지는 못했습니다.

나는 결국 몸을 반쯤 일으켜 화투를 치는 사람들을 쳐다봤습니다. 둥글게 둘러앉은 사람들 중에 가네야마라는 사람과 눈이 마주치자 그가 "왜 그래? 시끄러워?" 하고 물었습니다. 나는 고개를 저으며 "아니오. 잠자리가 바뀌어서 그런가봐요" 하고 대답했습니다. 사람들 사이에서 화투놀이를 구경하던 야마모토 씨가 "그래? 잠깐 기다리게. 약을 가져오지" 하며 계단을 내려갔다가 곧이어 사발을 들고 올라왔습니다. "이걸 쭈욱 들이키면 잠이 들걸세. 어서" 하면서 나에게 그릇을 내밀었습니다. 아까 연극 구경할 때 돌려 마시던 막걸리였습니다.

사발을 받아들고 옆자리 김 형을 보니 자는지 꿈쩍도 하지 않았습니다. 야마모토 씨에게 "고맙습니다" 하고는 단숨에 들이켰습니다. 야마모토 씨는 그걸 보더니 "자네 술 좀 하는군. 더 마실텐가?" 하고 물었습니다. "이게 양껏 마신 겁니다. 이제 잘게요. 고맙습니다" 하고 대답하자 "나도 마시고 왔네. 잠이 안 올 때는 이게 약이지" 하며 사발을 받아 한쪽에 두더니 다시 화투판으로 다가갔습니다. 나는 일어나 있으면 누군가 다시 말을 걸 것 같아서 바로 이불을 머리끝까지 뒤집어썼습니다.

새로운 이름으로

잠을 자기 위해 술을 마신 건 처음이었습니다. 아무 것도 모르고 깊은 잠에 빠졌습니다. 아침에 눈을 떠 주변을 보니 옆자리의 김 형도, 화투를 치던 이들도, 안쪽 방에서 자던 사람들도 보이지 않고 나 혼자 이불 속에 있었습니다. 어제 봤던 검은 커튼이 제껴지고 밝은 하늘빛이 유리창 너머로 눈부시게 비쳐들고 있었습니다. 상쾌한 기분이란 건 이럴 때 하는 말이겠죠.

어제 아침까지만 해도 곡괭이 자루 소리에 억지로 눈을 떴습니다. 그런데 단 하루 사이에 자기의 자유 의지로 일어날 수 있는 곳에 와 있는 것입니다. 이것이 바로 인간이다. 인간의 삶이다. 그렇게 외치고 싶은 마음이었습니다. 그런 마음을 접어두고 나는 서둘러 옷을 걸치고 아래로 내려갔습니다.

이미 아침식사를 끝내고 잡담을 하는 사람, 아직 한참 먹고 있는 사람 등 제각각이었습니다. 내가 "잘 주무셨어요?"라고 말을 다 마치기도 전에 "자넨 무슨 전하라도 되나? 어이구 전하 이리로 납시지요." 하며 농을 걸었습니다. 김 형이 밥그릇을 든 채로 이쪽으로 오라는 듯 불러서 옆으로 가니 "깨워도 안 일어나길래" 하고 중얼거렸습니다. 나는 아무 말 없이 대나무 바구니에서 그릇을 꺼내 밥을 담고 솥 안에 있는 된장국을 떠서 아침밥을 먹었습니다.

전날과 마찬가지로 하얀 쌀밥이었습니다. 젓가락 끝이 무거울 정도로 밥을 떠서 입에 넣었을 때 "어젯밤에 나타난 미아가 이 아이인가? 귀여운 녀석이군. 여기가 환해지겠어……" 하고 여자 목소리가 들렸습니다. 소리가 나는 쪽을 보니 키가 작고 얼굴이 둥근 중년 여자가 식당 안쪽에서 큰 소리를 내고 있었습니다.

이 여자가 '아지매'라고 불리는, 각진 머리 대장의 아내였습니다. 그를 위해 만든 음식일 겁니다. 접시에 명란젓과 송이버섯에 색 고운 어묵을 조린 반찬을 슬쩍 담아주었습니다. "젊은 세자 전하한테 아지매가 한눈에 반해버린 모양이네. 대장 반찬을 다 퍼준다" 면서 누군가가 놀렸습니다. 마음대로 지껄이라지, 신경쓰지 말자, 신경쓰지 말자, 그렇게 듣고 흘려버린 것이 지금도 기억에 남아있습니다.

아침밥을 먹는 중에 이 숙사에 있는 사람을 대충 세어보니 우리를 포함해 열 두세 명이나 되었습니다. 떠들썩한 식사가 끝나자 지난 밤에 화투를 치던 사람들 중 누군가가 승부를 마저 내자고 해서, 대부분의 사람들이 이층으로 올라갔습니다. 식탁에 남겨진, 주인이 없어진 빈 그릇들을 바라보며 덩그러니 앉아 있는 사람은 야마모토 씨와 김 형, 그리고 나였습니다.

아지매가 정리를 시작했을 때, 야마모토 씨가 대장 방 앞에서 "반장님, 야마모토에요" 하고 말하자 바로 장지문이 열리며 "그래" 하며 바로 각진 머리가 모습을 드러냈습니다. 거기에서 김 형과 나는 다시 자기소개를 했습니다. 대장은 "여기에 온 이상 자네들 안전은 보장이 되니까 걱정 말고 내일까지 푹 쉬고 4일부터 함께 애써주게" 하고 간단한 훈시를 했습니다.

야마모토 씨는 이층으로 올라가다가 "오늘은 해님 표정이 어떤가? 밖에 나가서 봐두면 좋을 거야" 하고 이층으로 올라갔습니다. 그가 말한 대로 나는 밖에 나가봤습니다. 어제와는 달리 구름 한 점 없는 파란 하늘에, 태양의 따스함이 동향 현관과 벽을 감싸고 있어 겨울이 멀리 가버린 것 같았습니다. 거리의 집집마다 현관에 크고 작은 일장기와 해군기가 걸려 있었습니다. 대부분의 집이 벽 아래쪽은 새카맣고, 남은 부분은 빗자루에 검은 물을 묻혀 비질을 해 놓은 것처럼 칠해져 있었습니다. 원래 벽 색깔은 깨끗한 흰색이었을텐데, 적기의 공습을 피할 목적으로 칠해놓은 겁니다.

이곳의 지명은 오시마이고 가라쓰 시에 속해 있으며, 지난 밤 건넌 다리는 바다와 섬을 연결한 다리였습니다. 이곳은 섬이었던 겁니다. 나는 탄광에서 오봉 외출을 금지당하고 합숙소 벽에 등을 기대고 보냈던 하루를 떠올렸습니다. 탄광 벽은 판자로 만들어졌는데 이곳의 벽은 흙벽 위에 모르타르를 덧발라 제대로 지은 벽이었습니다. 등을 기대자 햇살이 닿지 않아 차가운 냉기가 등을 뚫고 지나갔습니다.

김 형은 그대로 이층에 올라갔는지, 오봉 때처럼 나 혼자 밖으로 나와 열여덟 살 아침에 맞는 정월 초이틀의 하늘을 올려다봤습니다. 탄광에서보다 훨씬 자유로운 공기를 마시고 처음으로 이 땅의 마을과 다리 너머 가라쓰의 모습을 제대로 보았습니다.

　내일 이후의 일은 모르지만, 적어도 내일까지는 몸도 마음도 오늘처럼 자유로울 수 있다고 생각하니, 왠지 전혀 다른 세상에 와있는 것 같았습니다. 그러나 여전히 도망 중이라는 생각에서 벗어날 수 없어서 경계심을 떨쳐 버릴 수는 없었습니다. 등에 전해지는 서늘함을 느끼면서 이런저런 생각을 하고 있자니 현관에서 "여기 여기" 하며 아지매가 손짓을 하며 나를 부르고 있는 겁니다. "네, 왜 그러시죠?" 하고 대답하자 "이리 좀 와보게" 하면서 주황색 바지와 두꺼운 옷감으로 만든 국방색 상의를 테이블에 올려놓고는 자기 방으로 들어가는 것이었습니다.

　"이걸로 갈아입게"라는 뜻인 것 같아서 하얀 옷을 벗고 아지매가 준 옷으로 갈아입었습니다. 옷을 갈아입은 내 모습을 보자 전혀 다른 사람처럼 보여서 스스로도 깜짝 놀랐습니다. 나는 기쁨을 감추지 않고 "아지매 갈아입었어요" 하고 장지문을 향해 말했습니다. 그러자 장지문을 열고 얼굴을 내민 것은 반장이었고 "응, 그래, 괜찮구나. 당분간은 그 옷으로 버텨주게" 하고 말하고는 장지문을 닫았습니다.

　나는 징용인이라는 특별한 사람에서 일반 민중으로 돌아온 것 같아 기뻤습니다. 오랜만에 가벼운 발걸음을 느끼며 이층으로 올라갔습니다. 탄광에 있었을 때의 노예와 같은 기분은 벗어 던져버리고 천만 민중의 한 사람이 되었다고 신바람이 났습니다. 층계참에 섰을 때 내 가벼운 발소리는 모두의 주목을 받게 되었습니다. "오! 자네, 역시 세자 마마군" 하는 소리가 들렸습니다. 나는 내심 대배우라도 된 것 같은 기분이 되었습니다.

　김 형은 얼굴은 웃고 있었지만 눈 언저리는 인상에 남았습니다. 김 형과 눈이 마주쳤을 때 내가 너무 들떴나 하는 느낌이 들었습니다. 그리고 한 동안 장난인지 찬사인지 구별이 가지 않는 시끌벅적함이 이어졌습니다. 김 형은 시종일관 입을 다문채로 있었습니다.

그날 밤 야마모토 씨가 화투를 좋아하는 가네야마 씨(나이는 서른을 넘었고 유난히 박박 깎은 큰 머리에 눈이 큰 남자였는데)와 함께 나와 김 형에게 "어제 들어온 김 형과 이군, 종이 한 장 들고 이쪽으로 오게" 하고 말했습니다. 알겠다고 대답하자 가네야마 씨는 "김 형은 내일부터 가네미쓰, 나이는 스물 일곱살이네. 잘 기억해 두게. 앞으로 계속 이 이름과 나이로 갈테니" 다음으로 "꼬맹이 자네는 가네무라. 나이는 스물, 알겠지? 자네들은 쌀 배급 통장이 없어서 적당히 여기 있는 이름과 나이로 등록을 해야 하니 잘 기억해 두게. 안 그러면 불편해 질거야"라며 당부를 하는 것이었습니다. 방 안에 있던 사람들에게도 다시 한번 이 사람은 가네미쓰, 이 꼬맹이는 가네무라라고 소개했습니다. 그렇게 1945년 1월 2일 밤부터 나는 가네무라라는 스무 살 먹은 남자가 되었습니다. 도망자의 위장신분인 것입니다.

다음 날인 3일 밤에는 바닥이 고무로 된 두꺼운 작업용 신발을 받았습니다. 드디어 내일, 날이 밝으면 일을 시작한다. 어떤 일이 기다리고 있을지, 설렘과 불안의 밤이었습니다. 잠자리에 들어가 생각해보니 함께 도망나온 김 형과 오늘 하루 한 마디도 하지 않은 것을 깨닫고, 내가 "김 형?" 하고 말을 걸자 "응?" 하길래 "잘됐죠?" 하고 말하자 "응" 하고 대답을 했습니다. 나는 다시 "좋은 새해네요. 내일부터 어떤 일을 할까요?"라고 말을 건넸지만 다시 "응" 하는 대답에 얘기가 이어지지 않았습니다. 참 재미없는 대화였습니다.

그때부터 40년여의 시간이 흐른 지금도 그때 일은 생생하게 떠오릅니다. 그렇게 김 형과 하루하루 사이가 멀어지는 것을 나도 어쩔 수 없었습니다. 그러려고 했던 건 아니었는데 그저 답답하기만 했습니다.

　이런 우리가 탄광도망자로서는 굉장한 행운을 만났다는 것만은 확실했습니다. 탈주는 대성공이었습니다. 새해 첫날 밤부터 초이틀, 초사흘. 탄광과는 비교할 수도 없는 식사와 자유의 날들을 누렸습니다. 그래도 신기한 것은 같은 나라 안에서, 그것도 같은 현이라는 행정구역 안에서 탄광에는 쌀이 없고 이곳에는 쌀이 남아 돈다는 겁니다. 그 이유가 궁금해서 참을 수가 없었습니다. 도망 사흘 째 밤은 그렇게 세상 속 신기함을 떠안고 저물어가고 있었습니다.

나는 살아간다

뱃짐 하역작업

　뭔가 어수선한 소리에 눈을 뜨자, 같은 방에서 자던 열 명 남짓한 사람들이 작업복을 입으며 한참 출근 준비를 하고 있었습니다. 누가 시켜서가 아니라, 각자 자유롭게 움직이고 있었습니다. 아침밥을 먹던 중에 각진 머리 대장이 "가네야마, 야마모토. 잘 부탁하네" 하고 말하며 "새로 들어온 꼬맹이, 일 열심히 하게" 하고 나에게도 말을 걸어주었습니다. 김 형과 비교해서 믿음직스럽지 못했던 것일까요? 벽시계 바늘이 일곱 시 반이 되기 전 다 같이 모여 현장으로 향했습니다.

　인연이 깊은 그 다리를 건너, 지난 밤 길을 헤매다 잘못 들어가 식은땀을 흘렸던 위병소에 도착했을 때, 나는 깜짝 놀랐습니다. 이 위병소를 통과해 안쪽으로 한참 들어가면 나오는 안벽(岸壁)*이 바로 작업장이었던

---

* 항만이나 운하의 가에 배를 대기 좋게 쌓은 벽.

겁니다. 위병소를 지날 때, 새해 첫 날 잘못 들어갔을 때와는 대조적으로, 대충 형식적으로만 신체검사를 하자 이상한 느낌이 들었습니다. 얘기를 들어보니, 이 군항에서 일하는 작업원은 약 100명정도 되는데 내가 속한 야스야마 반은 그 중 십분의 일 정도라고 합니다.

안벽에 줄지어 서있는 여러 개의 창고들 중 한 곳은 야스야마 반의 작업도구 창고였습니다. 그곳에 모두 모여있었는데 곧 군복을 입은 병사가 와서 오늘의 작업에 대해 설명했습니다. 그날 첫 작업은 지나(현재의 중국)에서 온 대두를 배에서 창고로 옮기는 일이었습니다. 폭 30센티미터, 길이 7,8미터, 두께가 대략 5센티미터 정도 되는 널판지를 안벽과 배 사이에 걸쳐놓고, 그걸 통로 삼아 짐을 내리는 것입니다. 일이 몸에 익으면 금방 오갈 수 있는 길이겠지만, 그날이 처음인 나는 내 한 몸 가누기에도 힘에 부쳤습니다.

일이 시작되고 콩가마니가 어깨에 놓이자 다리가 후달려서 몸에 중심을 잡는 것만으로도 힘들었습니다. "꼬맹이, 괜찮은가?" 하는 소리를 들으며 흔들흔들 널판지에 발을 올리고 네다섯 걸음을 떼자, 순식간에 균형을 잃고 어깨에 맨 콩가마니와 함께 3, 4미터 아래 바다로 떨어지고 말았습니다. 가마니가 어깨에서 떨어져 보기 좋게 바다로 흘러갔고, 반대로 내 몸은 바다 위로 둥둥 떠올랐습니다. 어릴 때부터 물개로 불릴 정도로 물에는 익숙하기 때문에 무섭지는 않았지만 겨울 바다는 몸이 꽁꽁 얼어붙을 만큼 차가웠습니다.

물 밖으로 머리를 내밀자, 배와 육지에서 동시에 로프를 던져주었습니다. 손이 가는대로 잡고 보니 육지 쪽 로프였습니다. 육지로 올라왔을 때는 이가 딱딱 부딪칠 정도로 몸이 떨렸습니다. 이미 누군가 모닥불을 피우고 있었고, 다른 누군가가 나를 감싸 안고 불 옆으로 데려 갔습니다. 불이 그렇게 따뜻한 것이라는 것을 그때 처음 알게 된 것 같았습니다. 이 소동으로 작업은 중단되어 그날 마치기로 한 일이 다음 날 점심 때까지로 미루어졌습니다.

모닥불 주변이 시끌벅적해졌지만, 제발 조용히 해주었으면 하는 바람이었습니다. 처음부터 자신이 없었지만 남자라고 허세를 부리다 이 꼴이 되고 만 겁니다. 쥐구멍이라도 찾고 싶을만큼 부끄러웠습니다. 하필이면 김 형이 거기에 쐐기를 박으며 들으라는 듯이 "아직 무리라니까요"라며 걱정인지 냉소인지 알 수 없는 투로 말했습니다. 소란스러웠던 주변이 순식간에 썰렁해지면서 나는 정말 얼굴이 화끈거릴 정도로 부끄러워졌습니다.

김 형은 왜 이러는 걸까요? 위병소에서 나와 헤매다가 다리 위에서 사람들을 만났을 때의 언동부터 지난 밤 내가 말을 걸었을 때 돌아온 대답, 그리고 지금의 말투…… 다른 사람들은 나를 배려해 웃고 넘어가려고 했는데 일부러 어색하게 만들려는 말투는 사흘 전의 김 형답지 않습니다. 아무래도 이상합니다. 나는 속에서 끓어오르는 감정을 가슴 속에 꾹 눌러놓았습니다.

그때 각진 머리 반장이 보따리를 들고 헐레벌떡 다가와서 "꼬맹이, 무슨 일인가?" 하고 숨을 헐떡이며 물었습니다. 누군가가 내 추태를 알린 것이겠지요. 보따리는 내가 갈아입을 옷이었습니다. 무사한 것을 보고 대장도 마음이 놓였는지 "창고에 가서 빨리 옷부터 갈아입게. 그리고 벌써 점심 때가 되었으니 작업은 도시락 먹고 나서 하지" 이 말만을 남기고 어디론가 사라졌습니다. 같은 방 동료들과 대장이 정말 인정 많은 좋은 사람들이라고 마음 속으로 감사를 드렸습니다.

옷을 갈아입고 돌아오자 동료들은 막 점심밥을 먹으려던 참이었습니다. 도시락이라고는 해도 한 개씩 나누어주는 것이 아니라, 밥은 밥솥째로 놓여있고, 반찬은 종류별로 반찬통에 담겨 있어서, 각자 먹고 싶은 것을 가져다 먹는 식이었습니다. 그런 식으로 밥을 먹는 것도 태어나서 처음이었는데, 다같이 자유롭게 식사하는 모습은 즐거운 광경이었습니다. 그날은 처음 나온 것이기도 해서 오후 세시 즈음에 작업을 마무리했습니다.

집에 돌아가자 아지매가 "꼬맹아, 괜찮아? 다치진 않았어?" 하고 걱정을 해주셔서 나는 왠지 고향집에 온 것 같은 편안함을 느꼈습니다.

이렇게 하루하루 일에도 익숙해지고 몸도 적응이 되면서 한달이 지나자, 나는 누구나 인정하는 일꾼이 되었습니다. 야스야마 반은 주로 배에서 짐을 내리는 하역 작업을 했습니다. 첫날은 대두 하역이었고, 시멘트, 자갈, 모래, 그리고 가마니에 쌓인 물건 등 다양한 짐을 내렸습니다. 그 중에서 가장 인상 깊었던 것이 설탕 하역 작업이었습니다.

배 밑에 그대로 쌓여있는 설탕을 삽으로 퍼서 어깨에 맨 대나무 바구니에 담고, 경사진 계단을 올라 출렁거리는 널판지를 건너서 콘크리트 바닥으로 된 창고에 다시 쌓아올리는 일입니다. 당시 쌀이나 보리와 같은 주식과 함께 설탕은 아주 귀한 배급 품목이었습니다. 엄밀히 말하면 통제 물자였던 것이죠. 그런 이유로 일반 국민은 쉽게 보기 힘든 물품들 중 하나였습니다. 식당에 흰 쌀밥이 넘칠 정도로 많았던 것과 마찬가지로 신기한 일이었습니다.

정월이 지나고 뼛속까지 시리게 추운 때였습니다. 바닷바람이 휘몰아쳐 콧물을 닦기도 힘들었습니다. 배 바닥에서 설탕을 담는 작업을 하는 사람은 설탕산을 향해 코를 풀기 때문에 콧물을 머금은 설탕은 덩어리가 되어 굴러다녔습니다. 비상식적인 짓이라는 소리를 들어도 어쩔 수 없습니다. 코를 풀기 위해 매번 갑판을 오르락내리락 하다가는 그날 할당된 양을 다 채우지 못하게 되는데, 그건 군의 명령을 어기는 일이기도 했습니다. 나는 그 동그란 덩어리를 볼 때마다 한 줌의 설탕과 함께 바다에 던져 버렸습니다. 하지만 한 곳의 군항에서 이렇게 사치와 낭비와 비위생적인 일들이 벌어지는 것을 보면, 다른 곳의 군사시설도 똑같지 않을까 하고 생각할 수밖에 없었습니다.

그래서 패전 후 자유로운 생활을 하게 되었을 때, 설탕을 손에 넣게 되면 먼저 봉지를 열어 덩어리가 들어있는 지 확인해보곤 하던 때가 있었습니다.

후쿠오카현의 작은 어촌으로

시간이 흐르면서 도망 중이라는 자각과 그에 따른 두려움도 흐릿해져 갔습니다. 그리고 찬바람도 누그러지는 3월에 접어들자, 야스야마 반은 후쿠오카현의 쓰야자키라는 곳으로 이사를 가게 되었습니다. 우리는 트럭에 실은 짐들 사이에 끼어앉아 천막을 둘러쓰고 세 시간 정도 실려갔습니다. 바닷가 작은 어촌 마을이었는데, 언덕을 깎아 비행장을 만드는 공사장이었습니다.

소나무 숲을 개간한 곳에 세워진 합숙소는 그 모양이 특이했습니다. 기둥부터 골조까지 모두 대나무로 만들어졌는데, 지붕과 벽은 볏짚이었습니다. 마루엔 판자를 깔았고, 그 위엔 다다미가 아니라 볏짚으로 만든 멍석이 깔려 있었습니다. 목욕탕도 없어서 먼 옛날 원시시대를 떠올리게 하는 곳이었습니다. 목욕탕에 가려면, 1킬로미터 정도 떨어진 읍내에 있는 작은 대중목욕탕에 가야했는데, 거기에는 사나흘이나 목욕하지 않은 사람도 있어서 벼룩이나 이가 들끓었습니다. 게다가 어딘가의 농가에서 소를 데리고 와서 소나무 숲 안에서 몰래 잡아 먹고 남긴 것을 그 근처에 묻었는데 그게 썩으면서 해충이니 파리가 소름이 끼칠 정도로 많이 꼬이는 바람에 불결하기 짝이 없는 상태였습니다. 그러나 탄광에서 도망쳐나와 가라쓰와 쓰야자키밖에 모르는 나로서는 싫어도 참을 수밖에 없었습니다.

그래도 작업은 점점 손에 익어서 다른 합숙소 사람들과도 이야기를 나누게 되었습니다. 옆 합숙소의 야스모토라는, 나보다 세 살 위인 남자와 알게 되어 사이가 좋아졌습니다. 그 사람은 전라남도 출신으로 나가사키현의 탄광으로 징용으로 끌려왔다가 탈주하여 두세 곳을 거쳐 이 곳에 왔다고 했습니다. 나보다는 세상살이에 익숙한 느낌이었는데, 항간에 떠도는 소문에 무척 밝은 사람이었습니다. 신문이나 라디오에서는 언제나 일본의 승전보만을 전하며 국민들을 속이고 있지만, 우리에게 들어온 은밀한 정보에 의하면 일본이 항복을 눈 앞에 두고 있다고 합니다.

포근한 날씨가 이어지던 3월이 끝나갈 무렵 야스모토는, 도쿄가 대공습을 당해 몇 십만 명이나 되는 사람들이 타죽었다는 소문을 전해주었습니다. 드디어 올 것이 왔구나 하는 기분이었습니다. 일본의 상징인 수도가 당했다는 것은 일본의 전력이 한계에 이르렀다는 것입니다. 그리고 그런 만큼 우리가 만들고 있는 이 비행장도 무사히 넘어갈 것 같지 않았기에 야스모토와 이야기를 나눈 끝에 둘이서 쓰야자키를 떠나기로 결정했습니다. 나는 죽음에 대한 두려움보다 삶에 대한 집착이 더 강했습니다. 내 나라가 침략당한 것은 아버지 세대였는데 현재는 징용이라는 이름으로 한창때인 젊은이들을 희생시키는 걸로 모자라 죽으라고까지 하는 건 절대 받아들일 수 없습니다. 그저 하루라도 빨리 일본이 졌으면 좋겠다는 생각뿐이었습니다.

더 서쪽으로

도쿄대공습에 대한 소문은 사람들의 마음을 어지럽혀 불안을 불러일으켰습니다. 탄광 탈주를 같이 했던 김 형에게 이곳을 떠나기로 한 내 결심을 밝혔더니 "이미 정한 거라면 별 수 없지"라며 변함없이 정나미 떨어지는 모습을 보여주었습니다. 하지만 같은 고향 사람인 야마모토는 "그래, 떠나는군. 부럽네. 마음뿐이긴 하지만, 여기에서 받은 가네무라라는 이름으로 다니는 한, 신분 보증은 책임져 주겠네" 하고 마음 든든한 이별 선물을 주어 감격했습니다. 야스야마의 아지매는 주먹밥을 만들어 주었습니다. 이때까지는 나름 여유가 있는 여행이었습니다. "어디로 가나?" 하고 물으면 "발길 닿는대로"라고 말하긴 했지만, 목적지는 정해져 있었습니다.

미야지다케 산기슭에서 후쿠마(福間)로 나가 아침해를 등지고 곧장 서쪽으로 향했습니다. 해안가 마을인 와지로라는 곳에 들어간 것이 정오 무렵이었습니다. 길가 나무그늘에서 수평선을 바라보면서 아지매가 준 주먹밥을 입에 밀어넣었습니다. 저 수평선 너머에 있을 우리 조국, 우리 고향이…… 숨막히도록 그리웠습니다. 이런 작은 몸뚱이 하나 부지하는 것이 왜 이렇게 힘들까요, 이 세상이 원망스럽게 여겨졌습니다. 그 후 가시이라는 마을에 들어갔다가 신사인지 신궁인지에서 흐르는 물로 얼굴을 씻고 대나무 바가지로 배가 부를 정도로 물을 마신 것이 기억납니다.

가시이에서 간선을 따라 샛길이라고 할지 시골길이라고 할지, 포장도로가 아닌 자갈길을 걸었습니다. 길가에 어린 풀들 사이로 민들레가 노랗게 피어서 고향의 익숙한 풍경이 떠올랐습니다. 오직 살아남는 것만을 걱정하는 나와 비교하면 아무리 민들레라고 해도 내 처지보다는 나은 것 같아 부러웠습니다. 전쟁에 지쳐 가난과 어둠이 깃든 마을의 모습과는 확연히 대비되는 산과 초록의 물결이 마음을 달래주었습니다. 나라가 다르고 사람 마음 또한 다르지만, 산과 물은 어딜 가나 한결같다는 생각이 들었습니다.

저녁 무렵 우리는 예상보다 조금 일찍 목적지인 다타라에 도착했습니다. 다타라는 사방이 능선으로 둘러싸인 분지 마을입니다. 아주 외진 곳이라 일자리가 있을 지 불안한 마음으로 머리가 꽉 차 있었습니다. 그러나 찾아 들어간 합숙소에서 쉽게 고용이 되어 이내 마음이 놓였습니다. 합숙소는 세 채 정도 있었는데, 우리가 들어간 곳은 호시야마 반이라는 곳이었습니다. 쓰야자키의 초가 지붕 창고와 비교하면 벽에 흙냄새가 아직 가시지 않은 새 건물의 청결함이 느껴졌습니다. 바람도 잘 통해 굉장히 마음에 들었습니다. 다섯 평 정도 되는 방이 이어져 있었는데 한 방에 네댓 명의 인부가 섞여 있었습니다.

다타라 청년학교

우리가 맡은 일은 방공호를 파는 일이었습니다. 마을 어딘가에 주둔해 있는 군인들과 마을 주민을 위한 것으로, 언덕 중간을 옆으로 길게 파내는 방식이었습니다. 우리가 갔을 때는 모든 호를 아직 3미터 밖에 파지 못한 상태였습니다. 그것이 적의 비행기에 공격당했을 때를 대비한 유일한 방어 수단이었던 것입니다.

나는 이곳에 와서 처음으로 탄광 탈주자라는 낙인과 부채의식을 떨쳐낸 기분이었습니다. 내 손으로 자유를 쟁취해낸 것 같다는 생각이 들었습니다. 그래도 가명인 가네무라와는 인연을 끊지 못하고 원망과 슬픔이 섞여 딱히 뭐라 할 수 없는 기분에 끌려다니고 있었습니다.

마을 집집마다 단오맞이 잉어장식을 지붕에 올리던 어느 날, 마을의 촌장과 한 무리의 병사들이 청년학교의 교련생을 모집하러 왔습니다. 나는 1927년에 태어난 가네무라의 신분이었고, 소집 적령기였기 때문에 어찌해볼 도리도 없이 입학하게 되었습니다. 고향에서 4년제 학교를 마친 뒤 상급 학교에 진학하고 싶다는 희망은 있었지만, 가난한 집안 사정과 전쟁 탓에 유년 시절의 희망은 날아가 버리고 말았습니다. 1945년 5월 1일, 나는 다타라 청년학교에 첫 등교를 했습니다. 초등학교 한 쪽에 있는 건물을 개조한 학교였습니다. 다타라가 속해있는 군(郡)과 근처 마을에서 모인 동급생은 스무 명 가량이었습니다. 학교 이름만 보면 학문적 교육이 이뤄질 것 같지만 실제로는 단기간에 실전에 나갈 수 있는 병사를 길러내는 곳이었습니다.

우리 조선이 일본에 침략당한 것은 내가 태어나기 전이지만, 식민지화 정책에 따라 지구상에서도 유례없는 창씨개명을 강요당한 것은 내가 아직 어렸을 때 일입니다. 나는 태어나면서부터 식민지의 자식이었고 '반도인' 소년이었지만, 세월이 흐름에 따라 한편으론 조선인이면서 또 한편으로는 일본 이름을 가지게 된 것입니다.

우리 이(李)가의 발상지는 경주입니다. 창씨개명을 강요당한 아버지는 적어도 뿌리를 잊지는 말자는 마음으로 선조의 발상지인 경주를 성으로 붙인 것입니다. 따라서 내가 징용에 끌려왔을 때는 게이슈* 홍섭이었습니다. 그러나 탄광에 들어간 순간부터 번호로 불리며 탈주할 때까지 일곱 달동안 그 이름을 쓰지 않고 지냈습니다. 그리고 가라쓰, 쓰야자키, 다타라를 거치면서 줄곧 가명으로 살아왔습니다. 생년월일도 물론 가짜였지만, 내 입장에서는 어쩔 수 없었고, 결국 청년학교에 입학하는 처지에 이르게 된 것입니다.

청년학교에서 받은 훈련은 내 삶에서 가장 잊기 어려운 일이었습니다. 정식으로는 교련이라고 하지만, 사실 그건 미친 훈련이었습니다. 총검 사용법, 들과 산에서의 포복 방법, 중장비로 강을 건너는 법, 흙으로 진지를 만드는 법, 참호를 파고 응전 태세를 갖추는 법 등등. 이것들은 그나마 정상적인 것이었고, 군인인 교관이 내뱉는 욕설은 도저히 참고 넘기기 어려웠습니다. 가장 선명하게 기억에 남아있는 것은 "네놈들 열 명

---

* 경주의 일본식 발음.

보다 말 한 마리가 황국을 위해서 더 도움이 된다!" "황국에 바치는 목숨이라고 생각하면 이 훈련을 받는 이유를 알 것이다" "황국에 목숨을 바치기 전에 저 개울에 가서 대가리 박고 죽어라!" 따위의 욕을 하는 것입니다. 욕설 뒤엔 반드시 군화발로 정강이를 차이고 총이 든 칼집으로 명치를 얻어맞는 광폭한 훈련이었습니다. 일본인은 어떨지 모르겠지만, 조선인인 나는 결과적으로 이 청년학교에 다니게 된 것을 계기로 해서 반일정신이 더욱 깊이 각인되었습니다.

삼 주 동안의 훈련이 끝날 무렵, 한 사람씩 따로 방에 불려들어가 지원병이 되라는 권유를 받았습니다. 내 경우는 권유라기보다 반강제였습니다. 나는 지원병도 정규병도 될 마음이 추호도 없었습니다. 더 이상 일본을 위해 나를 희생하고 싶지 않았던 겁니다. 그 어떤 말로 설득하려 해도 거절했습니다. "자네를 위해, 나라를 위해 권하는 것을 모르겠는가? 이 멍청한 자식아!" 하고 욕을 퍼붓는 것을 마지막으로 두 번 다시 방으로 불려가는 일은 없었습니다.

5월 21일 밤, 청년학교 수료증을 머리맡에 두고 생각을 이어갔습니다. 이 수료증은 말하자면 일본군에 사전등록을 한 것입니다. 내가 탄광 탈주자임을 숨기는 한, 가짜 가네무라가 나를 계속 따라다니고, 그 가네무라에게는 청년학교 수료라는 꼬리표가 계속 따라다닐 겁니다. 그것들을 잘라낼 도리는 없었습니다. 나는 결국 또 다시 도망갈 수밖에 없다는 결론을 내리게 되었습니다. 부지런히 도망다니면 주소가 불분명해질테고, 설령 소집영장이 나온다고 하더라도 도망다니는 내 뒤를 쫓는 것이니 어느 정도 시간을 벌 수 있을 거라고 생각한 겁니다. 도망가자. 이것 말고 다른 방법은 떠오르지 않았습니다.

세 번째 탈주

다음 날, 나는 피곤하다는 핑계를 대고 작업을 쉬었습니다. 그리고 아침 일찍 입은 옷 그대로 청년학교 수료증만 주머니에 넣고 다타라를 빠져나왔습니다. 일 년 전 오늘, 나는 강제 연행되어 관부연락선의 뱃바닥에 있었습니다. 그리고 일 년 뒤 오늘은 병역을 피하기 위해 도피중입니다. 목적지도 예정지도 없이 기댈 수 있는 것은 운명뿐인 무모한 여행이었습니다. 그래도 탄광 탈주 때보다는 훨씬 마음에 여유가 있었습니다. 나는 망설임 없이 서쪽을 향해 간선도로를 걸었습니다.

관부연락선

일본 지형을 보면 우리나라에 가까운 곳은 서북쪽이라고 판단했기 때문입니다. 쓰야자키에서 다타라로 왔던 길로 돌아가 가시이에서 서쪽 방향으로 간선도로에 들어섰습니다. 5월의 해가 중천에 떴을 즈음에 한 면을 까맣게 칠한 기분 나쁜 다리를 만났습니다. 난간 기둥에는 나지마 다리(名島橋)라고 새겨져 있었던 걸로 기억합니다. 다리 아래로 물이 흐르는지 멈췄는지 분간이 가지 않는 것은 가라쓰의 오시마 다리와 같았는데 그곳은 바다와 가까운 듯 했습니다.

도중에 몇 사람인가 나이든 부인들과 마주쳤는데, 모두 예의 바르게 인사를 하며 지나가는 것을 보고 마음이 놓였습니다. 나라가 전쟁통인데다가 위정자들이 부패를 일삼아도, 국민들 하나하나가 일상에서 예의바름을 잃지 않고 생활하고 있다는 사실에 마음이 편안해졌습니다.

일본에 대한 적대감으로 가득 차 있던 나는 한방 크게 얻어맞은 것 같았습니다. 아무리 불합리한 세상이라도 나는 나대로 도리를 지키는 인간으로 살고 싶다고 새삼 생각했습니다.

나지마 다리를 건너자 소나무 숲길이 나왔습니다. 이상했던 것은 모든 소나무의 줄기 조금 윗부분이 V자 모양으로 예리하게 잘려져 있고, 그 아래에 빈 깡통을 끈으로 매달아 놓은 것입니다. 깡통을 들여다 보니 송진이 흘러 들어가 있었습니다. 기름 부족으로 이런 소나무마저도 전쟁의 무참함을 겪게 된 것입니다. 쓰야자키를 뜬 것은 도쿄 대공습이 계기였지만, 이 무렵에는 이곳 규슈에도 B29라는 대형 폭격기가 자주 날아와 폭격을 가했습니다. 미국의 잠재력에 다시금 놀라고 일본의 무력함을 한탄할 수밖에 없었습니다.

자기 마음대로 나라의 중대사를 주무른 위정자들을 추종한 일본 대중에게 그야말로 벌이 내려진 것이라고 생각했습니다. 잘못된 판단을 무턱대고 따르는 것은 나라를 망하게 하고 우리를 갉아먹을 뿐입니다. 인간으로 태어난 이상, '나는 인간이다' 라는 주체성이 반드시 있어야 한다고 생각합니다. 나는 필사적으로 내 주체성을 가지고 살고자 했습니다. 전쟁과 평화도 하느님이나 부처님이 주는 것이 아니라 인간이 만들어낸 것입니다. 한 발 잘못 내디디면 캄캄하고 비참한 세상 속으로 떨어진다는 걸 알게 된 것이 그때 길 위에서 얻은 유일한 깨달음이었습니다.

소나무즙의 기억

이상한 숲길은 1킬로미터 이상 이어졌던 것 같습니다. 몇 년 뒤에 알게 된 것인데, 그곳은 하카타의 하코자키(箱崎) 도로였습니다. 숲길 옆으로 홀연히 하늘을 향해 높이 치솟은 거대한 불상이 나타났습니다. 받침돌이 사람 키를 넘고 잘 닦인 돌층계를 오르면 대좌의 지반인데, 그곳은 어른 서너 명이 옆으로 줄지어 서도 충분히 걸을 수 있을 만큼 큰 원형 대좌였습니다. 그 대좌를 중심으로 할머니 한 분이 염주를 들고 무언가를 읊으면서 돌고 있었습니다. 그 부처상 그늘에 어린 아기가 다리를 아무렇게 늘어뜨리고 눈을 꿈뻑거리며 누워있었습니다. 비쩍 마른데다 눈 주위가 퀭하고, 이상하다 싶을 정도로 배가 불룩 나와있던 그 아이는 누가 봐도 영양실조라는 걸 알 수 있는 상태였습니다.

앞에서도 말했지만 나는 가난한 농부의 자식으로 태어났습니다. 가난하긴 했지만 기아상태가 될 정도로 음식이 부족하진 않았습니다. 오늘 아침에도 밥을 잔뜩 먹을 수 있는 입장이었습니다. 태양이 정수리 위로 떠올랐을 때이니 점심시간이었습니다. 할머니는 아이를 올려둔 받침대 주변을 돌기만 했습니다. 그냥 지나치려고 했지만 왠지 죄를 짓는 것 같은 기분이 들어 발걸음을 돌렸습니다. 하지만 나도 빈손인지라 그 아이에게 줄 것이 아무것도 없었습니다.

그 아이를 보면서 잊고 있었던 옛 생각이 났습니다. 어린 소나무 가지 끝을 꺾어 껍질을 벗겨 두루마리 모양으로 만들어 씹으면 솔향과 함께 달콤한 맛을 느낄 수 있었던 것을 말입니다. 장난꾸러기 시절 친구와 함께 담쟁이 뿌리를 파서 씹기도 하고 가시나무 새싹을 꺾어 껍질을 벗겨 먹기도 했습니다. 이 숲은 어디를 봐도 소나무뿐, 다른 초목은 없는 것 같았습니다. 그러니 당연히 어린 소나무를 찾는 것 외엔 다른 방법이 없었습니다. 잘 자란 어린 소나무를 찾아 가장 위에 있는 마디의 툭 튀어나온 부분을 꺾고, 붙어있는 작은 가지를 정리합니다. 그리고 그걸 다시 두 개로 꺾어 양손에 쥐고 받침돌 위에 있는 아기 앞에 섰습니다. 바나나 껍질을 까듯이 소나무 껍질을 벗기고 두루마리처럼 말아 한 개를 입에 넣고 다른 한 개는 아기에게 쥐어 주었습니다. 나는 그 아이의 반응은 신경쓰지 않고 하모니카를 부는 것처럼 그 가지에 입을 대고 이빨로 갈아 일본 소나무의 맛을 봤습니다.

5월 끝자락이 되면 초목은 모두 수분을 잔뜩 머금고 영양이 꽉 차게 됩니다. 일본 소나무도 고향의 소나무와 다르지 않았습니다. 떫은 맛에 달콤함이 더해진데다 수분까지 꽉 차 있어서, 오랫만에 어린 시절로 돌아간 것 같았습니다. 내 어린 시절은 가난하기도 했지만 전쟁이라는 비참한 상황이 겹쳐져 달콤한 음식은 거의 찾아볼 수가 없었습니다. 그래서 주변에 있는 것들 중에서 단 맛이 나는 것을 찾아다녔던 것입니다. 내 어린 시절을 떠올려보니 이 아이가 애처롭기 그지없었습니다.

잠시 뒤 아이는 나를 따라하더니 그 맛을 느낀 듯, 눈에 활기와 미소가 보였습니다. 마음이 놓였습니다. 그리고 목이 메이고 눈물이 나올 것 같았습니다. 내 인생에서 가장 슬프고 비참함을 느꼈던 순간이었습니다.

이타즈케 비행장 정비원이 되어

어릴적 추억과 감상에 젖느라 잠깐 시간을 지체한 만큼 나는 발걸음을 재촉했습니다. 정수리 위에 있던 태양이 옆으로 조금 기울어진 오후였습니다. 하카타 시내로 들어가 노면 전차길을 따라 역 앞으로 나갔습니다. 하카다역은 내가 처음으로 일본 땅을 밟은 시모노세키 선착장과 마찬가지로 낡은 서양식 건물이었는데, 벽과 기둥을 마구잡이로 시커멓게 칠해놓은 것이 인상적이었습니다. 건물을 보면 도회지같지만 오가는 사람들도 없는, 쇠락해 가는 거리라는 생각을 하며 그곳을 지나쳤습니다.

하카타역에서 뻗어나온 철도 건널목을 지나 마쓰시타라는 마을에 들어갔습니다. 해가 서쪽으로 기울자 마음이 초조해졌습니다. 허리가 직각으로 구부러진 할머니가 도로 옆 논두렁에서 괭이질을 하고 있었는데, 한번 허리를 폈을 때 눈이 마주쳤고 누가 먼저랄 것도 없이 눈인사를 나누었습니다. 이 인사를 계기로 나는 이 마쓰시타 바로 동쪽으로 비행장이 있다는 것을 알게 되었습니다. 할머니가 비행장에 합숙소가 몇 군데 있는데 일꾼들은 거의 다 반도인(조선인)이라고 들었으니, 거기에 가면 일자리를 구할 수 있지 않겠느냐고 귀띔해 준 것입니다.

할머니에게 고맙다는 인사를 하고 비행장을 향해 갔습니다. 해질 무렵 비행장에 도착했더니, 주변엔 풀이 무성히 자라 있고 철조망도 없는 무방비상태의 비행장이었습니다. 그래도 입구에는 문짝이 달려있고 양쪽에 경비병이 서있었는데, 그 안쪽엔 창고같은 목조 건물이 줄지어 있었습니다. 거기에서 반바퀴 정도를 돌아간 곳에 합숙소 서너 채가 서있었고, 나는 그곳에 정착하게 되었습니다. 그곳이 이타즈케 비행장(현 후쿠오카 공항)으로, 합숙소는 히라야마 반이었습니다. 이 날이 1945년 5월 23일, 딱 일 년 전 오늘 탄광에 도착했었지요.

히라야마 반은 비행장, 즉 활주로 주위를 정비하는 일을 했습니다. 활주로라고는 해도 넓은 운동장 같은 곳이었는데 포장이 되어있는 것도 아니었고, 활주로와 그 주변이 확실히 구획된 것도 아니어서 되는대로 이착륙을 하는 비행장이었습니다. 그리고 이착륙하는 비행기도 적어서 상주하는 비행기는 네 다섯 대 밖에 없었습니다.

그 무렵, 일본의 동맹국인 독일이 미국과 영국, 소련 등의 연합국에 항복했다는 소문이 전해져 왔습니다. 독일이 항복했다는 소문을 들었을 때 드디어 올 것이 왔구나 하는 느낌이었습니다. 일본이 가장 의지했던 동맹국 독일의 항복은 일본에게 최악의 사태일 것이며 심각한 문제일 거라고 생각했습니다. 나 자신에게도 독일의 항복은 갑자기 닥친 풀기어려운 숙제였습니다. 일본의 항복이 코앞에 닥치자, 조선인이면서 일본 국적이라는 모순을 지닌 채 막다른 길에 다다른 나로서는 어떻게 처신해야 할지가 가장 큰 문제였던 겁니다.

그 모순을 만들어낸 원흉은 일본입니다. 대전국인 영미 등의 나라들은 일본의 침략행위 자체는 알고 있다고 해도 조선인에 대한 억압을 알 리가 없을 거라는 생각이 들었습니다. 나는 승전국인 상대가 진실을 파헤치지 않고, 조선인인 나를 일본인으로 취급하게 될 상황을 걱정하게 되었습니다. 자기들 정부의 악랄하기 짝이 없는 탄압행위에 대해 비판하지 못했던 이 나라 일본의 민심이 생각나 더욱 더 마음이 무거워졌습니다.

조선인 한 명이 처한 고통 같은 걸 신경쓸 수 있는 상황이 아닌 것 같았습니다. 당시 일본은 도의와 선린의식을 상실한 채, 독선적이고 비뚤어진 사회였습니다. 나라를 걱정하고 고향을 사랑하는 것은 민족의 한 사람으로서 태어난 모든 사람이 당연히 가지는 마음이지만, 일본인들은 그걸 넘어 자신의 강한 힘을 과시하고, 약하고 가난한 사람들을 짓밟는 폭거에 눈을 감은 것 또한 사실입니다. 그런 선악을 구별하지 못하는 복종은 인간의 정도에서 벗어날 뿐 아니라, 국가의 존폐로까지 이어지는 위험한 충성이라고 생각합니다. 어떤 혼란과 고통이 있든 인간은 사람으로서의 자각과 절도를 잊어서는 안 될 것입니다. 그것을 잊었을 때 인간 사회는 무너지고 망국의 길로 들어서는 것이죠. 일본이 조선에 대해 저지른 행위는 바로 인간으로서 도의를 저버린 지독한 범죄였습니다. 내가 탄광에서 탈주한 후 우여곡절 끝에 이타즈케 비행장에 몸을 숨겼던 무렵, 일본은 망국의 늪에 빠져 허우적대고 있었습니다. 내가 일본 땅을 밟은 지 꼭 일 년이 되던 때였습니다. '힘' 그리고 세월에는 한계가 있다는 것을 절실하게 느꼈습니다.

이타즈케에 숨어들고 일주일이 채 되지 않은 더운 어느 날, 괴물같은 청년학교 학생 모집반이 이곳에도 들이닥쳤습니다. 어디를 가든 따라오는 군국주의의 집요함에 할 말을 잃을 정도로 두려웠습니다. 그것도 다들 모여있는 점심 시간을 노려서 온 것입니다. 내가 소속되어 있는 히라야마 반 안에 모집 대상이 되는 사람은 나 뿐이었습니다. 지금은 청년학교라는 말만 들어도 분노가 치밀어 오르지만, 어찌됐든 다타라를 나올 때 청년학교 수료증을 가지고 나온 것은 무엇보다도 나의 신분증명에도 도움이 될 것 같았기 때문이었습니다. 다타라에서 탈주한 건 병역을 기피하기 위해서였는데, 일주일도 채 되지 않아 수료증이 내 소재지를 알려준 꼴이 되어 버린 것은 참 얄궂은 일입니다.

다시 몸을 숨기다

모집인에게 수료증을 보여주자 그들은 돌아갔지만, 병역을 피하기 위해 일부러 몸을 숨겼는데 그것이 헛수고가 된 것 같아 안타깝기 짝이 없었습니다. 하지만 그렇다고 쉽게 포기할 수는 없었기에 다시 한번 몸을 숨기기로 했습니다. 그날 밤 히라야마 반장을 찾아가서 탄광을 탈주한 일부터 다타라에서 몸을 숨기게 된 경위와 앞으로 나를 지키기 위해 어떻게 해야할 지에 대한 심경을 이야기했습니다. 소문을 들으니 반장은 다른 사람의 사정을 잘 봐주고 인정이 많다고 했습니다. 그 인정에 매달린 겁니다. 실제로 "우리 아들도 자네와 동갑인 열여덟 살이고 같은 처지일세. 지금은 시즈오카 시골 마을에 숨어있지"라고 비밀스럽게 말해주는 분이었습니다. 그리고 자기 전에 길 떠날 준비를 해두라고 했습니다. 내 호소를 잘 이해해 준 겁니다. 이 분은 대구 사람으로, 내 은인 중 한 사람입니다.

믿음은 갔지만 왠지 불안해서 잠이 오지 않는 밤이었습니다. 히라야마 반장의 부인이 흔들어 깨웠을 때는 같은 방 동료도 아직 깨지 않은 새벽이었습니다. 탄광에서 도망나온 뒤로 새벽에 누가 깨운 것은 처음이었습니다. 반장도 일찍 일어나 무언가 준비를 하고 있는 것 같았습니다. 반장방으로 가니 한눈에 봐도 특별한 밥상이 준비되어 있었습니다. 소박하지만 한 상 가득 음식이 차려져 있었던 겁니다.

나는 별다른 생각 없이 "제사가 있었나요?"라고 물어봤습니다. 그러자 반장은 "그렇게 말할 줄 알았네. 집사람이 자네를 위해서 차린 거라네. 배에 꽉 채우고 가게. 어차피 다리에 의지해 가는 길일 테니 꼭꼭 채워넣어 손해볼 일은 없을걸세" 하며 음식을 권했습니다. 다타라를 나올 때는 야반도주였기 때문에 손에 든 짐 하나 없이 빠져나왔지만, 이곳에서는 주먹밥 꾸러미를 들고 반장님과 부인의 전송을 받으며 길을 나섰습니다.

이런 마음 씀씀이는 일주일도 채 함께 하지 않은 사람에게 베푸는 인정이라고는 도저히 생각할 수 없는 정도의 것이었습니다. 하느님이나 부처님보다 나은, 살아 있는 구세주였다고 지금도 나는 믿고 있습니다. 소문처럼 남을 돌보는 걸 좋아할 뿐만 아니라 진심을 가진 훌륭한 인간, 히라야마 씨가 바로 그런 사람이었습니다. 감격으로 가슴이 뻐근해져서 그저 히라야마 씨의 손을 양손으로 꼭 쥐고 감사의 마음을 전할 뿐이었습니다. 나는 뒤도 돌아보지 않고 등 뒤의 두 부부에게 이별을 고했습니다.

명함 뒤에 써준 약도를 보며 길을 떠났습니다. 이타즈케에서 다케시타 마을로 나와 다자이부(大宰府)를 거쳐 아마기(甘木)로 향했습니다. 목적지는 후쿠오카현의 하키(把木)라는 곳이었습니다. 하키는 후쿠오카현과 오이타 현 사이의 경계가 되는 곳입니다. 스가와라 미치자네라는 유명한 옛 문학자를 기리는 고장인 다자이부에서 아마기 가도를 곧장 잇는 길이 있어서 알기 쉬웠습니다.

길을 걸으며 지났던 곳의 지명은 잊었지만, 그 사이 두세 번 경계경보를 들었을 때는 나무 그늘이나 풀숲 사이에 몸을 숨기고 주변을 살폈습니다. '위잉'하는 사이렌 소리가 들려도 실제로 적기를 보는 일은 드물었습니다. 어찌됐든 엄청나게 높이 떠있어서 파리나 모기 만하게 보일 뿐이었습니다. 저렇게 작은 물건이 어떻게 도시와 비행장, 군사시설을 폭격할 수 있는지 정말 이상하다고 생각했습니다. 그 모기나 파리들이 점찍은 먹이에 반복해 포격을 가하는 무참함을 목격한 것은 그로부터 한 달도 채 지나지 않았을 때였습니다. 그때의 경험은 나중에 자세히 쓰겠습니다.

나는 일분일초라도 빨리 목적지에 도착하려고 걸음을 재촉했습니다. 다치아라이(大刀洗)라는 비행장이 있는 곳에 도착한 때가 점심이 지난 오후 두 시 무렵이었습니다. 비행장의 주둔지를 지나 길에서 떨어진 잡목림 아래에서 주먹밥을 먹었습니다. 웬만해선 길을 묻지 말라고 히라야마 씨에게 주의를 받아서 물을 얻으러 가지 못하고 비행장 주위를 흐르는 작은 냇물을 두 손으로 담아 마셨습니다. 수상한 놈으로 보여선 안 된다는 생각에 주먹밥을 먹을 때도 물을 마시러 갈 때도 마치 도둑이라도 된 듯 조심스럽게 행동했습니다. 배도 채웠으니 다시 서둘러 발걸음을 옮겼습니다.

열 두세 살 때 혼자서 하루 밤낮 길을 나섰던 적이 있습니다. '곰의 위'라는 약을 외숙모에게 전해드리러 가는 길이었습니다. 우리 고향은 황해도 곡산인데, 외숙모가 있는 곳은 강원도 수원의 산골이었습니다. 삼촌께서는 고생 끝에 돌아가시고 외동아들인 재용이가 병으로 고생하고 있었습니다. 재용이는 나보다 서너 살 많았는데 병명은 모르고 내가 징용으로 일본에 오기 전인 1943년에 스무 살이 되자마자 죽었습니다. 그를 위해서 산을 넘어 백삼십 리 약 52 킬로미터를 걸어간 것입니다. 떠나기 전에 아버지께서는, 길을 걸을 때 자갈을 피해서 걸어야 하고, 산에 오를 때는 지팡이 삼을 것을 찾고, 내려갈 때는 나뭇가지를 잡으라고 주의를 주셨습니다. 자갈을 밟으면 발이 빨리 지치고, 산길을 오를 때는 가슴에 부담이 가는데 지팡이를 짚으면 그 부담이 줄고, 언덕을 내려갈 때 나뭇가지를 잡고 내려오면 발이 미끌어지는 것을 조금이라도 막아주기 때문입니다.

그 길은 오르막도 내리막도 없이 평탄한 자갈길이었지만, 어릴 적 아버지의 말씀을 잊지 않고 돌멩이는 가능하면 밟지 않도록 신경을 썼습니다. 그렇게 하기 위해서는 우선 전방에 주의를 기울여야 합니다. 지나고 생각해보니 인생을 살아가는 데도 걸맞는 교훈이라는 생각이 들어 감탄했습니다.

한 시간 조금 못가 아마기라는 읍내를 지나쳤습니다. 읍내라는 말이 무색할 정도로 상점 하나 없이 시커멓고 낡은 일본 전통 건물이 늘어서 있을 뿐이었습니다. 금새 아마기를 빠져나와 한쪽은 밭이고 한쪽은 모내기를 한 논이 이어진 길이 나왔습니다. 경사진 지형에 끼어 흙먼지가 풀풀 날리는 길이었습니다. 도로보다 낮은 곳은 논이었고, 높은 곳은 감자, 오이, 가지, 옥수수 잎들이 푸른 색으로 출렁이는 밭이었습니다. 논밭은 여느 때처럼 사람이 살아가는데 없어서는 안 될 식량을 만들어 내고 있었습니다.

그러나 우리 조국 조선의 농사꾼은 논이 있어 쌀농사를 지어도 손에 남는 것 하나 없는 비참한 백성이었습니다. 쌀이며 보리 그리고 콩까지, 주식이라고 할 수 있는 곡물은 공출이라는 미명하에 생산량의 70~80%를 돈 한 푼 받지 못하고 착취당하기 때문입니다. 앞서 말했듯 추석, 설날 말고는 쌀밥을 먹을 수 없었던 이유를 이해할 수 있을 거라 생각합니다. 이 길가의 논밭 주인인 당시 일본 사람들은 어떤 처지일까 하는 생각을 하면서 걸음을 재촉했습니다. 뒤쪽 아마기 방향에서 경계경보가 크게 울렸습니다.

이 무렵에는 경계경보가 하루에도 서너 번씩 울리는 것이 흔한 일이었기 때문에, 경보가 울려도 경계하지 않고 평상시처럼 걸었습니다. 무슨 일이든 익숙해지는 것은 실패와 연결되기 쉽상인 것 같습니다. 어차피 어딘가에 있을 군사시설 파괴를 목적으로 한 비행일테니, 길을 가는 한 사람한테까지 해를 입힐 것이라는 염려는 없었던 것입니다.

드럼통 비

그러나 경보소리에 이어 그때까지 경험한 적 없는 진동을 느꼈습니다. 소리가 나는 곳은 하늘일 텐데 땅 밑에서 무언가 솟구쳐 올라오는 것 같은, 지축을 뒤흔드는 공포를 유발하는 울림이었습니다. 예상치 못한 일에 전율을 느끼면서 하늘을 올려다 보니, 셀 수 없을 만큼 많은 비행기가 하늘을 뒤덮고 있었습니다. 그 순간 간이 떨어질 만큼 놀라 근처 가지 밭으로 기어가 바짝 엎드렸습니다.

그 비행기 무리는 무수한 흑점을 뱉어냈는데, 그것이 점점 커지면서 넓게 퍼져나가더니 땅으로 떨어져 내리는 겁니다. 나는 숨을 죽이고 그 장면을 바라보았습니다. 주위의 논밭이며 들, 산에 딱히 목표를 두지 않고 마구 떨어져 내렸습니다. 멀리 보니 논에 떨어진 그 물체는 떨어지면서 물보라를 살짝 일으켰습니다. 그것들은 폭발하지도 않았고 낙하음도 없었습니다. 주변은 섬뜩하리만치 고요했습니다. 마지막 물체가 산 저편으로 떨어지는 것을 보고 나는 벌벌 떨며 가지밭에서 기어나왔습니다. 정말 순식간에 일어난 일이었는데, 공습경보도 울리지 않았고 일본 비행기가 뜨는 일도 없었으며 소방차가 모습을 보이지도 않았습니다.

공포심이 가라앉은 후에, 주변을 둘러보니 인적이 없어서 나 혼자 본 일인가 하는 생각에, 실없는 기분마저 들었다는 걸 기억하고 있습니다. 나를 공포에 떨게 한 그 물체는 대체 무엇이었을까? 확인하지 않고는

1945년 6월 1일 오사카대공습(미육군항공대촬영, 산케이신문 2015년 3월 8일)

못배길 것 같은 흥분에 사로잡혀 마음 급한 여행길이라는 것도 잊은 채 가장 가까운 곳에 떨어진 물체를 향해 다가갔습니다. 갑자기 엄청난 소리를 내며 폭발하지는 않을까 하고 거의 기다시피 가서 확인했을 땐 정말 어이가 없었습니다. 그렇게 전율과 공포에 떨게 한 물건의 정체는 바로 드럼통이었던 겁니다. 그래도 혹시 몰라 조심스럽게 드럼통에 다가가 보니 부드러운 논바닥에 박히지도 않고 물 위에 뜬 것처럼 살짝 기울어져 있었습니다. 짙은 감색으로 칠해진 반짝반짝 빛나는 새 통이었습니다.

자세히 관찰해 보니 비행기의 빈 연료통이 틀림없는 것 같았습니다. 거의 같은 범위 안에 몇 십 개나 떨어진 것을 보면 그들은 명령을 받고 떨어뜨린 것 같았습니다. 요즘엔 공중급유로 장거리를 비행하지만, 당시는 아직 그런 기술이 발달한 단계는 아니었던 것 같습니다. 당시 일본군의 총은 단발식이었는데, 듣기로는 미군의 총은 연발총인데다가 굉장히 작다고 합니다. 비행기도 B29라고 해서 엄청나게 큰 대형기였습니다. 그렇게 발달된 무기를 갖고 있어도 공중급유까지는 그 기술이 미치지 못했던 것 같습니다.

전쟁은 물자와 용감한 정신력을 필요로 하지만, 일본군에게 있었던 것은 정신력뿐이었습니다. 물자는 부족하고 노동력까지 바닥난 상태였습니다. 우리 조선인을 인적 자원으로 가져다 쓰고도 부족해서, 자기 나라의 재산이며 보물인 소년소녀까지 노동에 강제 동원하는 비정하기 짝이 없는 전쟁을 계속한 것입니다. 그 비정한 전쟁도 이 무렵 하루가 다르게 늘어나는 적기의 공격을 보면, 더 이상 계속되기 힘들 것 같다는 생각이 들었습니다. 일본의 항복이 멀지 않았다고 느끼면서도 안전을 위해 최선을 다할 수밖에 없었습니다. 예상치 못한 일과 만나 딴 짓을 한 탓에 목적지인 하키에 도착했을 때는 태양이 이미 서쪽으로 완전히 넘어간 뒤였습니다.

구니모토 반은 하키 큰길에서 30분 정도 떨어진 약간 높은 산자락에 합숙소가 있었습니다. 한눈에도 합숙소의 분위기를 느낄 수 있는 건물이었습니다. 한 가지 다른 점은 전등에 검은 천을 덮지 않아 밝은 빛이 그대로 보인다는 것이었습니다. 탄광 합숙소와 같이 안쪽이 깊었고 한 가운데가 있는 통로 양 옆에 다다미가 깔려 있었는데, 그곳이 이른바 토방이었습니다. 반장 구니모토 씨는 작은 몸집에 신사같은 분위기를 풍기는 차분한 사람이었습니다. 내가 히라야마 대장의 소개장을 내밀자, 그가 먼저 자기소개를 해주었습니다.

그의 고향은 경상남도 진주라는 곳이고 전주 이씨라고 했습니다. 젊을 때 일본에 와서 어느 공사장에서 히라야마 씨와 함께 일했던 인연으로, 30년 넘게 상부상조하는 사이이니 안심하고 여기 있으라는 말을 듣고 그 두터운 인정에 크게 감동받았습니다. 이곳도 하얀 쌀밥은 양껏 먹을 수 있었는데, 탄광에서 나온 이후 어디에 가든 흰 쌀밥이 끊기지 않은 걸 보면 인복과 먹을 복만큼은 따라주는 도망길이었습니다. 하키에 와서 딱히 힘든 점은 없었지만, 탄광 탈주와 병역기피를 위한 도피에 더해 점점 다가오는 일본의 항복을 생각하면 새로운 걱정이 늘어 마음 편한 날이 없었습니다.

처음 타보는 기차

전쟁 당사국 국민인 일본인이라면 전승국 행정에 복종하는 것이 당연한 일이겠지만, 나처럼 조선인이지만 일본 국적을 갖는 모순된 입장에 놓인 사람은 대체 어떻게 되는 것인지, 어떻게 해야 하는지, 이런 걱정들이 시시각각 중대한 문제로 다가오고 있었습니다. 자기가 속한 국가의 운명에 따라 나는 어떤 선택을 해야 무사할 수 있을지 고심에 고심을 더하는 날들이었습니다. 하키에서 하는 일은 다타라에서처럼 방공호를 파는 일이었는데, 반장의 배려로 구니모토 반의 작업 진행을 집계하는 사무적인 일을 맡게 되었습니다. 그 와중에 그것만이 유일한 구원이었습니다. 속마음은 고통스러운 싸움의 연속이었지만 겉으로는 편안한 날들이었습니다.

하키에 와서 반 년 정도 지났을 무렵, 하카타 시내가 완전히 불타버렸다고 구니모토 대장이 이야기해주었습니다. 하키에는 공습이 한 번도 없었지만, 하카타는 날마다 경계경보가 울리는 것에 익숙해질 정도였다고 합니다. 공습 이야기를 들은 다음 날, 나는 곧장 하카타로 향했습니다. 단 일주일간 같이 지냈던 나를 마치 당신 자식처럼 챙겨주신 히라야마 씨 소식을 두 눈으로 직접 확인하고 싶었기 때문입니다.

그때 나는 일본에 온 이래 처음으로 일본 기차에 탔습니다. 각 역마다 정차하는 완행이었지만, 걷는 것에 비하면 몸도 편했고, 스쳐지나가는 마을과 전원 풍경을 구경하다가 어느 새 하카타에 도착한 듯했습니다. 흐릿한 기억이지만 분명 6월 20일이 지난 어느 날이었다고 생각합니다.

하카타 역의 전 정거장인 다케시타 역에서 내렸는데, 다케시타 역은 참변을 피한 걸로 보였습니다. 비행장과 접해 있는 곳만 공습의 흔적이 약간 남아있었습니다. 이타즈케 비행장에 도착했을 때 공습의 비참함을 직접 목격했습니다. 바로 한 달 전에 처음에 왔던 위병소와 그 안쪽에 줄지어있던 목조 건물이 검게 그을려 말라죽은 나무처럼 되어 있었습니다. 그것을 보면서 히라야마 반을 향해 가는데, 백 미터씩 거리를 두고 도로 한 켠으로 폭탄이 떨어져 구멍 두 개가 생겼고, 그 주변에 잡초가 타서 노랗게 변해있는 겁니다. 나는 점점 불안해져서 달리기 시작했습니다.

히라야마 반도 다른 합숙소도, 나무숲을 등지고 있던 건물은 다행히 무사히 남아있었습니다. 한 달만의 재회였지만, 몇 년만에 다시 만난 것 같은 감동이었습니다. 서로 양손을 포개고 눈물 짓는 재회였습니다. 만약 고향에 계신 아버지를 다시 만나게 된다면 이보다 더한 감동일 것이라는 생각이 들었습니다. 히라야마 반이 무사한 것을 보자 내가 구원받은 것처럼 느껴졌습니다. 점심 때 히라야마 씨는 "하카타 시내에 나가보게. 비행장과는 차원이 다른 전쟁의 참상을 보게 될 걸세. 공습은 사흘 전인 19일 밤이었는데, 지금도 공습 받은 모습 그대로 있어. 도저히 손을 쓸 수 없는 상태라네" 하고 말했습니다. 나는 그렇지 않아도 공습의 흔적을 보고 싶었기 때문에 서둘러 나가보았습니다.

공습의 실태, 전쟁의 허무함, 비참함이 끝도 없이 펼쳐져 있었습니다. 시신은 수습한 것 같았지만 건물도 주택도 도로도 전신주도, 모든 것이 불에 타 붕괴되고, 천지개벽을 한 모습으로 사흘이 지난 지금까지도 여기저기에서 남은 불씨가 타오르고 있었습니다. 폭탄을 얼마나 떨어뜨리면 이렇게 되는 걸까, 이 어마어마한 파괴를 눈으로 보자 비참함을 넘어 온몸에 소름이 돋고 간이 쪼그라드는 것이 느껴졌습니다.

어렸을 때 친구 대여섯이 모이면 마을 뒷산에 올라가 전쟁놀이를 하곤 했습니다. 어른이 계시는 곳에서 놀면 야단을 맞기 때문에, 어른을 피해서 뒷산을 휘젓고 다니며 네 편 내 편 없이 상대방에게 팔을 총 삼아 쭉 내밀어 '빵빵' 하고 소리를 내며 쏘는데, 소리를 늦게 내는 쪽이 쓰러지면 지는 단순한 놀이였습니다. 그런 놀이를 어른들이 왜 싫어하는가 하면, 아무리 놀이라고 해도 사람을 죽이는, 그 정신이 안 된다는 것입니다. 그러나 아이들에게 그런 말이 먹힐 리 없죠. 아이들은 나름대로 머리를 굴립니다. 해서는 안 되는 전쟁 놀이. 그걸 왜 숨으면서까지 해야 했는지, 아마 총 맞고 쓰러지는 사람을 보고 느끼는 우월감이었던 것 같습니다. 그러나 그 우월감은 어디까지나 아이들의 놀이이고, 어른이 되어서까지 그런 마음을 가져서는 안된다고 생각합니다. 어린시절의 치기어린 정신이 옳고 그름의 판단없이 어른이 되어서도 유지된다면 잘못된 사상에 휘말리기 쉽다고 생각합니다.

　　당시 일본 군국주의의 정점에 있던 사람들은 분별력을 완전히 잃었다고 밖에 생각할 수 없습니다. 그 대가가 침략전쟁으로 이어지고, 급기야 자기 국토를 초토화시키기에 이르렀습니다. 붕괴된 하카타 시내 한 복판

1945년 6월 19일 후쿠오카 대공습 후 다카라야백화점 옥상에서 찍은 사진(일본총무성)

에서 든 생각입니다.

그로부터 40년이 지난 지금까지도 잊을 수 없는 기억 하나가 있습니다. 초토화된 하타카 시내에 들어가서 목이 말라 물을 찾으려고 둘러보니, 국민학교 책상에 물을 올려놓고 한 홉에 50전에 팔고 있었는데, 당시로는 상당히 비싼 가격이었지만 그걸 사먹은 일이었습니다. 40대 전후의 중년 남자였는데, 돈을 주고 물을 사마시면서 마음 속으로는 '이런 놈이 있으니까 전쟁에서 지는 게 당연하지'라는 생각이 들었습니다. 같은 마을 사람들이 불에 타서 죽고 자기가 살고 있던 거리가 불에 타 폐허가 되었는데 돈을 받고 물을 팔다니, 왜 이런 놈에겐 폭탄이 떨어지지 않았나 하고 생각한 것이 그날의 기억들 중 하나입니다.

인정과 박정이 뒤섞여 있는 이 세상, 사는 게 무엇인지 의문을 갖게 만드는 풍경이었습니다. 만세일계*든 신풍*이 불든 전쟁은 살아 움직이는 생물입니다. 살아남을지 사라질지 선택의 여지가 없는 것이 전쟁인 것입니다. 보란 듯이 다른 나라를 침략하고 전쟁을 확대해 가는 것은 광기 이외의 그 무엇도 아닙니다. 전쟁을 일으킬 용기가 있다면, 일으키지 않을 지혜도 있을 터입니다. 일본이 항복하고 몇 년 뒤에 우리 조국에서도 한국전쟁이 일어났습니다. 누가 먼저 시작했든, 전쟁을 했다는 것 자체가 용기도 지혜도 잃어버리고 그저 동물적인 투쟁심만이 남아 있는 것이라고 나는 생각합니다. 이성이 있고 지혜가 있었다면 같은 민족끼리 전쟁은 피할 수 있었을 겁니다.

일본 패전 후 40년, 고향으로 돌아가려고 했으면 쉽게 갈 수 있었습니다. 그러나 고향으로 돌아갈 의지도 없었고, 북에 고향을 두고 남한에 발을 들여놓는 것도 나 스스로가 용서할 수 없었습니다. 같은 민족끼리의

* 천황의 혈통이 단절된 적이 없다는 주장.
* 신이 바람을 일으켜 일본을 지켜준다는 믿음.

전쟁에 아무것도 할 수 없었던 나약함을 안고 갈 수는 없었던 겁니다. 전쟁이라는 건 모든 것에 그림자를 드리우고, 모든 것을 빼앗아갑니다. 내 인생의 가장 빛났을 시기를 일본 군국주의에 빼앗겼습니다. 두 번 다시 되돌아오지 않는 시간입니다. 신이라고 하더라도 인생을 빼앗을 권리는 없습니다. 그런데 그것을 아무렇지도 않게 빼앗아간 겁니다. 한 번도 아니고 두 번이나 전쟁의 잔혹함을 깨닫는 사람이 되고 말았습니다. 이런 삶은 나 혼자 겪었으면 합니다.

세상에 인간이 존재하는 한 싸움은 끊이지 않을 것이고 침략과 멸시도 그치지 않을 거라고 생각하니, 인간의 희망이라는 것이 말할 수 없이 슬퍼졌습니다. 불타버린 하카타의 사람들도 나름대로 희망을 갖고 살아왔을 겁니다. 그런데 소중하게 품어왔던 희망이 하룻밤 만에 사라졌습니다. 침략하는 사람도 침략을 당하는 사람도 원통한 심정이 되게 만드는 폐허였습니다. 나는 그 아비규환의 모습을 가슴에 담고 하키로 돌아왔습니다.

삼백 엔에 사들인 정보

누구라도 아비규환의 광경을 보면 의기소침해지는 것이 당연하겠지만, 그렇다고 그저 넋 놓고 있을 수만은 없었습니다. 코앞에 닥친 일본 항복에 어떻게 대처해야 할 지, 매일 고민하는 날들이었습니다. 일본의 항복에 대한 정보를 모으려고 했지만, 당시 신문이나 라디오에서 나오는 보도는 일본 내 공습 상황도 해외 정황도 자세히 다루지 않았고, 일본이 승리할 것 같은 분위기를 풍기면서 패전의 정보는 조금도 흘러나오지 않았습니다. 감당할 수 없을 만큼 초조해져서 생각조차 할 수 없었던 어느 날, '유키'(結城)라는 이름을 가진 치아 기공사가 잠깐 와서 머물렀습니다. 나는 윗니가 벌어져서 평소에 항상 불편함을 느꼈기 때문에 금니를 박아 넣는 것을 부탁했고, 짧지만 서너 번 그와 만나면서 상당히 참고가 될 만한 정보를 얻을 수 있었습니다.

그 대신 금니 두 개에 당시 돈으로 300엔이라는 거금을 지불했으니, 엄청나게 비싼 값에 전 재산을 털어 넣은 겁니다. 어차피 돈은 돈일뿐, 불편했던 치아도 고치고 정보도 얻을 수 있으니 일석이조라고 생각한 끝에 신중하게 내린 결정이었습니다. 이때 아무리 정보를 사기 위해서라고 해도 전 재산을 쏟아 부은 것은 너무나 무모한 짓이었습니다. 그로부터 약 한 달이 지나고 종전 직후 고향으로 돌아가기 위해 하카타 항구로 나갔을 때, 부산행 뱃삯이 100엔인데 가진 돈이 70엔밖에 없어서 부족한 30엔을 벌기 위해 떠돌아 다닌 것이 내 인생의 발목을 잡고 말았던 것입니다. 자기의 숙명을 일본에 책임을 떠넘기려는 건 아니지만, 두번 다시 돌아갈 수 없는 내 청춘의 날들을 빼앗은 그 죄에 대해서는 보상받고 싶습니다. 평생 풀릴 것 같지 않은 이런 원한을 품은 채로 일본에서 살아가는 처지가 된 운명은 참으로 얄궂었습니다.

그래도 유키라는 떠돌이에게 사들인 정보는 내 가슴을 뛰게 하는 것이었습니다. 하키에 와서 한 달 뒤의 일인데, 영미를 주축으로 한 연합군이 이미 이오지마*라는 섬에 상륙했고 곧이어 오키나와도 점령했으며 그 다음은 일본 본토를 점령할 것이라는 겁니다. 석 달 내, 8월이나 9월에 틀림없이 일본은 항복할 수밖에 없게 된다는 정보였습니다. 그러한 정보는 일본 내 공습 상황을 목격한 내 예상과도 딱 맞아떨어졌습니다.

그러나 이런 사태를 일본 국민들은 아는지 모르는지 후방 수비와 충성 보국에 쫓겨 생각할 여력이 없었던 것 같습니다. 군국정치에 속고 길들여진 민중들만 암흑 속에서 학대당했다고 생각합니다. 그때 얻은 정보는

---

* 이오지마(硫黃島)는 오가사와라(小笠原) 제도에 있는 화산섬으로, 1945년 2~3월까지 치열한 전투를 벌인 곳이다. 지상전이 벌어진 최초의 장소이며, 이오지마를 점령함으로써 연합군의 승리가 확실시되었다.

이오지마를 점령한 미군들이 성조기를 세우는 장면

신중하게 남에게도 이야기하지 않고, 가슴에 담아둔 채 일본이 항복하면 어떻게 대응해야 할 지 고심했습니다. 여하튼 이 금니가 300엔의 가치가 있다는 건 확실했지만, 이 일로 내 인생이 크게 어긋난 것은 평생 후회하는 일이 되었습니다.

  장마가 걷히고 뜨거운 땡볕이 쏟아지던 7월의 어느 날, 저녁 식사 후에 일어난 일이었습니다. 어떤 검은 낙하물에 아마기의 비행장이 공습을 당한 것입니다. 하키 거리에 경계경보가 발령되고 곧이어 공습 경보도 울리지 않은 채 슈웅, 쾅 하는 소리가 나더니 쿵하고 지금까지 들어본 적 없는 낯선 소리가 울려 퍼졌습니다. 예삿일이 아닌 것 같은 분위기가 덮쳐왔습니다. 너나 할 것 없이 합숙소 뒤편 언덕으로 올라갔습니다. 이미 어두워진 건너편 시야 아래로 무시무시한 공습이 시작된 것입니다. 셀 수 없이 많은 비행기가 초 단위로 연이어서 공격을 퍼부었습니다. '슈웅

슈웅' 하는 울림은 비행기가 지상에 닿을 것처럼 가깝게 접근하는 소리인데, 그 순간 폭탄을 떨어뜨리는 겁니다. 다음 순간 금속 마찰음과 함께 쿵 소리가 나면 불꽃놀이때처럼 불꽃이 작열합니다.

공습을 당한 사람들은 아비규환이었겠지만, 멀리 어둠 속에서 바라보는 사람들에게 그건 단순한 구경거리에 불과했고, 현실로 와닿지는 않았습니다. 불꽃이 흩어질 때마다 '우와'하고 환성이 들려왔습니다. 그 소리를 들으면서 저 작열하는 불꽃을 일본 구석구석 모든 사람에게 보여주고 싶은 마음이었습니다. 정의 없는 전쟁의 끝을 확인시켜주고 싶었기 때문입니다. 직접 공습을 당한 사람들은 사지가 떨어져 나가고 화상으로 온몸이 짓무르고 시커멓게 그을리겠지요. 생명을 부지한다고 해도 평생 공포에 떨게 될 겁니다. 그러나 우리처럼 시원한 언덕 위에서 그 모습을 바라보는 입장이 되거나, 그런 지옥도를 직접 보지 않고 종전을 맞은 사람들은 전쟁의 참모습을 모르는 채 끝날 거라고 생각하니 한 가닥 슬픔이 남았습니다.

전쟁을 모르는 세대는 차치하고서라도, 전쟁의 참모습을 아는 체험자는 1980년대가 되면 옛날 사람이 되어버려 그들의 숫자도, 그들에게 남겨진 날들도 점점 줄어들게 되겠지요. 나의 전쟁 체험은 미미한 정도이고 전쟁의 잔혹함, 공포, 슬픔을 체험한 사람은 셀 수 없이 많을 겁니다. 그러나 조선인이 당한 굴욕과 박해에 대해 아는 사람은 많지 않을 것 같습니다.

조선총독부의 만행

조선 왕정을 무력화시키는데 성공한 일본은 경성에 조선총독부를 설치했습니다. 총독부는 조선 왕정을 대신해 조선을 통치하는 침략정부를 말합니다. 총독부가 처음에 손을 댄 것은 조선의 모든 토지를 측량하는 것이었습니다. 그때까지 조선 민중은 자급자족을 하고 있었기 때문에 토지의 경계가 확실하지 않았습니다. 측량을 해서 유휴지나 공터 등은 모두 일본이 국유지화 했습니다. 다시 말해 토지를 강탈한 셈이지요.

그리고 내가 세상을 막 알기 시작한 어린아이였을 때 창씨개명이라고 해서 선조 때부터 내려온 성을 일본식으로 바꾸게 되었습니다. 초등학교 4학년 때, 국어인 조선어가 금지되고 일본어가 국어가 되었습니다. 토지의 사취는 어른의 문제였지만, 창씨개명이나 조선어 사용금지 등은 어린 마음에도 굴욕적인 감정을 차오르게 만들었습니다. 서러움이 증오로 옮겨가는 건 어려운 일이 아니었습니다. 식민화에 성공한 대일본제국은 인간에 대한 예의를 상실하고 사람을 사람으로 인정하지 않는, 인간이 아닌 길을 걸었습니다.

물건을 뺏는 것이라면 참을 수도 있습니다. 하지만 몸과 마음에 대한 박해는 치유할 방법이 없습니다. 같은 인간이라면 누구나 느끼는 동변상련의 마음이 그들에겐 단 한 조각도 없었습니다. 그 어떠한 보상을 해도 지울 수 없는 만행을 부끄러운줄도 모르고 저지른 것입니다. 할아버지 대(代)부터 아버지 대, 그리고 내 대에 이르기까지 박해는 끊이지 않았습니다. 그런 어리석은 행위를 막는 정의는 없었습니다. 1900년대부터 1940년대까지 3대에 걸친 탄압과 박해로 굴욕적인 날들을 보냈습니다. 산 채로 가슴을 도려내는 아픔이었습니다. 어떻게 이런 일이 일어났든 그 과정은 잔혹하다는 말로밖에 표현할 수 없습니다. 대일본제국은 비겁하고 잔인한 집단이었다고 생각합니다. 도리에 어긋난 그러한 행위의 종말이 바로 일본의 항복이었습니다.

아마기 비행장의 무참한 공습을 남의 일처럼 바라보고 난 얼마 뒤, 일본 전국 곳곳이 단 하루 동안 공습을 당했습니다. 사람이 바싹 마를 정도의 더위가 이어지는 8월이었습니다. 히로시마에 괴물 폭탄이 떨어지고 몇 십만 명이 타죽었다는 소문이 돌았습니다. 그리고 사흘 정도 흐른 뒤 이번엔 나가사키에 '피카돈'*이 떨어져 나가사키는 형체도 그림자도 없이 사라졌다는 소문도 퍼졌습니다. 몇 십만 명이나 불태워 죽일 수 있는 폭탄이 있다고는 들어본 적이 없었기 때문에 '피카돈'인지 '호카돈'인지 모르겠지만, 나가사키가 통째로 사라지는 폭탄이 있을 리 없다며 믿지 않고 흘려 들었습니다.

당시 감각으로는 그런 괴물같은 살상력과 파괴력을 지닌 폭탄은 소문으로도 들은 적이 없었던 겁니다. 거기에 몇 십만 명이나 되는 국민이 죽고 도시 하나가 사라진다면 아무리 냉혹한 위정자가 있다고 해도 라디오나 신문에서 떠들썩하게 다룰 텐데, 그런 소식이 전혀 귀에 들어오지 않았습니다. 우리 노역자의 눈과 귀에는 들어오지 않았던 겁니다. 전재산을 털어 정보를 모으고 있던 나도 믿기 어려운 일이었기 때문입니다.

인간으로서의 외침

그러던 8월 15일 아침, 하키를 관할하는 주둔지에서 점심 무렵 옥음방송이 있으니 작업을 중지하라는 전령이 있었습니다. 그러나 옥음방송이 대체 무엇인지 아는 사람은 없었습니다. 알기 쉽게 천황이 방송을 한다고 하면 흥미를 가졌을 테지만, 옥음방송이라는 처음 들어본 말을 이해할 수 없었던 것입니다. 대부분의 사람들이 백중날이니 하루 휴가를 주려나 보다 하고 착각하는 모양새였습니다. 그러나 조금 깊이 생각해 보면 그 내용을 대강 짐작했을 겁니다. 백중날 휴가를 주는 것이라면 당일 아침에 전달될 리가 없습니다. 옥음방송이 뭔지는 몰라도 그것이 틀림없이 중대한 일이라는 걸 알아챘을 겁니다.

아침 일찍 전달된 전령이 대체 무엇일까 생각하는 사이, 드디어 다음

---

* 나가사키와 히로시마의 생존자들은 원자폭탄을 '피카돈'이라고 불렀다. 피카돈은 '피카(ピカ)=번쩍'과 '돈(ドン)=쾅'의 합성어다.

전령이 전달되었습니다. 내가 있던 구니모토 합숙소 근처에 꽤 넓은 공터가 있었는데, 점심 식사 전에 거기로 모두 집합하라는 것이었습니다. 공터는 찜통같은 더위에 한참 달아올라 있었습니다. 사람들은 불만과 분노로 차있었습니다. 그 공터 한 곳에 급조한 연단이 만들어졌고, 비단뱀을 연상시키는 긴 칼을 허리에 찬 군인이 단상에 올라 이른바 "오늘 정오 옥음방송이 있으니 전원 정숙하고 청취하도록!"이라고 말했습니다. 그 말은 명운을 좌우하는 한 마디로, 평생 잊을 수 없는 말이었습니다. 그 옥음방송이라는 건 나를 비롯해 그곳에 있던 거의 모든 이가 들어도 이해할 수 없었습니다.

그러나 옥음방송이 끝나고 그 군인이 다시 단상에 올라 쥐어짜낸 말에 의하면, 우리 조선인은 박해와 탄압과 굴욕의 삶에서 해방의 한발을 내딛을 거라는 것이었습니다. 이른바 "지금 이 순간부터 너희들은 자유다!" "대일본제국은 지금 막 그것을 허락한 것이다!" "앞으로 너희들의 행동에 절대로 관여하지 않겠다!" "이상!" 그것이 구속되었던 나의 인생에 종지부를 찍은 순간이었습니다. 대일본제국이 붕괴된 것입니다. 1945년 8월 15일 일본 항복의 날이었습니다.

나는 외쳤습니다. 마음 속 깊은 곳에서. "내 인생! 내 청춘! 어쩌란 말이냐! 어떻게 하면 좋단 말이냐! 이런 잔인한 짓이 어디 있냐! 이 개새끼들아……" 피를 토할 것 같은 억울함이 몰려왔습니다. 일본은 전쟁에 졌습니다. 그런데도 '너희들은 하고 싶은 대로 해라!' 이 한마디로 끝이라는 겁니까? 진짜 내 인생은 이제부터입니다.

제1편을 끝내면서 나의 외침을 들어주십시오. 아무리 더럽고, 아무리 바닥에 떨어져도 인간은 인간입니다. 인간을 인간으로 인정해 주십시오. 그것이 사회 평화의 근본이니까요.

이후의 장은 이흥섭 선생의 유고를
무로타 다쿠오가 정리하여 해방출판사
에서 〈속편〉의 형식으로 출간한 내용이다.

〈속편〉 표지(해방출판사, 2015)

IV
옥음방송을 기다리다

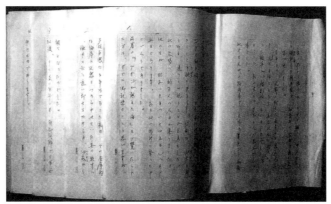

정서(淨書)된 이흥섭의 원고

아버지의 이야깃거리

크고 작은 봉우리 끝자락. 완만한 경사를 가진 타원형의 대지에 공터가 자리잡고 있었습니다. 수백 년의 풍파를 견뎌내고 만들어졌을 겁니다. 백 평 정도 되는 공터는 여기저기 시든 잡초가 뿌리를 내리고 있었고, 마른 나무조차 보이지 않는 붉은 흙으로 덮여 있었습니다.

규슈의 후쿠오카현이었는데, 공터 앞쪽으로는 넓은 평야가 펼쳐져 있었습니다. 오른편 경사면 너머로는 아마기 비행장이 살짝 보이고, 멀리 왼편에는 하키라는 마을이 보였습니다. 공터에 백 명 남짓한 사람들이 모였습니다. 그날은 1945년 8월 15일. 나는 그 자리에 모인 사람들 중 한 사람이었죠.

『딸이 쓴 아버지의 역사』 전편을 읽은 독자는 기억하겠지만, 나는 당시 일본의 국민징용령이 실시되어 낯선 일본 땅에 오게 되었습니다. 고향은 현재의 북한 남부지방으로 한창 농사일을 하다가 점심을 먹을 여유도 없이, 군인과 관리들에게 강제로 끌려왔습니다.

1944년 5월, 열일곱 살 때의 일이었습니다. 그때 이미 나의 조국인 조선은 수 천년 전통의 민족성을 빼앗기고 창씨개명을 강요당하고 있었습니다. 대부분의 조선인들은 그 강압을 이기지 못하고 원통해 하면서도 일본식으로 성을 바꿨습니다. 이 씨인 우리 문중도 본관인 경주의 지명을 따서 성씨를 게이슈(慶州)로 바꿨습니다. 그래서 징용될 때의 성도 게이슈였죠.

한창 감수성이 예민한 나이였던 나는 그 굴욕에 대한 반감이 극에 달해 있었습니다. 창씨개명후에 연이어 일어난 징용이라는 사건은, 내 마음 깊은 곳에 일본제국에 대한 증오와 원한을 자리 잡게 했습니다. 정책이나 행위에 정의나 겸허가 없이 무력을 행사한다면 그건 악당의 소행이라고 할 수밖에 없다고 생각합니다.

그 시기 일본은 청일전쟁에 이은 러일전쟁의 승리에 도취해, 천하에 두려울 것 없다는 듯 악랄하게 조선영토와 민족을 강압하고 심한 모멸감을 주었습니다. 그 옛날 도요토미 히데요시(豊臣秀吉)부터 시작된 조선 침략의 의도를 메이지 정부가 다시 이어받은 것이지요.

메이지정부 초기에 조선을 정복하자는 정한론(征韓論)이 거세게 일어났고, 그 여세를 몰아 멀리 조선반도의 강화도라는 작은 섬에 일본군이 상륙했습니다. 그곳 조선인들과의 교전이 조선침략의 사전연습이었던 셈입니다. 일본군이 조선왕궁을 점령한 건 1894년이고, 이후 조선왕자가 인질이 되어 일본 본국으로 끌려가 훗날 일본 황실의 여성과 결혼하게 됩니다.

이것이 끝이 아니었습니다. 일본의 야망이 여기에 머무를 리가 없었죠. 조선의 왕궁을 점령한 후 십 년, 메이지 초기에 처음 정한론이 시작되고 30년이 지난 1905년에 조선을 지배하기 위한 통감부라는 행정부가 설치되었습니다.

이것은 아버지가 이따금 들려주시던 이야기를 기억해 낸 것입니다. 아버지가 일본의 만행에 관해서 얘기해준 것은 내가 열네댓 살 때쯤이었어요. 당시에 나는 아직 어렸기 때문에 그냥 옛날이야기라 생각하고 그 얘기를 들었습니다. 아버지는 자식들이 짓궂은 장난이나 싸움을 해도 참견하지 않는 분이었습니다. 공부는 물론 집안일을 도우라고도 하지 않는, 어찌 보면 무심한 사람이었던 것 같습니다. 그래도 나는 언제부턴가 아버지를 따라잡고 싶어서 농사일을 열심히 도왔던 거로 기억합니다. 아버지도 이런 아들의 성장을 마음에 들어 하셨던 것 같습니다.

말수가 적은 아버지였지만 조선의 국내정세를 중국, 러시아, 미국 등 다른 나라의 움직임과 연결해서 이야기해 주었습니다. 특히 일본은 중국 동북부의 광대한 지역을 무력으로 점령하고 그곳에 조선과 같은 식민지 국가를 세웠습니다. '만주국'이라고 불렸던 그곳에는 수 백만의 일본군이 집결되어 있었습니다. 왜 이렇게 많은 군인이 필요했을까요? 일본은 중국을 정복하기 위해 약점을 공략하며 도발한 것입니다. 중국은 있는 힘을 다해 전쟁으로 치닫는 것만은 피하려고 했지만, 이런 중국의 노력은 물거품이 되어 버렸습니다.

조선 민족으로서는 중국의 노력이 결실을 맺기를 기원했지만, 일본은 대동아공영권이란 슬로건까지 내걸고 중국정복을 꾀했기 때문에 일단 칼을 뽑은 이상, 거기서 멈출 리 없었습니다. 중일전면전쟁은 이제 시간문제인 것이죠. 그렇게 된다면 일본의 식민지인 조선은 어떻게 될까요? 누구도 예측할 수 없었습니다. 일본이 아무리 강력하더라도 중국 국민의 정신까지 빼앗을 수 없었습니다. 우리 민족도 무력에 굴복했지만, 우리에게서 민족의 긍지와 정신까지 빼앗지는 못했습니다. 나는 어떤 일이 벌어지더라도 일단 조선민족으로 태어난 이상, 물려받은 긍지와 정신을 지키지 못한다면 어엿한 한사람의 인간으로 살아갈 수 없다고 생각했습니다.

인간은 자연에서 태어나 자연에서 자라고, 결국은 자연으로 돌아가게 됩니다. 시대에 따라 자연이 파괴되고 농락당하기도 하지만, 인간이라는 동물은 지혜를 타고 납니다. 언젠가 당신도 그 지혜를 발휘해야 할 때가 올 겁니다. 그때 지금의 일본처럼 악랄한 지혜를 짜낼 것인가 아니면 선량한 지혜를 발휘할 것인가에 따라 다시 소생하든가 모든 것이 소멸해 버리든가 하게 됩니다. "사람은 정해진 수명대로 살아가기 위해 태어난 것이지, 죽기 위해 태어난 것이 아님을 명심해야 한다"는, 평소 말이 없던 아버지가 버릇처럼 하시던 말은 훗날 내가 징용으로 일본에 끌려갔을 때부터 줄곧 되새겼고, 그 덕분에 살아남을 수 있었습니다. 일본이 조선을 침략하고 중국을 정복한 것은 큰 오산이고 비열한 야망이라고 생각합니다. 일본에 대화혼(大和魂)*이 있다면, 다른 나라에도 그 국가의 긍지가 있고, 민족의 혼이 있는 겁니다. 그것을 힘으로 억누르는 것은 신을 두려워하지 않는 큰 죄가 아닐까요?

아버지의 이야기가 가끔씩 이어지던 어느 날, 1937년 만주국에 집결해 있던 일본군은 중국전역을 휘감듯 진군 나팔을 울렸습니다. 그 전쟁은 거기에 머무르지 않고 세계 전쟁으로 내달리게 됩니다.

일본의 야망

당시의 전쟁은 육탄전으로, 우선 적군을 죽이고 의심이 가는 사람을 닥치는 대로 죽이는 것이 기본이었습니다. 여하튼 일본군은 적군과 적국의 국민에게 자기들이 얼마나 용맹한가를 보여주기 위해 잔인한 행동을 서슴없이 저질렀습니다. 실제로 조선의 3.1독립만세사건과 중국의 난징학살사건만 보더라도, 너무나 잔악해서 사람들이 고개를 돌릴 수밖에 없었습니다. 일본군은 이런 만행을 반복하면서 중국 각지를 제압하고 나서, 동남아시아로 창 끝을 돌려 많은 나라들을 짓밟고 결국엔 남양제도의 여러 나라들까지도 제압해 나가게 됩니다.

1941년 12월 8일, 일본해군은 몰래 어두운 바다를 건너, 항공모함이 진주만에 도착하는 시간에 맞춰 미국에 선전포고를 했습니다. 진주만에 집결해 있던 미국의 전함을 기습해서 저항할 시간을 주지 않았던 탓에 많은 장병들을 생지옥에 빠뜨렸지요. 일본은 박수를 치며 축배를 들었습니다. 일본의 행동은 너무나도 비겁했습니다. 그건 누가 보더라도 폭도

* 야마토 다마시이(大和魂)는 일본민족의 고유한 정신을 가리킬 때 쓰는 표현이다.

의 소행이며, 용서하기 힘든 흉악한 범죄입니다. 비단 미국이 아니었더라도 단죄를 위해 적의를 드러냈을 겁니다.

이 선전포고로 일본은 자국민에게도 엄청난 희생을 강요했을 뿐 아니라, 지구상의 모든 나라와 전쟁상태에 빠진 겁니다. 아무리 야망에 눈이 멀었다고 해도, 성인들뿐만 아니라 학생들까지 동원한 것은 광기라고 밖에 할 수 없습니다.

자국민을 전쟁에 동원하면서 노동력이 급격하게 부족해진 일본은, 보충할 수단으로 조선민족을 잡아 가기에 이르렀습니다. 무모한 선전포고를 하고 3년이 지나자, 일본의 상공에는 미군의 비행기가 새떼처럼 날아와 항공기지, 군항, 군사시설 등을 파괴했고, 사람들은 점점 공포에 휩싸이게 되었습니다.

그 즈음 조선에서는 생산된 대부분의 쌀이나 잡곡까지 공출이라는 이름으로 거둬들이고, 옷감의 원사나 철로 된 가재도구까지 공출해 갔습니다. 자급자족하면서 살아가던 조선 농민들의 생활이 무너졌고, 옷을 만들 면이나 비단도 한 사람당 1년에 몇 마씩 배급되는 궁핍한 생활이 이어졌습니다.

이치에 맞지 않는 것은 쌀이나 원사를 공출할 때는 거저나 다름없는 값을 매겨 가져가면서, 그것들을 배급할 때는 시가로 판매하는 겁니다. 날강도가 따로 없었죠. 이것도 아버지에게 직접들은 이야기로 거짓말일 리 없습니다.

당시는 조선민족 전체가 박해를 받았지만, 견뎌내는 수밖에 달리 도리가 없었습니다. 일본은 조선의 구석구석까지 경찰을 배치하여 속박과 박해를 일삼았죠. 그곳엔 이미 인간생활의 원리인 질서도 양심도 사라져버렸습니다. 행복하게 살고 있던 조선민족의 긍지는 일본제국의 군화에 처참하게 짓밟혔습니다.

여모루 마을

내가 태어난 여모루 마을은 겨우 백 세대 정도의 작은 마을이었습니다. 마을의 절반 가량은 정씨 성을 가진 집안이었고, 내 어머니도 정씨였습니다. 나머지 절반이 다른 성씨들이었고, 그 중 친가인 이씨 일가도 세 집 정도 모여 살았지요. 마을은 자연스럽게 정씨 일가가 지배하는 상황이 되었습니다.

일본이 미국에 선전포고를 하면서, 마을에서는 정씨 일족이 일본의 권력을 대행하게 되었습니다. 어린 내 눈에 비친 정씨 일가는 민족으로서의 자긍심을 잃고, 일본이라는 큰 권력에 꼬리치는 개처럼 보였습니다. 마을 중앙에 있는 마을회관에 깃발을 세우고 매일 아침 학생들을 모아 일장기를 게양하며 '기미가요'를 부르고, 궁성요배[*]를 주도한 것도 정씨 일가였습니다.

또 마을에서 떨어진 숲에 일본 신사를 세웠는데, 그 비용을 마을 사람들에게 내도록 기부를 강요했습니다. 일본이 중국 각지를 점령할 때마다 축하행사로 마을사람들에게 제등행렬을 시키고 신사참배와 '천황폐하만세' 삼창을 강요한 것도 정씨일가였죠. 외숙부 집에는 마을 발전에 기여했다며 총독부로부터 받은 표창장이 걸려 있기도 했습니다. 나는 그걸 볼 때 마다 외가쪽 정씨일가가 너무 부끄러웠고 마을사람들을 볼 면목이 없었습니다. 어른같은 분별력은 없었지만 감정은 어른보다 순수했던 것 같습니다. 자신의 욕심을 위해서 남을 짓밟는 짓은 가장 무거운 죄라는 생각이 들었습니다.

나는 어머니와는 14년, 아버지와는 16년 밖에 함께 살지 못했습니다. 나에겐 두 분 모두 세상에 둘도 없는 존경과 사랑을 받을 만한 사람으로

---

* 궁성요배(宮城遙拜)는 일제 강점기 황국신민화 정책으로 고교(궁성)가 있는 방향으로 고개를 숙여 절을 하던 예법이다.

여겨졌습니다. 정신적으로는 미숙했던 나였지만, 감정적으로는 정씨일가와 그 가문 출신인 어머니를 확실히 구별했다고 생각합니다.

내가 징용으로 끌려가던 날, 한창 밭일 중인 아버지에게 누런 봉투를 전해준 이도 다름아닌 마을 이장이었던 그 숙부였습니다. 그때 나는 입을 꾹 닫고 그에게 인사를 하지 않는 것으로 내 작은 의지를 관철시켰습니다. 이렇게 창창한 장래를 가진 소년의 순박한 마음을 어지럽히고, 미래를 빼앗고, 육체를 옭아매는 것은 대체 누구인가요? 다른 사람의 몸과 마음의 자유와 평화를 망가뜨릴 권리 따위는 누구에게도 없습니다.

이 세상에는 강한 놈이 있으면 약한 놈이 있고, 발전한 나라가 있다면 조금 늦는 나라도 있습니다. 그것은 세상의 이치이지 결코 무능하고 야만적이기 때문이 아닙니다. 자기 나라가 강력하고 진보했다고 해서 다른 나라 사람을 멸시하고 멸망시키는 짓은 용서받을 수 없는 일입니다. 그 과오는 긴 시간이 지나도 없어지지 않을 겁니다. 흔히 말하는 지옥이란 저 세상에 있는 것이 아니고, 악정이나 민심의 혼란의 틈새를 비집고 나와 세상을 뒤엎는 것이라고 생각합니다. 세상이 어지럽다는 말을 자주 듣는데, 그 당시야 말로 난세라는 표현이 딱 들어 맞는 때였다는 생각이 듭니다.

히로시마·나가사키에 원폭투하

이렇게 세상을 어지럽힌 것이 일본이었습니다. 중국과 전쟁을 하면서 미국까지도 적으로 돌리고, 그 기세로 동남아시아부터 남양제도까지 전선을 마구 넓혀 나갔지요. 그 시기 서구에서는 독일 나치가 이웃국가는 물론이고, 마침내 소련까지 공격하는 역사상 유래 없는 학살을 자행했습니다. 바라든 바라지 않든 전 세계가 전쟁에 휩싸이게 되었지요. 일본이 미국에 선전포고를 하고 반 년 뒤, 전세는 곤두박질쳤습니다. 미국과 전쟁을 시작한 지 2년째인 1943년이 되자, 일본은 식량이나 옷감은 물론,

노동력 부족으로 전쟁에 필수적인 철광자원이나 석탄을 제대로 생산할 수 없게 되어 더욱더 위기에 빠지게 되었습니다.

그 즈음은 이미 조선 전역에서도 내선일체를 강조하며 일본에 대한 충성심을 부추겼던 때였습니다. 그 시기 궁지에 몰려 있던 일본은 불리한 전황이나 국내의 궁핍한 상황을 자국민은 물론 조선에도 알려서 내선일체가 되어 이 어려움을 극복해야 한다고 했습니다. 그러나 야망에 눈이 먼 일본의 위정자들은 그 시기의 엄중함을 가볍게 여겨, 자국민을 속이고 농락했습니다. 이 시기에 전쟁 상황을 알리는 대본영의 발표는 모두 거짓이었죠.

대본영 발표는 승리의 소식으로만 넘쳐났지만, 상황은 정반대로 미국의 비행기가 보란 듯이 일본 본토에 날아와 군사시설은 물론 대도시를 폭격하곤 했습니다. 1945년 정월에 나는 탄광에서 도망쳐 탈주자로 쫓기며 잇달아 거처를 바꾸었습니다. 그 당시엔 줄곧 전쟁을 증오하고 일본을 원망하면서 하루하루를 허비하고, 오직 살아남는 일에만 매달렸습니다.

징용인 신분으로 탈주자인 나는 보이지 않는 상대가 두려워 도망치기 위해 행동했지만, 일본땅에도 날마다 미국의 공습이 늘어갔습니다. 처음 날아오던 대형폭격기 B29 대신 소형의 민첩한 함재기가 주력이 되었죠. 밤낮으로 중소도시를 폭격하고, 지면에 닿을 정도로 낮게 날면서 논밭에서 일하는 사람들에게까지 기관총을 마구 쏘아 대는 걸 보았을 때, 일본의 패색이 짙어 가는 상황임을 짐작할 수 있었습니다.

이렇게 전쟁의 심각함이 눈에 띄게 드러나던 1945년 8월 초순, 누구도 예상치 못했던 원자폭탄이 떨어졌습니다. 그 폭탄은 공중에서 번쩍하며 섬광을 내뿜고, 그 빛에 노출된 사람들은 모두 화상으로 짓무르고, 식물은 말라 죽었습니다. 그래서 그 폭탄을 피카돈이라고 불렀죠. 최초로 희생당한 곳이 히로시마, 사흘 후에 또 다시 나가사키가 당했습니다.

이 일에 대해서는 자세히 설명하지 않아도 모두 잘 알고 있을 겁니다.

하지만 그 당시 대본영의 발표는 '신형폭탄투하'였고, 그 위력이나 지옥 같은 현장의 처참한 양상은 발표하지 않았습니다. 보이는 것도 들리는 것도, 눈에 들어오는 것은 '귀축영미격멸(鬼畜米英擊滅)'뿐이었습니다. 나는 그때 한창 도피 중일 때라, 대놓고 정보를 입수할 수 없어서 피카돈의 참상을 알게 된 것은 이틀인가 사흘 후였습니다.

히로시마와 나가사키의 거리는 한순간, 화상으로 짓무른 시체들로 넘쳐났습니다. 이 희생자들이야 말로 억울한 원혼이라고 생각합니다. 그러나 내 입장에서 보면, 길고 긴 전쟁이 이걸로 끝날지도 모르고, 악행만 저지르던 일본이 드디어 천벌을 받는다는 생각이 들었습니다. 이래도 항복하지 않으면 진짜로 일본 전역에 천벌이 내릴 거라고 생각했어요.

하늘이 미국을 시켜 일본에게 벌을 내렸다는 생각이 들었습니다. 그렇더라도 '야망을 드러낸 정부와 군부의 본거지는 도쿄인데, 왜 다른 곳을 공격했을까' 하는 의문을 갖기도 했습니다. 그로부터 일주일 후인 8월 15일. 나는 앞에서 말한 규슈 후쿠오카현의 아마기와 하키의 계곡에 있는 공터에 쭈그리고 앉아 있었습니다. 그날은 오봉날이었죠. 그 지역을 관할하는 군대의 명령에 따라 집합한 것이 오전 10시경이었습니다.

그날은 바람도 한 점 없어서, 누군가 움직일 때마다 붉은 흙이 일으키는 먼지가 유황연기처럼 눈앞을 흐리고, 살갗이 무를 것 같은 뜨거운 여름날이었습니다. 우리는 산기슭을 등지고 평지를 마주하고 있었지요. 평지 앞으로는 우리를 앞에 두고 V자를 엎어 놓은 모양으로 사과 상자가 늘어서 있었습니다. 한편에는 군인이, 다른 한편에는 인근 마을의 관리들로 보이는 사람들이 국민복을 입은 노인과 침통한 얼굴로 마주 앉아 있었습니다.

집합명령을 전달하러 온 군인에게서 미리 오늘 옥음방송이 있을 거란 얘기를 들었지만, 옥음방송이 무엇인지는 몰랐습니다. '대본영인가가 또 무슨 나쁜 일을 꾸미려고 방송을 하는 거겠지' 하는 시답잖은 생각을 하면서 집합장소로 갔습니다. 그런데 좀처럼 볼 수 없던 마이크가 설치된 걸 보고, 대본영 발표 정도가 아닐 거란 생각이 들었습니다. 검게 빛나는 마이크 스탠드가 온 땅을 압도하고 있는 것 같았습니다. 옥음방송이 끝나면 그 자리에서 누군가가 무언가를 말하려고 하나보다 싶었습니다. 우리는 옥음방송인지 뭔지가 처음이라 아무런 반응도 할 수가 없었습니다. 영문도 모른 채 땡볕 아래서 기다리는 것은 방공호를 파는 일 보다 고통스러웠습니다.

일본인 나카가와 씨

기다린지 한 시간 정도 지난 뒤, 우리는 나카가와라는 사람이 보이지 않는다는 걸 알아차렸습니다. 그는 우리 작업장의 유일한 일본인이었습니다. 우리 합숙소는 구니모토(国本)합숙소라고 불렸는데, 현장 반장도 조선인이고, 일명 노가다라고 부르는 노동자들도 전부 조선인이었습니다. 우리는 산중턱 근처에 방공호를 파는 일을 했는데, 현장 주변에는 합숙소가 세 채 있었습니다. 당시 일본에서는 그 정도 규모로 조선인들만 모아 놓은 합숙소는 매우 드물었습니다. 백 명 정도 되는 조선인들 속에서 단 한 명 뿐인 일본인이 그 틈에 섞여 아무런 거리낌 없이 생활하는 게 신기했고, 그렇기 때문에 그는 별종으로 여겨졌습니다. 당시 합숙소에는 서서 먹기 위해 만들어진 전용 식탁이 있었지만, 나카가와 씨만은 의자에 앉아서 유유자적하게 막걸리를 들이키며 밥을 먹곤 했지요. 기름한 얼굴로 중간키에 적당히 살집이 있었지만, 일본인 특유의 창백한 털보도 아니고, 이마에 주름 하나 없었고, 앞머리가 정수리까지 벗겨진 게 특징이라면 특징이었습니다. 그러나 한 눈에 나카가와 씨라고 알아볼 수 있는 특징이 하나 있었습니다. 본인에게 물어보는게 실례일 것 같아 묻지 못했습니다. 그러다 우연히 옆 자리에서 식사하던 날, 나카가와 씨와 둘만 남게 되었을 때, 그도 거나하게 취해 있어서 신경 쓰였던 걸 넌지시 물어봤습니다. 사실 나카가와 씨는 오른쪽 눈이 보이시 않고 왼쪽민 정상이었습니다. "거북한 일을 아무렇지도 않게 묻네."라며 그가 정상인 왼쪽 눈을 부릅뜨는 바람에 잠깐 섬뜩했지만, "모두들 신경을 쓰지만 여태껏 물어보는 사람이 없었는데. 나는 이 합숙소의 최고참이라 나름대로 대우를 받는다네. 그러고 보면 안 보이는 눈에 대해 내가 새삼스레 얘기를 꺼낼 일도 없었지."라고 자기 얘기를 시작했습니다.

나카가와 씨의 생가는 나고야(名古屋) 근처이고 대대로 농사를 짓는 집안의 장남으로, 여동생 한 명과 남동생 두 명이 있다고 했습니다. 여동생은 정신대로 끌려가서, 군대에서 쓰는 행전(行纏)*을 만드는 공장에서 일하는데, 나이가 서른이나 됐는데도 여태 시집을 못 갔다며 한탄했습니다. 남동생 둘은 3년 전쯤에 소집영장이 나와서, 지나(중국) 전장에 갔다고 했습니다. 동생들이 전쟁터에 가기 한 해 전에 그가 집을 나왔고 이후로 소식이 끊겨져, 지금은 생가의 소식이나 동생들의 일은 전혀 알지 못한다고 했습니다. 그러면서 합숙소 벽 위의 점 하나를 응시하는 모습이 왠지 쓸쓸해 보였습니다.

나는 괜한 것을 물어본 같아서 "전쟁이 참 여러 곳에 피해를 입히네요."라며 말을 건넸습니다. 그러자 그는 "그 전쟁 말인데, 나도 소집영장이 나와서 신체검사를 받았다네. 보다시피 한쪽 눈이 보이지 않아 불합격을 받았지. 다음날 부모님께도 말하지 않고 도망쳤어. 왜지 아나? 무서웠네. 내가 만약에 집에 눌러 앉아 빈둥거린다면, 다 큰 사내놈이 군대도 안 간다며 비국민이라고 눈총을 받을 게 뻔했지. 그러면 부모님도

* 바지를 입을 때 정강이에 꿰어 무릎 아래에 매는 물건.

곤란해질 테고. 나는 그날을 계기로 일본인이길 그만 두었네. 자네도 마찬가지야. 일본인도, 조선인도 아니지. 하지만 자네들 보다는 내 처지가 그래도 나은 편이라는 생각이 드네. 나는 아무것도 거리낄 게 없는 자유로운 몸이니까. 내가 일본인이기를 포기하든 무국적자가 되든 누구도 이의를 달지 않네. 하지만 자네들은 거의 대부분이 여기저기 도망쳐 다니는 신세이지 않은가. 정확히 말하면 나는 자유롭고 자네들은 쫓기는 몸이라는 소리지. 하지만 나는 자네들이 부럽다네. 자신을 걸 만큼 강한 정신이 너무 부러워. 한때는 죽을까 생각한 적도 있었지만, 조선인 뿐인 합숙소에 들어와 우물쭈물 하는 사이에 그런 마음이 씻은 듯이 사라졌지. 살아남기 위해 자신을 건 자네들의 모습이, 보이지 않은 내 한쪽 눈에 강렬하게 박혔기 때문이네. 내 눈은 내가 소학교에 막 들어간 가을, 우리 집 밭 모퉁이에 있던 감나무에서 떨어졌을 때 나뭇가지에 찔려 이렇게 되었네. 자업자득이지. 이걸로 평생이 어긋났지. 지금의 일본은 내 인생과 마찬가지야. '귀축미영', '미영격멸'이라고 적인 현수막이나 벽보는 어디를 가더라도 붙어 있지. 하지만 이 나라 국민인 일본인들 중에서 미영이 '귀축'인지 어떤지 진짜 모습을 본 사람은 손에 꼽을 정도라네. 그런데도 많은 일본인들이 미국과 영국 사람들을 '귀축' 이라 생각하고 맞서 싸우고 있는 거지. 나도 미국이나 영국에 가본 적이 없어서 아무것도 모른다네. 나는 한 쪽 눈으로 밖에 보지 못하지만, 대부분의 일본인들은 두 눈이 멀쩡한데도 왜 한 치 앞을 보지 못하는지 정말 한심할 뿐이지. 본적도 없는 사람들을 '귀축'이라고 믿어도 괜찮은 건지, 일본인은 판단력을 완전히 잃었다네. 윗사람이 우로 돌라면 우로, 좌로 돌라면 좌로 도는 재주 밖에는 없지. 그러는 사이 내 눈처럼 모든 일본인의 심장이 창에 찔리는 날이 올 거야. 그런데도 미영격멸을 위해 죽는 것이 미덕이고, 영웅으로 추앙받기 위해 자기 인생을 거는 일본인 따위에 나는 한 치의 미련도 없네."

　나는 나카가와 씨가 말하는 동안 계속 그의 얼굴을 뚫어지게 보고 있었는데, "일본인이지만 일본인 따위에 한 치의 미련도 없다"는 말을 내뱉을 때는, 이를 악문 탓에 턱 위 근육이 울룩불룩해지면서 이를 가는 소리가 들렸습니다. 그의 억울한 마음, 국가에 대한 분노 같은 것들이 쏟아져 나오는 바람에, 듣고 있던 나까지 질타당하는 기분이 되었지만, 마음 한편으로는 슬프기도 했습니다. 그의 이야기는 담배를 몇 개피인가 피는 동안 계속되었습니다.

　"나는 지금 서른 셋인데, 보다시피 건장하다네. 내가 집을 나온 지도 벌써 5년이 지났지. 그 이듬해, 일본이 미국에게 전쟁을 도발해서 지금은 이 지경이 되었지만, 그 전엔 나도 열심히 농사를 지었다네. 아내를 들이라는 소리도 들었지만, 전쟁판이 점점 더 커지는 것 같아 마음이 놓이질 않았네. 그래서 결혼을 망설이게 됐는데, 결국엔 잘된 일이지. 5년 동안 집에 편지 한 장 보내질 않았네. 내 자신을 지키기 위해서였지. 내가 있는 곳이 알려지면 근로봉사대로 끌려갈 것이 뻔하기 때문이야. 내 스스로 일본인이길 그만둔 이상, 더더욱 소용없는 침략전쟁에 봉사하는 일 따위는 절대로 하고 싶지 않았다네. 나는 한쪽 눈이 멀게 되어 다행이라고 생각해. 그렇지 않았더라면, 지금쯤 어딘가 머나먼 전쟁터로 끌려가서, 적이라 불리는 많은 사람들을 쏴 죽였거나 아니면 내가 죽었거나 둘 중 하나였겠지. 그런 걸 생각하는 것만으로도 오싹해진다네. 어차피 나 같은 사람은 감당할 수 없는 일이지. 그래도 여기서 구니모토 반장을 만나고 4년 동안 조선인들 하고만 지냈던 탓인지, 이제껏 보이지 않았던 일본의 추잡스러운 행태가 점점 역겨워지고, 눈 앞에 어른거리게 되었네. 아까도 말했지만, 나는 마음 속 깊은 곳에서 일본인이기를 그만두었네. 그래도 나는 틀림없이 일본인의 자식이네. 삼십 몇 년을 살아오면서, 국가라는 틀 안에서 사는 것이 얼마나 부자유스럽고 무섭고 슬픈 일인지 이곳에서 처음으로 알게 된 것 같네."

나카가와 씨는 막걸리를 벌컥벌컥 마시고 담배를 피우며 얘기를 이어 갔습니다. 무뚝뚝하게 툭툭 내뱉는 말투였지만, 최대한 어려운 표현을 쓰지 않고 일본어에 서툰 내가 잘 알아들을 수 있도록 설명해 주었습니다. 나도 하고 싶은 말은 많았지만, 더듬거리는 수준의 일본어 밖에 하질 못해서 맞장구도 치지 못하고 그저 나카가와 씨의 이야기를 들으며 열심히 이해하려고 했습니다.

막걸리 한 사발은 어느새 비어 있었습니다. 나는 나카가와 씨에게 "잠깐만요."라고 말하고는 식당 옆에 있는 반장의 숙소로 가서 막걸리를 두 사발 받아서 한 사발은 나카가와 씨 앞에, 다른 건 내 앞에 놓고 "저도 한 잔 하겠습니다. 나카가와 씨도 한 잔 더 드세요. 이건 제가 사겠습니다." 라고 말했습니다. 그는 아무 말없이 막걸리를 들이키고는 사발을 식탁에 내려놓으며 "자네가 사는 술은 각별히 맛있군. 큰 소리로 떠들 수는 없지만, 이대로라면 지금의 일본은 오래가지 못할 거라고 생각하네."라고 말했습니다.

"일본땅을 폭격으로 불타게 하는 것도, 일본을 망하게 하는 것도 다 일본인 자신이라네. 이젠 어느 누구도 도와줄 수 없어. 자네들도 앞으로의 일을 생각해야 하네. 일단 일이 터지면 그땐 허둥지둥하다가 죽게 되는 거야. 히로시마와 나가사키에 신형 폭탄이 떨어진 건 알고 있지? 그건 말이지, 일본 폭탄보다 몇 백배나 힘이 세서 히로시마도 나가사키도 날려버렸다고 들었네. 그게 도쿄에 떨어진다고 생각하는 것만으로도 오싹해 지지 않는가? 도쿄 한복판에 천자(天子)님*이 살고 계시기 때문이

* 여기서는 천황을 가리킨다.

지. 게다가 자네들 나라 왕의 아들인지 손자인지도 와 있다는 소릴 들었네. 이런 일로 옆 나라 왕가에 피해를 주는 건 면목이 없는 일이지. 지금 일본의 위정자들은 그런 것까지 신경 쓰지 않겠지만. 어찌됐든 하루 속히 결말을 지어야 하네. 모든 걸 잃고 난 다음엔 이미 늦어. 나처럼 무능한 사람은 입을 닫고 기다리는 수 밖에. 요즘엔 미국 비행기가 제 세상인 양 날아다녀도 히노마루 비행기는 눈 씻고도 찾아볼 수가 없네. 이미 손 쓸 수 있는 상황이 아니라는 거지. 이제 와서 오기를 부려본 들 어쩔 수 없는 일이야. 결말을 지어야 어떻게든 될 텐데 말이지. 그래야 자네 같은 조선인들에게도 다른 길이 생길 테고."

이렇게 말하고 나카가와 씨는 한쪽 눈으로 흘끔 나를 곁눈질하더니 "얘기는 이걸로 끝이네."라고 했습니다.

나카가와 씨의 이야기는 거의 두 시간이나 계속되었지만 "얘기는 이걸로 끝이네."라고 말했을 때 그는 속이 후련해 보였습니다. 무엇보다 처음으로 마주앉아서 일본인인 자신의 이야기를 시작으로 전쟁에 대한 이야기, 우리 조선인들에 대한 걱정 등을 긴 시간 말해 준 것이 나에겐 감격스럽고 흥분되는 일이었습니다.

잠자리에 들어서도 그의 이야기가 계속 떠오르는 바람에 잠이 오질 않았습니다. 특히 "일본땅을 폭격으로 불타게 하는 것도, 일본을 망하게 하는 것도 다 일본인들 자신이라네. 이젠 어느 누구도 멈출 수 없어."라는 말이 기억에 남았습니다.

나는 이곳 하키에 와서 두 달 반 정도가 지났지만, 지내는 동안 호의를 가지고 그를 대한 적은 없었습니다. 왜냐하면 자기 나라 자기 민족, 그러니까 일본민족 전체가 국가를 위해서 사력을 다해 싸우고 있는데, 한쪽 눈이 멀었다고는 해도 누구에게도 뒤지지 않는 건장한 몸을 가진 사내가 무슨 이유로 도망자들이 모인 조선인 합숙소에 들어와서 유유자적하게 지내는지 이해할 수 없었기 때문입니다. 그러나 우연한 기회에 그의 이야기를 듣고 나니 내가 큰 오해를 하고 있었다는 생각이 들었고, 나의 생각이 짧았음을 반성하게 되었습니다. 나카가와 씨는 스스로 일본인이기를 그만두었다고는 하지만, 그의 말 한 마디 한 마디를 떠올려 보니, 그는 틀림없이 일본인이라는 생각이 들었습니다.

히로시마와 나가사키에 떨어진 원자폭탄에 대한 이야기를 하고 나서 "모든 걸 잃고 난 다음엔 이미 늦어. 전쟁을 빨리 결말 지어야 해."라며 자기 나라를 걱정하는 심정과 그래서 하루속히 재앙을 멈추어야 한다는 마음이 그의 말에서 드러났기 때문입니다. 당연하다면 당연한 일이겠지만, 당시 일본에서는 전쟁을 빨리 매듭지어야 한다는 말을 입밖으로 꺼내는 사람이 없었고, 실수로 그런 말을 하는 사람은 비국민이라며 매국노 취급을 당하기 일쑤였습니다.

대일본제국은 군국주의 일색으로 뒤덮여, 온 국민에게 총동원령이 내려지고, 젊었건 늙었건 심지어 소학교 학생들까지 근로봉사에 불려 나가고 있었습니다. 일본 전체가 하나의 집단이 되어, 개개인의 감정과 생각까지도 집단의 틀 안에 가두던 때였지요. 그렇기 때문에 목숨이 걸린 전쟁인데도, 불평이나 푸념을 입에 담아서는 안 되는 시대였습니다.

나카가와 씨는 이곳이 조선인들의 합숙소이고, 이야기 상대인 나는 아직 어른이 되지 못한 조선인 애송이였기 때문에 마음 편하게 푸념을 늘어놓을 수 있었던 게 아니었을까 싶습니다. 술기운을 빌렸다고는 해도, 꽤 긴 시간동안 솔직한 이야기를 들을 수 있어서 내가 조금 은 어른이 된 것 같은 기분이 들었습니다. 그리고 그는 외모와는 달리, 아주 개성 있고 시원시원한 성격이어서 보고 배울 점도 많았습니다. 이삼 년쯤 그와 함께 어울리면서 세상에 대해 배운다면, 나도 어엿한 사내가 될 수 있을 거라는 생각이 들었습니다.

그런 나카가와 씨의 모습이 광장 어디에도 보이지 않았던 겁니다. 그라면 옥음방송의 의미와 그 내막에 대해서도 어느 정도 예측할 수 있을 거라 생각했기에, 누구보다도 먼저 집합장소에 나와 있을 거라고 여겼던 겁니다. 그렇게 기대했던 사람이 보이지 않자, 별안간 불안해졌습니다.

앞쪽에 줄지어 앉아있는 군인이나 관리들의 눈을 피해서, 나는 조심조심 합숙소로 돌아가 보았습니다. 합숙소는 안쪽 깊숙이 기다랗게 지어진 건물로, 약 1미터 폭의 통로 양쪽으로 한 단 높게 다다미가 깔려 있어서 얼핏 보면 내부가 상당히 넓게 느껴집니다. 골조를 드러낸 지붕과 천장이 있고, 서까래는 두툼하고 둥근 대나무를 반으로 잘라 만들었습니다. 그 위에 가늘게 자른 대나무 판자를 봉당의 양쪽 끝 선을 따라 일정한 간격으로 늘어놓고 가는 새끼줄로 묶어서, 그 위에 향나무 껍질을 겹쳐 천장과 지붕을 이었습니다. 판자로 만든 창은 옆으로 길게 나 있었고, 버팀목으로 밀어 올려서 열고 닫는 창이었지요. 창문은 4월부터 버팀목을 받쳐 열어 둔 채로 지냈습니다.

안에 들어가서 봉당을 경계로 좌우가 나뉜 큰 방의 왼쪽 가장 끄트머리가 나카가와 씨 전용의 자리였습니다. 벽도 칸막이도 없는 다다미 한 장 반 정도의 공간이 쉬는 곳이고, 자는 곳이며, 살아있음을 확인하는 곳이기도 했습니다. 참고로 나의 전용 공간은 입구 바로 앞 오른쪽 자리로, 식당과 판자 한 장을 사이에 두고 있어 가장 시끄러운 곳이었습니다. 이 사람 저 사람의 술버릇을 가장 잘 알게 되는 자리이기도 했지요. 각자의 전용공간을 지정하는 권한은 반장에게 있었는데, 이것은 합숙소의 관행이었습니다. 신참은 문 앞에, 고참이 될수록 안쪽으로 자리를 옮기게 됩니다.

내가 탄광에서 도망쳐 나와 가라쓰 오오시마(唐津大島)의 야스야마(安山) 합숙소로 숨어 들어갔을 때도 이런 관행이 있었습니다. 신참은 이층 출입구 쪽 신발장 바로 옆에 잠잘 곳을 배당해 줍니다.

나카가와 씨는 합숙소 최고참, 나는 신참이었습니다. 최고참이면서 유일한 일본인이었던 그는 보통 때는 농담 한마디 하지 않고 말 수가 적은 성실한 인간의 표본과도 같은 사람이었습니다. 하지만 저녁 식사 때 술이 한 잔 들어가면 거만하고 거칠게 변했습니다. 그래도 그가 하는 말은 다 일리가 있었습니다. 사나흘 전에 나와 단 둘이서 두 시간이나 떠들어댄 일은 전무후무한 일이었지요. 누군가 말을 걸어야 대답하는 정도로, 대개는 먼저 자리를 뜨는 사람이었으니까요. 그는 무슨 일이든 척척 단번에 끝냅니다. 그것이 그의 성격인 것 같았지만, 진짜 성격을 가늠하기 어려울 때도 있었습니다. 장기 두는 걸 좋아하고, 나니와부시(浪花節)*를 부르는 일도 있었는데, 장기를 둘 때는 상대에 따라 새벽녘까지 물고 늘어지기도 합니다. 장기 상대가 없을 때는 나니와부시를 부르는데, 아는 곡이 많아서인지 부를 때마다 다른 곡이었습니다. 그 중에서도 특히 마음에 들었던 곡은, 그가 종종 불렀던 곡으로, 첫 소절만 기억이 납니다.

"여행을 떠나면 스루가(駿河)*의 나라에 차 향이 나고, 이름하여 도카이도(東海道)*…"로 시작하는 지로쵸(次郎長)*의 노래, "사도(佐渡)*로 사도로 초목도 나부끼는, 사도는 지낼 만 한가 살 만 한가" 등등. 그 밖에도 시작부분은 잊어버렸지만, '호토토기스(소쩍새)'라든가 '레이겐기(れいげん記)'라는 곡들을 지금도 어슴푸레 기억하고 있습니다.

겉으로는 거칠고 태평하게 보이지만, 내면으로는 장기를 둘 때처럼 치밀하게 예측하는 사람이라고 생각합니다. 그런 그가 왜 명령을 무시하

---

* 샤미센 반주로, 주로 의리나 인정을 노래하는 대중적인 창가.
* 옛 지방 이름으로, 차(茶)의 산지로 유명한 지금의 시즈오카(静岡)에 해당한다.
* 도쿄에서 시즈오카, 나고야를 경유하여 교토, 오사카, 고베에 이르는 간선도로.
* 에도 말기의 협객 야마모토 쵸고로(山本長五郎)의 통칭.
* 옛 지방 이름으로, 지금의 니이가타(新潟)관할하의 섬이다.

고 옥음방송을 들으러 오지 않았는지, 당시의 나로서는 알 도리가 없었습니다.

내가 그를 찾으러 합숙소에 간 것은, 방송으로 어려운 단어들을 늘어놓을 게 뻔해서 그 내용이 무엇인지 물어보고 싶었기 때문이었습니다. 특히 나는 일본에 온지 1년 3개월 밖에 되지 않아서, 주변 사람들이 말하는 일본어를 겨우 알아들을 정도라 왠지 모르게 불안했던 겁니다.

나카가와 씨는 버팀목으로 받쳐 놓은 창틀에 양 다리를 걸치고, 천장의 한 점을 팔짱을 낀 채 응시하고 있었습니다. 어쩌다가 정상인 그의 왼쪽 얼굴과 대면하게 되었습니다. 그런데 그는 내가 바로 옆까지 다가갔는데 눈도 깜빡이지 않고 모른 척을 하는 겁니다. 나는 말을 걸까 망설이다, 일부러 찾았는데 말도 한 번 못 붙이고 가는 건 아니다 싶어 용기를 내서, "이제 곧 정오가 된다고요."라고 말했습니다. 그러나 그는 묵묵부답이었습니다. 나는 오면서 했던 생각을 그대로 말했습니다. "방송을 들어봐 주세요. 나는 들어도 무슨 소린지 알 수 없으니, 나카가와 씨가 들으셔야 합니다." 이렇게 나의 곤란한 입장을 호소했지요.

대본영이 또 거짓말을 하는 거라고 의심했지만, 이른 아침부터 두 번이나 명령이 전달된 걸 보면, 옥음방송이라는 것이 이제껏 없던 특별한 것임에 틀림없다는 생각이 들었습니다. 구니모토 합숙소에는 일본에 와서 여러 해를 지낸 조선인들이 몇몇 있었습니다. 하지만 미리 일본어를 배우고 왔다든가 학교에서 제도 교육을 받은 사람은 단 한 사람도 없었습니다. 대부분의 사람들이 옥음방송을 나처럼 알아듣지 못할 것이고, 단지 명령이니 마지못해 따를 뿐이었습니다. 그러니 모두를 위해서라도 나카가와 씨가 듣고, 우리 조선인들에게 도움이 되어 달라고 부탁하려 했던 겁니다. 그러나 그는 내 말을 들어주지 않았습니다. 모른 척하는 얼굴로 그저 골조가 드러난 천장을 노려보고 있을 뿐이었죠. 나는 참을 수 없는 기분이 들었지만, 나카가와 씨만큼 뻔뻔스럽지는 못해서, 뒤통수에 신경이 쓰이면서도 집합장소인 광장으로 돌아와야 했습니다.

옥음방송

어른들과 함께 일하면서 그들과 술도 한 잔 마실 수 있었고, 같은 동료로서 작업에 대한 이야기도 나눌 수 있었기에, 의견을 낼 때는 자신감 있게 대처해 왔습니다. 그렇지만 막상 나카가와 씨에게 무시를 당하고 나니, '나는 아직 한참 멀었구나.'라는 한심한 생각이 들어 부끄러워졌습니다. 분수를 모르고 나서다가 맛보게 된 패배였습니다.

내가 광장으로 돌아왔을 땐 이미 정오에 가까웠는데, 앞쪽에 설치된 확성기에서는 머리가 멍해질 정도로 '삐-삐-' 하는 시끄러운 잡음이 흘러나왔습니다. 확성기라는 장치를 가까이서 본 건 이때가 처음이었습니다. 표준 일본어라면 어느 정도 알아들을 수 있는 정도의 실력이 되었다며 자부하던 때이기도 했기에, 확성기가 있는 앞쪽 가까이로 다가갔습니다. 그리고는 같은 합숙소에서 같이 작업하면서도 지금껏 만날 일 없었던 사람들 틈에 섞여 웅크리고 앉았습니다. 어디서 온 애송이냐는 눈초리로 쳐다보는 이도 있었지만, 모른 척했습니다.

사람들은 폭염 속에서 오랜 시간 기다리면서, 신음처럼 불만을 내뱉었습니다. 어쨌든 군부의 명령이었기 때문에 나카가와 씨처럼 배짱 있게 거역하지는 못하고, 싫어도 고분고분 따르는 수밖에 없었습니다. 나도 그랬지만, 내 몸 하나 건사해서 살아남는 일에 너나 할 것 없이 필사적이었던 겁니다. '바보새끼', '등신새끼', '빌어먹을 놈', '니 똥은 썩어도 너무 썩었어.', '마늘새끼' 등 온갖 욕을 먹고 업신여김을 당해도, 인간의 생존 본능은 크게 다르지 않습니다. 짓밟히는 일이 있어도 자신의 의지를 관철시킨다는 건, 당시에는 어지간한 각오 없이는 할 수 없는 일이었습니다. 이 또한 살아남으려는 생존 본능이 솔직하게 드러난 것이라고 생각합니다.

나는 당시 열여덟이었습니다. 인간의 운명은 누군가에 의해 강요당하기도 하고, 내 경우처럼 강제로 연행되어 그 운명에서 헤어나오지 못하게 되기도 합니다. 웅크리고 앉아있던 탓에 배에 생긴 주름 위로 땀이 떨어지는 걸 느끼면서 그렇게 생각했습니다.

그런 와중에 뿌리는 없고 입만 달린 확성기라는 나팔에서 어떤 원리로 라디오 소리가 크게 울려 퍼져 나오는지 너무 신기해서 확성기 구경에 정신이 팔렸던 바로 그때였습니다. 비스듬히 맞은 편에 줄지어 앉아있던, 유난히 눈에 띄던 군인이 갑자기 일어서더니, 찢어질 듯한 큰 목소리로 "차렷!" 하며 호령을 했습니다. 그 순간, 녹초가 되어 주저앉아 있던 나는 물론이요, 모여 있던 사람들 모두가 깜짝 놀라 눈이 휘둥그레져서 자리에서 일어났습니다. 그러나 정작 구령을 외쳤던 장본인은 다시 자리에 앉았습니다. 그리고는 다른 명령이 없었기 때문에 그 군인을 보고 다시 자리에 앉는 사람도 있었고, 선 채로 꼼짝 못하는 사람도 있어서 우왕좌왕하는 우스꽝스러운 상황이 벌어졌습니다. 나는 호령한 군인을 따라 자리에 앉았습니다. 바로 그때, 무더위 속에서 두 시간이나 기다려야했던 옥음방송이 시작되었습니다.

어수선했던 광장은 그 순간 시간이 멈춘 것 같았습니다. 열기로 피어오른 아지랑이마저 멈춘 순간이었습니다. 확성기에서 새어 나오는 잡음에 섞여 머나먼 바다 저편에서 험한 파도를 넘어야 닿을 듯한 사람의 목소리가 갑자기 크게 들리더니, 순식간에 모기가 날아다닐 때 내는 가냘픈 소리처럼 들리기도 했습니다. 목소리가 높아질 때도 잦아들 때도 확성기를 통해 듣는 것이어서 소리는 맑고 알아듣기 쉬웠지만, 아무리 귀를 기울여 보아도 나로서는 전혀 이해할 수 없는 말들뿐이었습니다. 보

1945년 8월 15일 정오의 옥음방송(출처: 아사히신문사 시사통신)

통의 일본어라면 대충 알아들을 수 있었겠지만, 그때의 옥음방송만큼은 도무지 이해할 수 없었습니다. 말만 어려운 게 아니라, 잡음에 더해 소리의 크고 작음이 심해서 정말이지 종잡을 수가 없었습니다. 실제로 옥음방송이 끝나고 합숙소로 돌아왔을 때, 조선인들 중 누구 하나 옥음방송의 의미를 이해한 사람은 없었습니다.

옥음방송은 시간으로 치면 대략 20여분 정도였던 것 같은데, 실제로는 조금 더 길었을 지도 모릅니다. 시작은 "차렷!"이라는 호령으로 알았지만, 언제 끝났는지는 알아채지 못했습니다. 그런데 건너편 군인들도, 우리 줄에 선 마을 유지로 보이는 노인들도, 모두 고개를 떨구고 눈물을 훔치며 흐느끼기 시작하는 겁니다. 그걸 보니 무슨 일인지 알 수는 없어도 뭔가 슬픈 일이 생겼음이 틀림없다고 생각했습니다.

괴물 같던 군인들이 줄지어 눈물을 훔치는 걸 보고 있자니, 덩달아 침울해졌습니다. 그렇지만 잠시 뒤엔 다시 차분해져서 앞서 호령했던 군인이 무거워 보이는 발걸음을 옮겨 마이크 앞에 서서 이렇게 말했습니다.

"모두에게 전한다!"

"오늘, 지금 이 순간부터 대일본제국은 너희들에게 자유를 허락하겠다!"

"앞으로는 일절 너희들에게 관여하지 않겠다!"

"이상!"

그 군인의 한 마디 선언으로, 할아버지에서 아버지에게로, 아버지에게서 내게로 이어져 내려오던 굴욕과 속박에서 풀려나는 순간을 맞았습니다. 나라를 빼앗기고 쓰디쓴 눈물을 삼키면서 아직 어린 당신의 아들이 눈앞에서 납치를 당해도, 아버지는 그 굴욕과 억울함에 제대로 맞설 수조차 없었습니다. 말없는 분노로 아들을 떠나 보낸 아버지도, 아버지와 생이별을 하고 짐승같은 취급을 당하면서도 그저 살아남기 위해 숨죽이며 고군분투했던 나도, 자유의 몸이 된 순간이었습니다. 1945년 8월 15일 정오의 일입니다.

조선을 그리워하다

역사적 사실에 따르면, 메이지 초기에 정한론이 시작되어 대일본제국은 조선정복을 계획했고, 이후 1910년에 한국을 병합할 때까지 무려 37년 동안이나 야망을 키워왔다고 합니다. 조선의 왕궁을 점령했던 1894년부터 실제로 21년이라는 시간을 들인 겁니다.[*] 이런 맥락에서 생각해보면, 그 시대의 조선국민이 국가의 존망을 목전에 두고 어떻게 저항했는 지 상상해 볼 수 있습니다. 야망 넘치는 대일본제국의 대군에 대항해서 급작스레 만들어진 조선의 민병들이 정의의 낫을 힘껏 치켜들어본다 한들 승산이 없었습니다. 이렇게 왕궁을 점령당한 이후로도 민심의 저항

---

[*] 1894년으로부터 11년 후인 1905년에 체결된 을사조약을 잘못 셈한 것으로 추정된다.

은 계속되어, 16년이 지나서야 한일병합조약이 맺어졌는데, 이 조약으로 실질적인 식민지배가 시작되었습니다. 1910년의 일입니다.

아무리 좋게 보려고 해도, 이게 인간이 할 짓인가 싶을 정도로 그들은 악랄했습니다. 1910년에는 한국병합과 동시에 조선통치를 위한 조선총독부가 설치되고, 데라우치(寺内)*라고 하는 인물이 총독의 자리에 오릅니다. 그후로 몇 대 째인지는 확실하지 않지만, 미나미 지로(南次郞) 총독*의 이름만큼은 또렷하게 기억이 납니다. 내가 보통학교(소학교)에 입학했을 즈음의 일인데, 별채의 구석진 벽 위쪽에 역대 조선총독의 얼굴 사진과 함께 그들의 서명이 한자로 적혀 있었습니다. 액자에 넣지 않고 그대로 붙인 그 사진들은 오래된 순으로 누렇게 변색되어 있었지요.

조선총독부가 생기고 나서부터 조선 민족의 고난이 시작됩니다. 처음엔 '토지조사사업'이라는 이름으로 조선 전국의 토지에 대한 사취(詐取)가 공공연하게 벌어졌습니다. 토지조사는 1910년에 시작되어 1918년에 완료되었습니다. 9년씩이나 조선 전국의 토지를 구석구석 빠짐없이 조사한 겁니다. 그 결과, 산림, 들판, 하천부지, 심지어 등기되지 않은 혹은 등기등록을 잊은 농경지까지도 전부 조사대상이 되었고, 그곳에 출입금지 간판을 세우는 등 위엄을 과시했습니다. 정말이지 용의주도한 계획하에 실시된 것임에 틀림없습니다. 농사를 지으며 자급자족으로 생계를 꾸려왔던 농민들 중에 자신들이 소유했던 논밭이 반토막난 사람들은 그나마 운이 좋았던 편이고, 손바닥만 한 땅뙈기도 남지 않게 된 사람들이 대다수였다고 합니다. 산이나 들판을 개척해서 농사를 지어왔던 논밭도,

---

* 데라우치 마사다케(寺内正毅, 1852~1919)는 이완용 친일내각으로부터 경찰권을 이양받아 헌병과 경찰을 동원한 삼엄한 공포분위기 속에서 한국의 국권을 탈취했고, 그후 초대 조선총독으로 무단 식민정책을 폈다.
* 미나미 지로(南次郞, 1874~1955)는 제7대 조선총독(재임 1936~1941)으로 재임한 6년 동안 '내선일체'를 표방하여 일본어 상용과 창씨개명, 지원병제도 등을 실시하여 민족문화 말살정책을 강행하였다.

정식으로 등기부에 남아있지 않으면 산이든 경작지든 모조리 일본의 국유지로 몰수당하고 말았습니다. 그에 대한 반감이 쌓이고 쌓여서, 3.1 독립운동, 이른바 만세 사건으로 터져 나온 겁니다.

태어난 고향

나는 1928년생 용띠로, 일본 연호로는 쇼와 3년에 태어났습니다. 우리 마을에는 아이가 열두 살이 되면, 그러니까 십이간지를 한 번 돌고 나면, 연초에 마을의 식자인 장로 댁으로 인사를 드리러 가는 관행이 있었습니다. 인사를 가면 먼저 아버지 이름을 말하고, 그 다음에 자기 이름과 간지와 생년월일을 말하고 나서 새해 인사를 드립니다. 일본의 겐부쿠(元服)*에 해당되는 의례일 거라고 생각합니다. 나는 나와 아주 인연이 깊은 외가 쪽 어르신으로부터 관례를 받았습니다. 그는 마을에서 한문과 한시를 가르치면서 마을 전체의 원로의 위치에 계셨지요.

내가 네댓 살 때쯤 되었을 때, 그 분은 한문을 가르치는 마을 서당의 훈장이셨는데, 내 숙부라는 사실을 알게 된 건 그로부터 사오년 뒤의 일입니다. 외할아버지는 내가 태어나기 전에 돌아가시고, 외할머니는 내가 징용으로 끌려간 해에도 정정하셨습니다. 당시에 숙부는 마을을 총괄하는 관리직에 계셨습니다. 외할머니댁에는 하루가 멀다고 드나들었지만, 숙부님 댁에는 관례 때 처음으로 가봤습니다. 친척이라는 걸 알고 있었지만, 어린 내 눈에도 높으신 분으로 느껴져서 그전까지는 좀처럼 가게 되질 않았습니다. 그 집에 아이가 없다는 것이 어린 나로서는 가기가 꺼려지는 이유였던 것 같습니다. 장가를 들어 5년이 지나도 아이가 생기지 않자, 숙부가 고자라는 소문이 퍼졌습니다. 그런 소문 때문이 아니더라

---

* 남자가 성인의 표시로서 머리모양과 옷을 바꾸고 관을 쓰는 일.

도, 왠지 가까이하기 어려운 친척이었습니다.

1944년 5월 19일, 밭을 고르는 일을 하던 중에 관할 공무원, 군인 두 명과 함께 와서 누런 봉투에 들어있는 징용명령서를 아버지에게 건넨 건 다름아닌 엄마의 동생이자 마을 이장이었던 그 숙부였습니다.

그때 내 나이 열 일곱. 아직 어린 소년이었기에 그 숙부라는 사람이 꽤나 미웠고, 그 후 몇 년 간 줄곧 원망했습니다. 하지만 지금 생각해보면 숙부도 마을 이장이라는 입장때문에 그땐 어쩔 수 없었을 겁니다. 싫든 좋든 그는 그저 거대한 일본정부의 명령을 수행한 것뿐이라고 이해하게 되었습니다. 날마다 인간에 대해서 생각하다 보니, 개인적으로는 제아무리 성인이나 위대한 사람이라도 인간이란 건 국가체제 안에서는 종속될 수밖에 없고, 한정된 테두리 안에 놓인다는 걸 깨달은 겁니다.

이렇게 나의 숙부를 원망하면서 일본제국의 비열한 행위를 증오하는 사이에 징용당한 해의 여름이 되고 가을이 지나, 새로운 한 해를 맞이하게 되었습니다. 1945년 5월, 강제로 끌려갔던 스미토모 가라쓰(住友唐津) 탄광을 도망쳐 나왔습니다. 동서남북만 겨우 분간할 수 있는 방향감각으로, 어디로 가야할 지 혹은 어디로 돌아와야 할 지도 모르는 채, 내 두 다리에 의지해서 사가(佐賀)현과 후쿠오카(福岡)현 안에서 몇 천리나 되는 길을 죽기살기로 도망쳐 다녔던 겁니다.

고향에서의 일도, 일본에서의 일도, 탄광에서의 일도, 그리고 어제의 일마저도 전부 잊고서, 그저 오늘을 사는 것에만 전념해서 어떻게든 살아남으려 했습니다. 그때의 나는 상상하는 것 이상의 행동을 해야만 했고, 추적을 피하기 위해서 필사적이었습니다.

그리고 드디어 1945년 8월 15일의 정오를 맞이했습니다. "대일본제국은 지금부터 너희들에게 자유를 허락한다!", "이제부터 너희들의 일에는 일절 관여하지 않겠다!" 이것이 바로 옥음방송의 결과였습니다. 옥음방송의 결과로 얻은 자유는 산중턱의 광장에 모인 우리에게만 주어졌던 것일까요?

옥음방송 후에 발표된 선언은 지역에 따라 다소 차이는 있었지만, 그 안에 숨어있는 생각을 들여다보면, 그때까지 정신적으로나 육체적으로 피해를 본 대상에 대해서 눈곱만큼의 배려도 없었습니다. 결국 옥음방송이라는 건 일본과 전쟁을 한 대전국에 대한 무조건 항복선언이었기 때문입니다. 옥음방송을 한 순간부터 대일본제국은 붕괴한 겁니다.

그러나 이런 결과와는 상관없이 여전히 "대일본제국은 지금부터 너희들에게 자유를 허락한다!"며 위엄을 떨었습니다. 그리고 "이제부터 너희들의 일에는 일절 관여하지 않겠다!"며 힘없는 우리를 대하는 태도가 비정하기가 이를 데 없었습니다. 그래도 그때 나는 처음에 "자유를 허락한다"고 했던 말만 머릿속에 박혀서, 그 다음 문구였던 "일절 관여하지 않겠다"는 선언은 안중에도 없었습니다.

하루하루 밤낮으로, 그저 자유로워지고 싶다는 마음 하나로 목숨을 걸고 탈출해서 살아남으려고 발버둥 치던 중에 일어난 일입니다. 자유를 얻었다는 사실 외에 다른 건 귀에 들어오지 않았습니다. 전혀 알아들을 수 없었던 옥음방송은 나에겐 의미가 없는 것이나 마찬가지였습니다. 방송 후에 일본군인이 했던 선언만이 유일하게 믿을 수 있는 말이었습니다. 내가 아는 말만 귀에 들어왔습니다. 이렇게 해서 그날 그 장소에 모였던 조선인들은 그저 자유를 얻은 것만으로도 황홀했던 나머지, 그 다음에 "일절 관여하지 않겠다!"는 더 중요한 선언을 돌아볼 정신이 없었습니다. 그 중요함을 알아차리기까지 우리는 술에 취하고, 자유를 얻은 기쁨에 취해서 술이 깰 때까지 떠들썩하게 몇 시간을 보냈습니다.

나는 태어나면서부터 식민지의 자식이었고, 부모님이나 주변 어른들의 생활에서 감지할 수 있었던 일본의 위협 속에서 소년기를 맞이했습니다. 청년이 될 무렵에 일본제국의 박해가 내 자신에게 덮쳐 강제 연행된 것이기 때문에 "자유를 허락한다"는 말 한 마디 말고 다른 건 생각할 여유가 없었고, 기뻐서 어쩔 줄 몰라 펄쩍펄쩍 뛰었습니다. 그때까지만 해도 술을 마실 때마다 '그림자인지 버드나무인지 간다로상인지'라는 일본 노래를 부르면서 시름을 달래왔던 조선인들도 그날만큼은 '도라지'나 '아리랑'이나 '청춘가'를 부르거나 나중엔 고향 민요를 부르며 춤을 추면서 마음껏 즐겼습니다.

대대로 민족의 자존심을 걸고, 해방과 자유를 간절히 바라며 피 흘리고 목숨을 바쳐가며 싸워온 보람이 있었던 것이지요. 갑자기 맛보게 된 자유에는 그것을 쟁취한 사람만이 알 수 있는 기쁨이 있었습니다.

누가 무슨 얘길 하는지 알아듣지 못할 정도로 모두 흥에 겨워 있었습니다. 게다가 한순간에 찾아든 민족의 자유는 축하할 일이라며 합숙소 반장이 막걸리 한 말을 내주었기 때문에 그 기쁨이 도를 넘는 경지에 이르게 되었습니다. 어른들 눈에 당시의 나는 아직 어린애 같은 얼굴이 남아있는 꼬맹이 정도로 보였을 겁니다. 그래도 어른들 못지않게 그 틈에 섞여 술을 마시며 떠들어댔는데, 그 모습은 상상을 초월할 정도로 시끌벅적했을 겁니다. 막걸리를 한 말이나 내어 준 반장이 그 자리에 없었기 때문이었는지 우리의 떠들썩함은 계속되었습니다.

열네댓 명 정도의 사람들이 짧은 시간 동안 한 말의 술을 다 마셔버렸기 때문에 흥분은 하늘을 찌를 듯했습니다. 나는 막걸리가 넘칠 정도로 가득 담긴 커다란 주전자를 들고 돌아다니면서 너 나 할 것 없이 술을 따랐고, 가벼워진 주전자 주둥이를 내 입에 대고 남은 술을 들이켰던 것까지는 기억이 납니다만, 그 다음은 꿈인지 생시인지 오락가락 했습니다.

내가 어떤 꼴로 무슨 꿈을 꾸었는지는 몰라도 곤드레만드레 취해버렸던 것 같았습니다. 식탁을 두드리며 기쁨의 눈물을 흘리는 사람, 식탁 위로 올라가 자유만세를 외치며 미친 듯이 춤을 추는 사람, "나는 이겼다. 모두가 이겼다."고 알 수 없는 말들을 늘어놓으며 염불을 외우듯 빈 밥그릇을 젓가락으로 두드리는 사람 등등 별별 사람이 다 있었습니다. 그날은 모두가 실컷 마시고, 노래하고, 소리지르고, 춤추고, 그렇게 고주망태가 되었습니다.

왜, 어째서, 일본제국이 갑자기 식민지인 조선인들에게 자유를 주었는지, 그 명령을 내린 사람은 누구인지에 대해선 알려고도 하지 않았고, 알아보려는 하는 사람도 없었습니다. 거기 있던 조선인들은 술에 취했다기보다는 "자유를 허락한다"는 말 한 마디에 흠뻑 취했습니다. 제 아무리 맛있는 음식이나 값비싼 보물이라 해도 자유라는 말과 바꿀 수는 없을 것 같다고 생각했습니다. 그날 밤엔 옥음방송이라는 게 선조 대대로 바라왔던 자유를 조선인들에게 허락하는 방송이었다고 착각할 정도로 이성을 잃고 흐트러졌습니다. 아마 너도나도 만취 상태였을 겁니다.

이렇게 8월 15일은 옥음방송에서 터져 나온 자유를 얻은 기쁨을 주체하지 못하고 승천하는 것 같은 기분으로 쓰러져 잠들었습니다.

일본의 무조건 항복

내가 8월 15일 당일의 일을 이렇게 집요하게 하나하나 써 내려가는 이유는 빠뜨려서는 안 될 중요한 날이기 때문입니다. 그날은 조선민족이 70년[*] 간의 고난의 역사에서 해방되는 날이었습니다. 해방에 대한 내 생각을 말하자면, 대일본제국의 야망과 만행으로 미루어 보아 망국에 이르게 된 것은 필연적이며, 일말의 동정의 여지도 없습니다. 그들은 정말로 비인도적이었기 때문입니다.

---

[*] 정한론 논쟁이 시작된 1873년부터 1945년 해방에 이르기까지의 70여 년을 말한다.

정의롭지 못한 일에는 패배가 뒤따릅니다. 오늘날 일본은 매년 8월 15일이 되면 종전을 기념하기 위해 각지에서 여러 행사가 열립니다. 십 수 년이나 질질 끌었던 전쟁은 수백만의 전사자를 내고, 전재민(戰災民)을 반죽음의 상태로 몰아넣었습니다. 그러니 살아남은 자들이 위령제를 지내는 것도 지극히 당연한 일이라는 생각이 듭니다. 게다가 전례 없는 대량살상 무기인 원자폭탄으로 히로시마와 나가사키가 참혹한 피해를 당한 사실도 잘 알려져 있습니다. 이러한 참사를 잊지 않기 위해서, 그리고 두 번 다시 그런 잔학한 행위를 허용하지 않겠다는 신념에 근거해서 탈원전운동도 일어나고 있는 것이라 생각합니다.

　이런 운동들의 근원은 따지고 보면 오랜 기간 무리하게 밀어붙인 전쟁이 남긴 화근이라는 생각이 듭니다. 중일전쟁에서 태평양전쟁까지 대략 4, 5년간은 날이 밝아도 저물어도 매일같이 전쟁, 전쟁이었습니다. 어른 아이 할 것 없이 군국주의 교육으로 제국주의에 흠뻑 물들어 갔습니다. 일본국민 모두가 대군(천황)의 황국신민으로서, 일억일심(一億一心)으로 이길 때까지 단단하게 뭉쳤던 겁니다. 그랬기 때문에 오키나와를 희생시키고도, 히로시마와 나가사키의 참사로 이어졌다고 생각합니다. 결과적으로 대일본제국이라는 국가는 무너졌지만, 살아남은 국민들이 그 덕에 평화를 얻은 것만큼은 확실합니다.

　한편, 그때의 일본과 상반되는 나라가 있었으니, 바로 조선입니다. 메이지 초기, 정한론으로 일본 정부 안에서 격론이 오갔다는 얘기는 앞에서 했습니다. 정한론의 궁극적인 목적은 조선정복과 더불어 청나라를 정복하려는 의도임을 알 수 있습니다. 그런데 청일전쟁은 왜 반 년 만에 막을 내리게 되었을까요? 그건 조선국민이 일본에 대항해서 열심히 싸워주었기 때문입니다. 그러나 이 과정 또한 조선을 완전히 정복하기 위해 잠시 휴지기간을 갖는 책략이었다는 생각이 듭니다. 1910년에는 일본직

할의 행정부인 조선총독부를 설치하기에 이르렀습니다. 조선총독부 설치 후에는 사취와 강요가 만연하게 되었고, 1931년에 다시 일본이 만주라고 부른 중국 동북부에서 음모를 꾸며, 그걸 계기로 1937년에 중일전쟁이 전면화됩니다.

서쪽에서는 독일의 나치가, 동쪽에서는 대일본제국이 사람들을 학대하고 살상하면서 세계를 뒤흔들어 놓았습니다. 결국엔 미국에까지 선전포고를 해서 미국과의 전쟁이 시작되었습니다. 1941년의 일입니다. 진주만을 기습 공격한 후에 선전포고를 하는 비열함은 미국을 분노케 했고, 이에 미국, 영국, 프랑스 세 나라가 연합군을 조직해서 일본과 맞서게 됩니다.

도조(東条)내각*은 이 전쟁을 가리켜 대동아전쟁이라고 불렀는데, 지금의 미얀마인 버마, 인도네시아, 말레이 반도까지 침공해서 전선을 확대한 겁니다. 광기어린 침략행위는 누가 봐도 용서하기 힘든 지독한 일이었습니다. 침략행위가 계속되면서 그 나라에 살던 죄 없는 일반 시민들에게도 잔학행위를 하게 되었습니다.

우리 조선인들도 오랜 싸움에서 해방되어, 많은 이들이 조국으로 돌아가게 되었습니다. 나처럼 징용으로 강제 연행된 사람들이나 종군위안부로 끌려온 사람들에게도, 일본이 무조건 항복한 8월 15일만큼은 자유가 허락되었습니다.

일본은 나라가 망하면서 평화를 얻었지만, 조선은 나라를 되찾고 자유를 얻었습니다. 나라를 되찾은 건 사실이지만, 자유가 허락되자마자 "이

---

* 도조내각은 육군대신 도조 히데키(東条英機, 1884~1948)가 제40대 내각총리대신으로 임명되어, 1941년 10월18일부터 1944년 7월 22일까지 존재한 일본의 내각이다. 진주만을 기습 공격해 태평양전쟁을 일으킨 도조 히데키는 개전 후 독재를 강화했고, 한국에서 징병제와 학도병 지원제를 실시했다. 전후 A급 전범으로 극동군사재판에 회부되어 교수형에 처해졌다.

제부터 일절 너희들에게 관여하지 않겠다!"는 교활한 한마디에 결국 우리 조선인들은 추방당하게 된 겁니다. 강제 연행된 것만으로도 모자라, 전쟁에 진 일본에서 내쫓기는 비운과 비정함을 겪어야 했던 것이죠.

V
귀국을 향한 기대

직장에서 논픽션 작가인 히라바야시 히사에(平林久枝) 씨와
함께(1989년 10월 23일)

1945년 8월 16일 아침

날이 밝아 8월 16일이 되었습니다. 어제와 마찬가지로 날씨가 좋았습니다. 나는 합숙소에 있는 열 대여섯 명 중에서 일곱 번째로 기상해서 빨리 일어난 축이었는데도, 그때는 이미 한낮에 가까운 시간이었습니다. 모두들 항상 정신적으로 굉장한 긴장 속에 있었던 탓에, 숙면을 취하며 마음 놓고 늦잠을 자는 일은 꿈도 꾸지 못했던 것입니다. 그런데 어제 옥음방송으로 생각지도 못했던 자유가 굴러들어왔습니다. 그것에 도취되고 마음이 홀려 아무 생각없이 깊은 잠에 빠졌던 것 같습니다. 나는 잠이 덜 깨 멍한 채로 바깥 공기를 마시려고 나왔지만, 어제와 다르지 않은 햇빛 아래서 어제 일이 꿈처럼 머리속을 맴돌 뿐 제대로 정리가 되지 않았습니다. 만약 나같은 사람에게도 역사라는 게 있다면 어제 일이 중요한 한 페이지를 장식하는 데 어울릴 거라고 생각합니다.

먼저 일어난 사람, 이제 막 일어나려는 사람 모두, 나와 다름없이 자유를 얻었다는 사실에 마음이 요동쳤을 겁니다. 평소라면 같은 시간에 전원이 식사를 하기 때문에 소란스럽고 쫓기듯 움직였지만, 오늘 아침은 각자 따로 식사를 시작했습니다. 그런데 나카가와 씨가 여느때처럼 침착하게 앉아서 식사하고 있었습니다. 나는 어제 그의 거만해 보이는 태도가 마음에 들지 않아 피해 앉아 밥을 먹었습니다. 신기하게도 우리에게 주어진 자유에 대해서 말을 꺼내는 사람이 아무도 없었습니다. 그저 묵묵히 밥을 먹고 있었습니다. 나도 머릿속에서는 무언가 아지랑이처럼 떠다녔지만, 그것이 무엇인지 말로는 표현할 수 없었습니다. 다만 한 가지, 멀리 바다 너머 고향인 여모루 마을에 계신 아버지에게 "저 흥섭이는 살아있어요, 자유를 얻었어요!"라고 큰 소리로 말하고 싶었습니다.

그때는 기쁨이나 슬픔을 전달할 수 있는 수단이 없었습니다. 천황의 항복선언으로 전 국민이 비탄에 빠졌기 때문에, 강고하고 위협적으로 굴던 일본제국의 군부조차도 전후 처리를 어떻게 할 줄 몰라 쩔쩔맸습니다. 그 무능함은 우리 징용인을 처리하는 과정에서도 확실히 드러났습니다.

우리는 원해서 징용인이 된 것이 아닙니다. 대일본제국의 필요에 의해 끌려온 것입니다. 전쟁이 끝나면 그 시점에 원상 복구하는 것이 인간 세계의 도리겠지요. 그러나 일본은 패전 후 자신들의 책임을 방기했을 뿐 아니라 '앞으로 일절 너희들에게 관여하지 않겠다!'라는 한 마디로 교묘히 그 책임에서 도망쳤습니다.

우리는 당연히 8월 16일 아침에도 자유를 얻은 기쁨에 젖어 축하주를 마시고 만세를 외치며 뛰어다녔어야 했다고 생각합니다. 그러나 그런 기쁨을 표현하지 못했던 것은 마음 속 어딘가에 그것을 하지 못하게 하는 혼란스러움이 있었기 때문입니다. 나는 어젯밤의 소란이 대체 무엇이었을까 생각했습니다. 모두 자유라는 말에 완전히 마음을 빼앗겨 뒷일을 생각할 여유가 없었던 겁니다. 그러던 것이 하룻밤이 지나고 나서야 정신을 차리기 시작했습니다.

이 합숙소의 고참인 50대 후반의 야마시타라는 전라도 출신 아저씨가 혼잣말처럼 "내일부터 어떻게 하면 좋을까?"라고 묻자 그 아저씨와 항상 붙어 다니던 동료가 바로 대답했습니다. "그야 반장에게 맡기면 되지."

그건 자기에게 하는 말 같기도 했습니다. 대부분이 이 대화를 듣고 있었는데 아무도 입을 열지 않았습니다. 분위기를 보니 다들 그렇게 생각하는 것 같았습니다. 나도 갑자기 자유를 허락받고 '앞으로 관여하지 않겠다'라는 말을 들으니 예상치 못한 함정에 빠진 듯, 어찌할 바를 몰랐습니다. 기댈 수 있는 것은 반장뿐이라고 생각한 것이지요.

왜 일본은 자기들 필요에 따라 억지로 끌고 와서는 형편이 나빠지자 자유를 허락할 테니 알아서 하라는 것일까? "그건 아닌 것 같은데⋯⋯" 하는 생각이 들었습니다. 그러느니 차라리 '명령에 의해 너희를 조선으로 돌려보낸다.'라고 말하는 쪽이 '자유를 허락한다.' '관여하지 않는다.'라고 말하는 것보다 조금은 고마웠을 겁니다. 정말 일본은 마지막까지 우리를 업신여겼습니다. 이때 일본 정부는 무얼 생각하고 있었을까요? 우리는 반장의 조치를 기다리면서 불안한 마음으로 식사를 끝냈습니다.

합숙소에 돌아오니 다들 축 처져서 마치 초상집 같았습니다. 그 모습은 누가 보더라도 자유가 주어져 해방된 사람들의 모습은 아니었습니다. 나는 가만 있을 수 없어 반장을 찾아갔습니다. 부인 말로는 어젯밤도 합숙소 반장들끼리 모여 앞으로 어떻게 할 지에 대해 새벽까지 이야기를 나눴다고 했습니다. 잠도 못 자고 아침도 거른 채 일찍 나갔다며 한숨을 쉬었습니다. 반장은 반장대로 우리를 위해 몸이 부서져라 일하고 있다는 걸 알게 되었습니다.

나카가와 씨의 말

"반장에게 맡길 수밖에…"라고 생각하며 내가 합숙소로 돌아왔을 땐 이미 다들 모여 이야기를 시작하고 있었습니다. 보통 쉬는 날이라면 아침부터 술이라도 한잔 마시고 목소리가 커졌을 테지만, 아무리 봐도 오늘은 이상합니다. 누구 하나 불쾌한 얼굴이 없었고 마치 군사훈련을 받을 때처럼 진지하고 온순했습니다. 하물며 그 강연회 같은 자리의 주인공이 유일한 일본인인 나카가와 씨였기에 더욱 놀라웠습니다. 나카가와 씨는 내가 중간에 들어갔는데도 신경 쓰지 않고 이야기를 이어갔습니다.

"즉, 일본의 천황은 미국, 영국, 프랑스에 대해 무조건 항복했다는 거라네. 어제 옥음방송 뒤에 군인이 말한 '너희에게 자유를 허락한다'는 말은 이제 자네들이 자유로워졌다는 말이지. 그가 진짜 하고 싶었던 말은 '너희에게 관여하지 않겠다'라기보다 더 이상 관여할 수 없다는 것이네. 옥음방송을 듣기 전까지 자네들은 일본의 명령에 따라야만 했지만 옥음방송이 끝남과 동시에 자네들과 일본과의 관계는 완전히 없어진 거라네. 자네들은 소원대로 조선 국민으로 돌아간 것이지. 원래의 조선이라는 나라로 돌아가서 독립국가가 된 것이지. 그래서 '관여하지 않는다'는 군인의 말은 '관여하면 안 된다'는 말로 바꿔야 더 이치에 맞는다네. '관여하지 않는다'는 말에 자네들은 어쩔 줄 몰라 하지만, 그런 걱정을 하지 않아도 어떻게든 될 거라네. 이런 전쟁통에서도 살아남은 자네들이니까. 이제는 고향으로 돌아갈 일만 남은 거 아닌가? 지금 바로 돌아가지 못해도 조만간 갈 수 있다고 생각하면 마음은 편해지지 않겠나? 돌아갈 형편이 안 되는 사람은 여기서 당당히 살아가면 된다네. 자네들을 데리고 온 책임은 분명 일본에 있으니까 말이야. 다만 걱정은 연락선이 남아있을지 어떨지라네. 남아있으면 정부가 마련하겠지. 일단 관부연락선이 있는 시모노세키 항으로 가 보게나. 어떻게든 되지 않겠나."

나카가와 씨는 '어떻게든 되겠지'를 몇 번이나 반복해서 말했습니다. 사실을 말하면 나도 탄광에서 탈출한 뒤로 이 '어떻게든 되겠지' 하는 마음만으로 8개월을 살아남은 것입니다.

목적지 없이 간신히 하루를 살아가는 사람만이 가지는 공통된 마음이 이 자리에 나온 모든 이들에게 공감을 불러일으켰다고 생각합니다.

"이 규슈에만 해도 자네들과 같은 처지의 사람들이 틀림없이 연락선 항구로 많이 몰려들겠지. 연락선이 남아있다고 해도 얼마가 있을지 모르니, 한시라도 빨리 이곳을 떠나는 것이 현명하다고 생각하네. 문제가 하나 더 있어. 옥음방송으로 일본 전국 어딜 가도 어제부터 공장이나 공사장, 탄광은 물론 관청까지 모든 일이 멈추었을 거라네. 항복한 순간부터 일본은 전승국의 관할로 들어간다네. 옥음방송이 끝난 그 순간부터 조선이 해방되고 자네들이 자유를 얻은 것과는 상반되는 입장이 되는 거지. 나도 그렇지만, 일본 국민 전체가 어제부터 수입이 하나도 없어지게 된 거라네. 이런 상태가 언제까지 계속될지 모르네. 그것을 결정하고 실행하는 건 점령군의 역할이고 일본은 따를 수밖에 없으니, 일본 국민은 막다른 골목에 몰린 상황이 된 거야. 이 문제는 자유를 얻은 자네들도 마찬가지로 겪게 될 일이라네. 왜냐하면 자네들이 연락선 기항지로 갔는데, 때마침 연락선이 있다 치더라도 몇 천, 몇 만 명이 몰려들지도 몰라. 차례를 기다리다 배를 탈 때까지 며칠이 걸릴지, 또 몇 개월이 걸릴지 알 수가 없네. 몇 개월씩이나 배를 타지 못하는 사태가 벌어지면 거기서 어떻게 목숨을 부지하겠는가? 한두 달 사이에 공장이나 공사장이 재개되면 다행이지만, 나는 그렇게 빨리 수습될 수 없다고 보네. 이건 자네들에게도 가장 어려운 문제가 될 거야. 살아있는 동안엔 먹어야 하고 그러기 위해서는 수입이 필요하니까 말이야. 그런데 전쟁에 졌다고 어쩔 줄 몰라 허둥거리는 지금의 일본을 보면 몇십만 명이나 되는 조선인의 귀환에 눈을 돌릴 마음의 여유가 있을 것 같지는 않네. 해외에 출병한 몇 백 만의 군인들이 돌아올 것이고 그 외에도 조선, 만주, 중국, 동아시아의 여러 나라로 이주해 있던 몇십 만이나 되는 일본인들도 그 나라에서 쫓겨나 귀국해야 할 테니까. 아마도 지금 일본 정부는 이런 문제들만으로도 골치가 아플 거야. 나는 내가 일본인이라는 것이 싫고, 마음속으로는 일본인을 그만두기로 맹세했다네. 하지만 지금 여기에서는 내가 일본인이라는 건 확실하다네. 그래서 마냥 모른 체할 수만은 없네. 나야 어찌되어도 좋지만, 조금이라도 자네들에게 도움이 되고 싶어 용기 내서 이렇게 말하는 것이네. 다들 들어줘서 고맙네. 내 이야기는 여기까지라네. 이제부터는 다같이 상의해서 좋은 생각들을 냈으면 하네. 한 시라도 빨리 고향으로 돌아가길 기원하네."

나는 나카가와 씨의 이야기를 들으면서, 그가 소학교 밖에 안 나왔지만 머리가 굉장히 좋은 사람이라는 걸 알았습니다. 이렇게까지 냉정하게 여러 상황을 예상하는 것에 감탄했습니다. 모든 일본인들이 이 사람 같다면 전쟁이나 침략으로 우리가 고생할 일은 없었을 겁니다. 소년이었던 나는 이 사람이 가진 의지나 지혜를 내 머릿속에도 넣어둬야겠다고 생각했습니다.

나는 징용으로 끌려온 뒤부터 종전 때까지 일 년 반 남짓 몇몇 일본인을 겪어봤는데, 대부분은 멸시하는 태도로 나를 대했습니다. 하지만 그 중에서 훌륭한 일본인이라고 여겨지는 사람도 있었습니다.

앞에서도 얘기했지만, 내가 끌려가 일하던 탄광 반장님인 우라 씨가 바로 그런 분이었지요. 우라 씨는 내가 탄광에서 도망치려 한다는 걸 알고도 넌지시 탈주로를 알려주었습니다. 덕분에 무사히 탈출할 수 있었고, 내가 살아남을 기회를 만들어 주신 은인입니다. 그를 훌륭한 일본인이라고 생각했던 이유는 하나 더 있습니다.

당시 일본은 한 마디로 암흑 세계였습니다. 비국민이라는 말이 세상에 드리워져 있을 때였지요. 제국주의와 일반 민중과는 동떨어져 있었고, 모든 것이 군의 명령으로 운영되었으며, 국민의 마음 깊은 곳에는 불신과 공포와 불만이 응어리져 있었던 것 같습니다. 군부가 매우 강력한 권력을 행사하던 때였습니다.

그 시대는 그곳이 탄광이든 어디든 자기가 데리고 있는 사람을 놓아주는 것은 물론이고 심지어 도망자를 도와줬다는 사실이 알려지면 그 어떤 변명도 통하지 않고 감옥에 들어가는 때였습니다.

우라 씨는 그런 상황을 잘 알고 있으면서도, 나의 탈주를 위해 위험을 감수해준 겁니다. 열여덟 살이었던 나는 이때 인간의 용기라는 것을 배웠습니다.

또 한 가지, 인간에게 가장 중요한 것은 민족을 넘은 인간애입니다. 내가 이민족, 이국에 대한 편견과 차별을 깨닫기 시작한 것은 소학교 4학년 즈음, 조선어가 금지되고 일본어가 국어가 되었을 때부터입니다. 그때부터 궁성요배(宮城遙拜), 기미가요, 신사참배, 제등행렬을 강요당하는 차별과 억압의 날들이 이어졌고, 결국엔 강제로 징용까지 당하다 보니 일본과 일본인을 증오하게 되었습니다. 그리고 일본인이 인간적으로 가장 열등한 민족이라고 여겨져 원한을 가슴에 품은 채 일본으로 왔습니다. 그런 마음으로 살아가다가 우라 씨라는 일본인과 만난 겁니다. 수많은 일본인 중에서 이 사람만은 사람다운 사람이라는 생각이 들었습니다.

또 한 사람, 내 생애에 커다란 영향을 남긴 사람이 바로 나카가와 씨입니다. 내가 느끼기에 그는 어딘가 거만하고 제멋대로 사는 사람이었지만, 상대를 인간으로서 대한다는 확고한 신념을 가진 사람이었습니다. 조금 특이하지만, 그 시기를 살아가는 일본인 치고는 매우 정상적인 정신과 인간성을 지녔다고 생각합니다. 어느 날 밤, 함께 술을 마시며 이야기를 나눴을 때 "일본국민은 듣지도 보지도 못한 미국과 영국을 귀축미영이라고 외치며 전쟁을 하고 있다"며 비난했습니다.

또 피카돈 얘기가 나왔을 때는 "그게 만약 도쿄에 떨어진다면, 설사 인질이라고 해도 옆나라 왕자가 변을 당하면 면목이 없지."라고, 어려서부터 인질의 몸이 된 조선 왕자를 걱정해 준 것에도 나는 마음이 끌렸습니다.

8월 16일 나카가와 씨의 이야기 중에도 우리 조선인에 대한 마음 씀씀이가 느껴져 눈물이 나올 정도로 기뻤던 일을 잊을 수 없습니다. 마치 눈이 가려진 채 멀리 떨어진 무인도에 버려진 심경이었던 우리에게 용기를 주며 목표를 보여준 것이 다름 아닌 일본인인 나카가와 씨였던 겁니다. 그러나 나카가와 씨의 조언에도 불구하고, 열 명 남짓한 조선인들의 의견은 하나로 모이지 않았습니다. 주요한 원인은 금전 문제였습니다. 본국으로 돌아가는 것까지는 의견이 일치했지만, 연락선은 부산행밖에 없었기 때문에 거기서 각자의 고향까지 가는 일이 문제였습니다.

부산에서 걸어서 돌아갈 수 있는 사람은 한 명도 없었고, 내 경우엔 기차로도 사흘이나 걸립니다. 그 외에는 모두 지금의 서울 이남 출신이었는데, 강원도, 경기도, 전라도, 충청도, 경상도여서 걸어서는 도저히 갈 수 없는 곳뿐이었습니다. 게다가 나는 아직 어려서 주색에 돈을 쓰는 일은 없었지만, 다른 사람들은 술은 물론이고 번 돈의 대부분을 유곽 같은 곳에서 화대로 다 써버려, 앞날을 위해 돈을 모으는 사람은 없었습니다.

전쟁이 끝나는 그날까지도, '이길 때까지 일억일심(一億一心)' '미영 격멸'을 외치고 있었으니, 누구도 어느 날 갑자기 전쟁이 끝날 거라고 예상하지 못했던 겁니다. 게다가 우리 조선인들처럼 명령에 따르기만 했던 사람들은 저축이 필요 없다는 생각으로 살았기 때문에 모아둔 돈이 없는 것은 당연했습니다.

그중 한두 명은 저축은커녕 반장에게 가불을 받을 정도였습니다. 우리는 그날 길고 긴 이야기를 나눴습니다. 돈이 있는 사람과 없는 사람의 처지가 다르고, 먼 고향까지 각자 어떻게 갈지를 상의했습니다. 그렇게 오래 이야기를 나눈 이유는 동포애를 져버리고 부도덕해지는 걸 두려워했기 때문입니다. 한 사람이라도 남겨지는 것은 민족의 수치라는 생각이 모두에게 있었음이 틀림없다고 생각합니다.

이렇게 우리들의 논쟁은 삼일이나 계속되었습니다. 평소엔 그저 합숙소 동료라는 의식으로 지냈지만, 이때만큼은 같은 민족이라는 생각으로 논쟁하게 되어 결론은 쉽게 내려지지 않았습니다.

귀국을 생각하다

귀국이라는 목적은 모두 같았지만, 그다음에 '귀향'을 생각하면 거리에 따라 달라지는 비용이 문제가 되었던 겁니다. 동포의 입장에서 보자면, 한 사람도 빠짐없이 고향으로 돌아가는 것보다 더 좋은 건 없었습니다. 그러나 각자 계획이 있었고, 열심히 돈을 모은 사람도 있었지만, 먹고 마시는데 탕진한 사람도 있었기 때문에 다 함께 귀국하는 것은, 말처럼 쉬운 일이 아니었습니다. 고향까지의 거리가 가장 먼 사람은 황해도 출신인 저였습니다.

나는 처음엔 함께 귀국하는 것에는 찬성했지만, 귀향에 대해서는 조선에 도착하기만 하면 걸어서라도 고향에 갈테니 빠지겠다고 말하고, 다음 모임부터는 참가하지 않았습니다. 이틀, 사흘 지나는 사이에 강원도 출신인 야마자키 씨와 경기도 출신인 가이모토 씨도 나와 같은 의견으로 빠지게 됐습니다. 그리고 나니 충청도, 전라도, 경상도 출신만의 모임이 되었습니다.

우리는 해방되어 순수한 조선인으로 돌아온 입장이었지만, 본명이나 창씨개명한 일본 이름을 쓰지 않고, 그때까지 불러온 별명을 그대로 사용했습니다. 이대로 헤어지면 이름도 모른 채 뿔뿔이 헤어지게 됩니다. 나는 민족이 어떻고, 공동귀국이 어쩌고 하는 것보다 이것이 더 서운하게 느껴졌습니다.

종전 뒤 나흘째 되는 날 밤에 우리는 모두 모여 구니모토 반장의 결정 사항을 들었습니다.

"지난 옥음방송은 일본의 천황이 직접 전쟁 종결을 선언한 것이다. 일본은 이런저런 조건이 붙은 포츠담 선언의 모든 조항을 무조건적으로 수용했다. 우리가 해방되어 독립한 것은 이 포츠담 선언에 '일본은 지금까지 점령한 모든 지역의 권리를 상실한다'는 조항 때문이다. 우리의 고난이 보상받아 민족의 비원이 이뤄졌다. 그래서 우리는 8월말까지 모두 여기를 떠나 귀국하기로 했다. 귀국은 우리 민족의 의무이기도 하다. 그리고 일본은 전쟁에 졌기 때문에 틀림없이 국민들의 감정이 좋지 않을 것이다. 그러니 하루라도 빨리 귀국하는 것이 우리에게도 일본에게도 최선이라 생각한다. 귀국 방법은 각자에게 맡기겠다. 부디 떠나는 기한에 늦지 않도록 각자 준비해라. 다들 모여 의논했다고 들었는데, 우리 반장들이 결정한 것을 따라주길 바란다. 요즘엔 술을 안 마시는 것 같은데 오늘밤은 내가 한턱 낼 테니 즐겁게 한 잔 하면서 귀국의 추억을 만들기 바란다."

구니모토 반장의 이야기는 이렇게 끝났습니다. 다들 사흘 동안 귀국 문제로 지쳤는지 평소보다 술을 덜 마셨던 겁니다. 반장이 술을 산 그날 밤은 8월 15일 밤만큼 소란스럽지는 않지만, 다들 즐겁게 술을 마셨고 나도 다리가 휘청거릴 정도로 취했습니다. 일본인인 나카가와 씨도 우리 사이에 끼어서 어느 때보다 편하게 술을 마셨습니다. 그때는 누구도 반장의 결정에 대해 의견을 말하지 않았습니다.

반장의 결론에 모두 암묵적인 찬성의 뜻을 내비쳤습니다. 나는 그때까지 다리가 휘청거릴 정도로 술을 마신 적이 없었지만 그날만큼은 취하고 싶었습니다. 8월 15일 밤은 자유를 얻은 기쁨에 술을 마시고 소란을 떨며 만취했지만, 그날 밤은 함께 마시고, 함께 취하고, 함께 이야기를 나누고 싶은 마음이 강하게 들었기 때문입니다.

귀국 방법은 개인의 자유라고 결정된 이상, 다음날부터 합숙소를 떠나는 사람이 있을 거라고 예상할 수 있었습니다. 내가 함께 이야기를 나누고 싶은 사람은 두 세 사람에 불과했습니다. 내 출신지인 황해도와 가까운 강원도의 야마자키 씨와 경기도의 가이모토 씨였습니다. 그래서 적당한 때에 술자리를 빠져나와 합숙소로 돌아와서 두 사람이 돌아오길 기다렸습니다.

나는 귀국에 대해서 이미 생각해 본 것이 있었습니다. 그러나 선착장인 하카타 항에 가보는 것 말고는 딱히 다른 방법이 떠오르지 않았습니다. 선착장에 배가 있을지도 걱정이었고, 징용으로 일본에 온 조선인은 몇백만인데, 규슈에만 몇십만 명이 선착장으로 모일 거라는 소리를 들었습니다. 배 한 척에 300명이 탄다고 가정하고 하루에 세 척이 운행되면 900명. 열흘 동안 9,000명, 백일이면 9만 명입니다. 그때 내 수중에는 300엔 정도가 있었습니다. 이 돈이 없어지기 전에 배를 타야만 합니다. 무슨 일이 있어도 고향에 돌아가야 한다는 신념만이 저를 지배하고 있었습니다.

나는 그런 생각을 하다가 그만 잠들고 말았습니다. 혼자 그 생각에 도취되어 결국 이야기를 나누고 싶은 마음이 사라져 버렸습니다. 평소라면 누군가가 깨웠겠지만, 8월 15일 이후로는 매일 쉬는 날이었기 때문에 누구 하나 신경 쓰는 사람도, 깨워주는 사람도 없었습니다.

눈을 떴을 때는 이미 해가 중천에 떠 있었습니다. 일단 식당 옆에 있는 개수대에서 손을 씻고 소금을 한 움큼 집어 입에 털어놓고는 가운데 손가락으로 양치를 하면서 합숙소 밖으로 나왔습니다. 여전히 날씨가 좋았습니다. 해님이 벌써 저런 곳에 있다니. 뒷산을 넘어 합숙소 처마 가까이 와있었습니다. 며칠이 지나면 이 합숙소와도 이별해야 한다고 생각하니 왠지 서운한 마음이 들었습니다. 언젠가 하늘에 뜬 달을 바라보며 감상에 젖는 여행자의 모습을 그린 소설을 읽은 적이 있었습니다. 뜨거운 햇살 속에서 감상에 젖은 내 모습이 내가 생각해도 이상했습니다.

식당으로 돌아와 밥을 푸고 부뚜막에 걸려있는 솥에서 식은 된장국을 떠서 밥을 먹었습니다.

어젯밤에 반장이 한 이야기, 8월말까지라는 기한이 붙은 이곳에서의 생활이 모든 행동을 감상에 젖게 만들었습니다. 일본에 대한 원망과 고통이 대체 어디로 가라앉았는지 알 수 없었습니다. 징용으로 끌려와 15개월째. 보통 때라면 아주 짧은 세월이겠지만 그때는 몇 십년이 흐른 것처럼 느껴졌고, 나도 모르는 사이에 중년 남자가 된 것 같은 기분이었습니다. 군대에 가지 않으려고 이곳저곳을 전전하며 숨어 산 일도, 징용으로 끌려온 것도, 탄광에서 부족한 식사와 모욕을 참지 못하고 도망치기까지의 모든 일이 하늘 높이 날아간 것처럼 아득한 기분이 들었습니다.

이곳을 떠나 배만 탈 수 있다면 더 바랄 게 없었습니다. 고향에 돌아가면 작긴 하지만 농사지을 땅도 있고, 내가 일해서 아버지와 동생들이 조금이라도 편해진다면 얼마나 좋을까, 그 사이 장가라도 갈 수 있다면 지금까지의 고생 따위 잠자리 방귀만큼이나 가볍게 공기 속에 사라질 것 같은 기분이었습니다. 나는 잘 넘어가지 않는 밥을 넘기며 이런 결론을 내렸습니다.

오늘은 이미 늦었으니 내일이라도 귀국 준비를 해서, 하루라도 빨리 선착장이 있는 하카타에 가야겠다고 마음먹었습니다. 야마자키 씨, 가이모토 씨, 나카가와 씨와의 일은 하루 늦어졌지만 별수 없다고 여유를 갖게 되었습니다.

8월 15일 이후 네댓새 정도의 시간 여유는 충분히 있었습니다. 우리 현장처럼 일본 전국의 합숙소도 틀림없이 작업이 중단되었을 겁니다. 일본인에게도 조선인에게도 정말 오랜만의 휴식 기간이었을 겁니다. 일본 국민은 길고 긴 전쟁에서 빠져나와 한숨을 돌리겠지만, 동시에 패전의 쓰라림을 겪고 있겠지요. 반면, 우리는 자유를 얻었다고는 해도 귀국할 방법이 없어 어쩔 줄을 모르고 있었습니다. 무언가에 얻어맞은 것 같은 기분에 제대로 쉴 수도 없었습니다.

합숙소 반장의 이야기를 듣고 그 이튿날부터 경상도 출신을 시작으로 전라도나 충청도 사람들이 두세 명씩 하카타로 향했습니다. 그러는 중에 나는 강원도 출신인 야마자키 씨와 이야기를 나눌 수 있었습니다. 그의 고향은 철원이라는 곳으로, 산 중턱에 열 두세 채의 집이 흩어져 있는 산골 마을인데, 주로 화전을 하며 살아간다고 했습니다. 그런 촌에도 징용 할당이 있었는데, 누군가를 지명할 수가 없어서 자진해서 징용인이 되었다고 했습니다. 그리고 후쿠오카현의 야마다 탄광에 끌려와 일 년 가까이 일하다가 틈을 봐서 도망쳤다고 합니다. 징용된 것이 1943년 8월이었으니, 나보다 아홉달 빠른 징용 선배였습니다. 고향에는 마흔 셋이 된 두 살 아래 부인과 다섯 명의 자녀들이 있어, 돌아가면 일곱 가족이 될 거라고 했습니다.

산을 태워 개간한 계단식 밭이 집을 비운 2년 사이에 다시 사용할 수 없게 되었을까 봐 걱정이라고 했습니다. 일단 부산에 도착할 때까지는 함께 가자고 이야기했습니다. 부인과 자식이 있고, 나이도 나보다 스무 살이나 많은데도 그의 말투에는 순수함이 묻어났습니다. 그런 순수함을 두고 사람이 모자라다느니 머리가 이상하다느니 하며 험담을 하는 합숙소 동료도 있었습니다. 그를 욕하던 사람들은 이미 합숙소를 떠났습니다. 내가 귀향 이야기를 꺼냈을 때 야마자키 씨는 "어디에서 배를 타는지도 아직 확실하지 않은데 왜 다들 저렇게 서둘러 떠나는 걸까?" "지금껏 여기저기 헤매고 다녔으니, 집으로 가는 길만은 헤매고 싶지 않네", "자네 고향과는 가까우니 서로 돕는 게 좋겠네. 기차나 배는 나도 일본에 끌려올 때 처음 타 본 거라, 자네처럼 겁이 좀 난다네"라고 말했습니다.

이것 말고도 여러 이야기를 하면서 '이 사람은 굉장히 사려 깊고, 속이 꽉 찬 사람이구나!'라는 생각이 들었습니다. 평소엔 각자 좋아하는 것이 다르고 몸이 피곤해서 그럴 기회가 없었는데, 그때 처음으로 깊은 이야기를 나눈 겁니다.

야마자키 씨의 고향인 강원도 철원은 조선반도의 한 가운데에 있습니다. 그곳은 제 고향 황해도 곡산군 여모루 마을 옆을 흐르는 영변천의 원류로 덕업산 동쪽을 넘으면 나오는 곳입니다.

전쟁이 끝나고 일주일이 지난 지금, 이 합숙소에 남아있는 사람은 나와 야마자키 씨, 가이모토 씨였습니다. 유일한 일본인 나카가와 씨는 귀국과는 상관이 없는 사람이었습니다. 가이모토 씨의 고향인 경기도는 일본이 직할통치의 부(府)를 설치한 조선의 중앙지대로, 경성이라는 대도시를 품은 지방입니다. 옛날에는 이 경성의 바로 북쪽에 있는 개성이라는 곳이 조선의 수도였습니다.

내 고향 황해도를 가기 위해서는 경성과 개성을 경유해야 합니다. 이런 사정으로 평소엔 이렇다할 교류가 없었던 가이모토 씨에게도 동행을 제안할 마음이 든 겁니다.

일 잘하는 가이모토 씨

가이모토 씨도 합숙소에서는 말수가 적고 잡기에 빠지는 일도 없어서, 좀처럼 속을 알 수 없는 사람이었습니다. 태어난 고향은 경성을 등진 서해의 어느 섬이라고 하는데, 일본에 연행되기 전 본업이 어부였다는 이야기를 며칠 전에 들었습니다.

여자처럼 부풀어 오른 가슴에, 몸 전체가 근육이라고 할 정도로 체격이 좋았는데, 합숙소에서 가장 힘이 좋은 사람이 바로 가이모토 씨였습니다. 내가 아는 한 그가 담당하는 방공호 작업은 특출나게 성적이 좋았습니다. 다른 조는 꾀를 부리는 것이 아닌가 싶을 정도로 일을 대충 했습니다. 나는 합숙소 공사 진행상황 기록이나 출근부 작성 등을 담당했기 때문에 방공호 작업 진행상황을 누구보다도 잘 알고 있었습니다.

내가 만든 기록을 합숙소 반장이 관리하고 군부에 보고해 공사대금을 수령하는 이른바 성과급 방식이었습니다. 이러한 제도였기 때문에 매월 15일에 마감할 때마다 가이모토 씨 조가 합숙소에서 가장 많은 급료를 받아갔습니다. 그런데 나카가와 씨를 제외하고 합숙소 전원이 조선인이었기 때문에 일본에 대한 편견이나 허세가 드러나기도 했습니다. 특히 경상도 출신 중 입김이 센 사람은 가이모토 씨 조를 '반 왜놈'이라며 험담을 하곤 했습니다. 질투 때문이었겠지만, 그것을 들은 반장은 경상도 사람들에게 "그런 험담을 하다니, 부끄럽지도 않은가? 반장인 나도, 자네들도, 가이모토도 모두 같은 처지네, 다른 게 있다면 주어진 일을 성실히 하는 것뿐 아닌가. 조국을 잃었다고 해서 주어진 일도 제대로 못한다면 그야말로 수치가 아니겠는가? 잘들 생각해보게. 성실히 일하는 사람을 두고 이러쿵저러쿵 험담해서 되겠는가? 우리는 일본 제국을 위해 일하고 있는 것이 아니라, 우리 자신을 위해 일하고 있네. 자기 일을 잘 해내야만 상대에게 당당할 수 있다네. 시시한 놈이 질투나 험담을 하지. 내가 자네들과 같은 경상도 출신이라는 게 창피해지네. 가이모토가 일 하는 모습은 아주 훌륭해. 그저 묵묵히 주어진 몫을 해내는 당당함이 있지. 자네들처럼 일본을 원망하고 증오하는 마음이 가이모토인들 다르겠는가? 그런데도 그것을 억누르며 꿈쩍 않고 일하고 있지 않은가?"

나는 그때 손을 씻으러 가는 길에 이 이야기를 들었는데, 괜히 엿듣는 것 같아 그냥 내 방으로 돌아왔습니다. 나는 그때 들은 반장의 이야기를 아무에게도 말하지 않았습니다. 엿들었다는 찜찜함과 왠지 다른 사람에게 얘기를 옮겨서는 안 된다는 마음이 들었기 때문입니다.

이 일이 있고 반 년도 지나지 않아 전쟁이 끝났습니다. 그리고 경상도나 전라도 출신 사람들 모두가 종전 이 삼일 뒤에 고향을 향해 떠났습니다. 험담을 한 사람, 들은 사람 모두 "무사히 잘 돌아가게!" 하며 악수를 하고 헤어졌습니다. 그리고 마지막까지 남은 사람이 일본에서 가장 먼

거리에 고향이 있는 세 사람이었습니다. 나는 야마자키 씨를 설득하는데 성공하고 야마자키 씨와 함께 가이모토 씨를 설득하기로 했습니다.

야마자키 씨와는 비교적 쉽게 마음이 맞았지만, 가이모토 씨를 설득하려고 하니 긴장이 되었습니다. 전에 들은 반장의 말이 문득 머릿속에 떠올랐습니다. '꿈쩍 않고'라는 말이 신경 쓰였던 겁니다. 나는 그때 어렸기 때문에 '꿈쩍 않고'라는 표현이 굉장히 위압적으로 느껴져서 내심 겁을 먹고 앞질러 긴장한 겁니다. 가이모토 씨는 햇볕에 잘 그을린 근육질 체격에 키는 2미터는 되어 보일 정도로 컸고, 얼굴 한쪽에 곰보 자국이 있어서 얼굴 그 자체에 위엄이 있었습니다. 야마자키 씨는 원래 성이 황 씨이고 가이모토 씨는 변 씨였습니다.

나는 합숙소에 들어와서 처음으로 두사람과 정식으로 자기소개를 했습니다. 그때 알게 된 사실은 가이모토 씨가 살던 곳이 바로 1875년 일본군이 처음으로 조선에 상륙해서 조선농민과 총격전을 벌였던 강화도 근처에 있는, 집이 서른 채도 되지 않는 이름없는 작은 섬이라는 것입니다. 그 섬에서는 일본인을 왜귀(倭鬼)라고 부른다고 합니다. 우리 동네에서는 일본인을 왜놈이라고 불렀습니다. 조선에서는 일본인을 두고 지방마다 다르게 불렀지만, 이렇게 증오가 담긴 별칭이 80년 가까이 이어져 온 것을 생각하면 분노보다는 슬픔이 먼저 느껴졌습니다.

가이모토 씨도 우리의 제안을 흔쾌히 받아들였습니다. 그렇게 결정하자 하루라도 빠른 게 좋다고 해서 다음 날 출발하기로 했습니다. 이 날이 8월 23일이라고 기억하고 있습니다.

야마자키 씨, 가이모토 씨, 나. 이렇게 세 사람은 돈을 모아 반장한테 막걸리 한 되를 받아서 혼자 남을 나카가와 씨도 불러 술자리를 만들었습니다.

막걸리를 마시다

나는 나가카와 씨와는 두 번 정도 함께 술을 마신 적이 있습니다. 그런데 다른 두 사람과는 처음 갖는 술자리여서 어색할 만도 했지만, 금세 취기가 돌면서 흥이 올랐습니다. 먼저 나가카와 씨가 "나는 조선 지리는 전혀 모르지만, 지금 이 세 사람만 남아 있는 어떤 이유가 있는 건가?"라고 물었습니다. 나는 "네, 그건요, 일본에 현이 있는 것처럼 조선에도 도라는 것이 있는데, 우리 세 사람은 고향이 다 이웃해 있습니다. 그래서 고향이 가까운 사람끼리 조를 짜서 먼저 출발한 겁니다. 모두 갑자기 일본에 끌려왔기 때문에 막상 돌아가려고 하니 불안한 거죠. 저도 기차나 배를 탄 건 일본에 끌려올 때가 처음이었고, 행선지가 어디였는지도 몰랐어요"라고 말했습니다.

"그건 노예나 매한가지군"이라고 나가카와 씨가 말했습니다.

"맞아요. 노예. 우리가 그랬어요"라고 말을 이어받은 것이 가이모토 씨였습니다. 그의 일본어도 나처럼 더듬거리는 일본어입니다 "나는 물고기 잡는 매일, 배도 작고, 그날도 물고기 잡으러 가는 도중에 군대 차가 오더니 길에서 일본 군인 세 사람, 트럭에 타라고 명령, 나는 무서워서, 별수 없이, 트럭에 탔더니 경성(서울)까지 바로, 트럭 안에 조선인 세 사람 있었다. 경성에서 뿔뿔이 흩어졌다. 나만 일본으로 끌려왔다. 합숙소 탄광에 끌려와, 배 고프고 일본어 모르고, 거기 반장이 나쁜 사람, 조선인들 바보라며 때리고 걷어차고, 참을 수가 없어서 도망쳤다. 군 공사장 안전하다고 듣고 히로시마 해군 기지에 가서 두 손을 모으고 일하게 해 달라고 부탁했다. 이상해. 군대에게 끌려와서 해군에게 일 해 달라고 두 손으로 빌고. 밤에 이불 뒤집어쓰고 울었다. 정말로 한심하고 분했다. 나, 죽어도 일본 용서 못해. 나가카와 씨..."

가이모토 씨 눈에서 눈물이 방울져 떨어졌습니다.

나카가와 씨는 왼쪽 눈으로 가이모토 씨를 노려보듯 바라보았지만, "그 마음 잘 안다네. 조선인도 중국인도 영국인도 다 같은 사람인데, 인간이 인간을 무시하고 괴롭히고. 정말 한심하기 짝이 없지. 나는 한쪽 눈이 멀었다는 이유로 이런 합숙소를 떠돌아 다닌다네. 이상한 이야기지만, 그 덕분에 양쪽 눈을 다 가진 사람보다 더 넓은 세상을 보고 있는 것 같아. 나는 원래 꼬인 사람이라 남의 기분 맞춰주는 걸 못해서 모두와 잘 사귀지를 못하지. 가이모토 씨가 죽어도 일본을 용서할 수 없다는 그 마음, 이해 못할 것도 없네. 일본과의 악연은 이제 다 끝났으니 고향에 돌아가면 이번엔 자기를 위해, 가족을 위해 열심히 살게. 그게 나라를 위하는 길이기도 해. 그것이 또한 일본을, 아니 일본인을 뒤돌아보게 하고 원망과 고통을 느끼게 하는 것이라고 생각하네. 이별인사로는 어울리지 않으니 한솥밥을 먹었던 동료끼리 여기서 옥신각신 다투지는 않았으면 하네. 이런 이야기도, 한 지붕 아래에서 자는 것도 오늘 밤이 마지막이니 기분 좋게 마시고 잘 자고 내일 길을 나섰으면 하네. 가이모토 씨."

일본인인 나카가와 씨가 우리 셋에게 한 이별의 말을 요약하면 이런 내용이었습니다. 이때 나와 야마자키 씨도 줄곧 말없이 듣고만 있었습니다.

이날 밤 가이모토 씨의 마지막 말이 인상적이었습니다.

"별 수 없지. 나카가와 씨도 우리도 살다보면 여러가지 일이 생긴다네. 무슨 일이든 지금이 중요해"라는 말이었습니다. 나도 모르게 "그렇죠"라고 대답했습니다.

'지금이 중요해'라는 가이모토 씨의 말은 훗날 나의 삶에 큰 도움이 되었습니다. 힘들 때마다 분발하기 위한 응원의 말이 되었지요. 기댈 사람하나 없는 이 나라에서 소년이었던 나는 미래의 계획은 꿈 같은 일이었습니다. 그저 '지금이 중요해'라는 생각으로 하루하루를 어떻게든 살아낸 겁니다.

그날 밤 일본에 대한 가이모토 씨의 원망과 푸념을 나카가와 씨는 이별의 말로 받아들였고, 가이모토 씨의 '지금이 중요해'라는 말로 두 사람은 서로 마음을 나눌 수 있었던 것 같습니다. 나는 두 사람이 사이좋게 이야기하는 모습에 기뻐했던 마음을 기억합니다.

존경이라고 하면 과장이지만, 적어도 나는 나카가와 씨를 스승으로 삼고 싶을 정도의 마음이었습니다. 살아가는 방식이나 세상을 보는 눈, 변화에 대응하는 적당한 지침 등 인간적으로 미숙했던 나와는 하늘과 땅만큼이나 차이가 있었습니다. 품위 있어 보이는 나카가와 씨와도 이제 마지막이라는 생각에 쉽게 잠들지 못했던 기나긴 밤이었습니다. 억지로 자려고 하면 할수록 전쟁, 징용, 탄광, 탈주 이후 이런저런 사람들과의 만남, 고향의 아버지, 동생들, 급기야 여모루 마을의 친구들, 영변천의 투명한 수면에 빛나는 물고기들까지 끝간 데 없이 환상처럼 떠올라 몸이 뜨거워졌습니다.

작별인사

긴 세월 우리를 학대했던 원망스러운 상대가 망하고, 기적적으로 조국이 해방되어 누구든 거리낄 것 없이 고향으로 돌아갈 수 있다는 기쁨은 그 무엇에도 비교할 수 없었습니다. 그런데도 좋은 일만이 아니라 나쁜 일까지 많은 생각이 내 안에서 소용돌이 쳤습니다.

먼저 출발한 사람들은 이런 복잡하고 불안한 마음을 어떻게 가다듬고 떠났는지 부럽기까지 했습니다. 버팀목으로 들어올린 창밖으로 희미하게 날이 밝아 올 때까지 나의 잠은 여기저기를 뛰어다녔습니다. 짧은 여름밤은 그렇게 온갖 생각으로 깊어 갔습니다.

아침이 밝았습니다.

"한 시도 잊지 않고 떠오르는 그리움, 그저 돌아갈 것 만을 마음에 새기고 최선을 다한 보람이 있어서 마지막까지 남아 있던 우리도 귀국을 합니다. 우리 조선인들의 삶을 칭찬해 준 나카가와 씨, 일본인으로서 분하고 슬픈 마음 등 여러가지가 있겠지만 그런 것들을 뛰어넘어 새로운 인생을 밟아 나가기를 기원하며 헤어지도록 하겠습니다."

전날 밤 잠을 설치며 연습한 작별 인사였습니다.

단 두 달여지만 한 지붕 아래에서 생활하며 존경하게 된 나카가와 씨와 생이별을 해야 한다고 생각하니, 최고의 예의를 갖추고 싶었습니다. 그 마음이 통했는지 나카가와 씨의 외눈에서 눈물이 흘러내렸습니다. 이별의 말을 전한 내 눈도 흐려졌습니다. 놀라운 것은 죽어도 일본을 용서하지 못한다던 가이모토 씨가 나카가와 씨의 두 손을 붙잡고 놓아줄 생각을 하지 않고 서로 바라보고 있었다는 겁니다. 어렸던 나는 두 사람이 무슨 이야기를 했고, 어떤 맹세를 나눴는지 알 길이 없었습니다.

무릇 인간이란 민족이 달라도 개인과 개인의 마음이 통하면 친밀함이나 존경 같은 것이 저절로 솟아오릅니다. 그것이 민족, 국가가 되면 이해나 동정하는 마음은 희미해지고 경멸하고 모욕하며, 결국엔 힘으로 약자를 굴복시키는 심리는 어디서 생기는 걸까요? 나카가와 씨도 그저 입을 다물고 언제까지고 악수했습니다.

야마자키 씨는 인사가 끝나자 서둘러 바깥으로 나갔습니다. 나는 나갈 때를 놓쳐 어찌할 바 모르는 채 시간이 흘렀습니다. 더 이상 기다리기 힘들었던 나는 두 사람 사이를 갈라놓듯이

"그럼, 나카가와 씨 건강하세요!" 하며 한번 더 이별의 말을 했습니다.

야마자키 씨, 나, 가이모토 씨 순서로 언덕을 한번에 내달리듯 내려갔습니다. 일반도로로 나오자 우리는 셋은 언덕 위를 올려보았습니다.

일주일 전 8월 15일 정오, 그 옥음방송을 듣던 넓은 적토의 끝에서 나

카가와 씨가 상반신을 벗은 채 한 손을 높게 쳐들고 있었습니다. 우리 셋은 나란히 서서 언덕을 향해 마지막 인사를 했습니다. 지금까지는 이별이든 만남이든 아쉬움이나 슬픔이 없었지만 이번만은 특별했습니다. 고향으로 돌아간다는 들뜬 마음도 물론 있지만, 그 보다 두 번 다시 나카가와 씨와 만나지 못한다는 아쉬움이 더 컸습니다. 나와 조국의 미래가 밝게 펼쳐질 것을 믿었기에 그 이별에 마음이 더 흔들렸습니다.

귀국의 첫발

8개월여 전, 가라쓰 탄광에서 탈주할 때만 해도 두 번 다시 밟고 싶지 않았던 이 길을, 이렇게 평온한 마음으로 걷고 있자니 가슴이 뜨거워졌습니다.

함께 생활하기는 했지만 일주일 전까지만 해도 나카가와 씨는 우리 나라를 정복한 나라의 국민이라 우리를 모욕하고 잔혹하게 다루어도 이상하지 않은 입장이었습니다. 그러나 옥음방송 뒤 그 신분과 권위가 순식간에 사라져 버린 것입니다.

지금까지 말했듯 나카가와라는 일본인은 자기에게 주어진 권위, 권력을 미련없이 던져버린 사람이었습니다. 일반적으로 사람들은 권위나 권력이 생기면 그 힘을 휘두르기 마련인데 나카가와씨는 그런 힘을 스스로 내던져버린 정의로운 사람이었습니다. 나는 그런 나카가와 씨와 귀향을 저울에 올리고 고민했지만, 역시 태어나고 자란 고향으로 마음이 기울었습니다. 일본이라는 나라에는 한 치의 미련도 없지만 '고맙습니다'라고 말하고 싶은 것은 탄광의 반장이었던 우라 씨이고, 미련이 남는 것은 나카가와 씨였습니다. 이러한 복잡한 심경을 안고 동행한 황 씨, 변 씨와 함께 귀국의 첫발을 내디딘 것입니다.

세 사람은 언덕위에 있던 합숙소에서 내려와 도로를 가로지르고 논밭을 지나 철길을 따라 역까지 걸어갔습니다. 당시 아마기 선[*]의 열차시간 간격은 한 시간 정도였던 것 같습니다. 우리가 역에 도착하자 곧 열차가 들어왔는데, 그때가 10시 가까운 시간이었고, 그 열차가 두 번째 차였던 것으로 기억합니다. 연락선은 하카타 항에서 출항하니 하카타까지 왕복 경험이 있는 내가 안내를 하게 되었습니다.

우리가 하카타역에 내린 때는 거의 점심 때였습니다. 내가 하카타에 온 것은 그때가 세 번째였습니다. 처음은 지원병이 되지 않기 위해 혼자서 호시야마 합숙소를 뛰쳐나와 하카타 역 앞을 지나 이타즈케 비행장 합숙소로 갈 때였습니다. 다음은 한 달 뒤 6월 중순, 하카타 대공습 이틀 뒤였습니다. 그리고 이번에는 자유의 몸이 되어 거리낄 것 없이 고향으로 돌아가기 위해 온 것입니다. 두 달 만에 다시 찾은 하카타역은 대공습 직후와 크게 다르지 않았지만 역 앞의 모습은 너무나 달라져 있었습니다.

하카타항에 북적거리는 군중

역사 대합실은 물론 역 앞 광장은 사람, 사람, 사람들로 북적대고 있었습니다. 구깃구깃한 군복차림의 사람들은 앙상한 얼굴로 힘없이 눈만 희번덕거리며, 마치 떠돌이 부랑자 무리가 사냥감을 쫓는 듯한 모양새를 하고 있었습니다. 그런 모습은 우리뿐 만 아니라 하카타 주민들의 눈길을 멈추게 했습니다. 그 모습이 황 씨와 변 씨에게도 이상하게 비춰진 모양입니다.

변 씨가 먼저 "이 군인들은 뭐지?"하고 물었습니다. 나는 "글쎄요?" 밖에 대답할 말이 없었습니다. 아침에 떠나온 합숙소에 들어가서 얼마 지

---

* 일본 지방 철도 노선 중 하나.

하카타항의 북적거리는 군중
고국으로 돌아가기 위해 조선인들이 하카타항에서 배를 기다리고 있다.(1945년
10월 19일 국사편찬위원회 제공)

나지 않아 벌어졌던 일이 생각났습니다. 매일 점심때가 되면 방공호를
파는 현장에서 저마다 합숙소에 돌아와 식사를 합니다. 어느 날 한창 떠
들썩하게 점심을 먹고 있는데, 새하얗게 빨아입는 반팔 군복차림의 하
급군인 두 명이 왼쪽 어깨에 반합을 두 개씩 매달고 식당 입구에 나타나
"경례!"하고 큰소리로 외쳤습니다. 모두들 그쪽을 쳐다보자 "저희는 밥
을 얻으러 왔습니다. 잘 부탁합니다! 이상!" 그러더니 꼼짝 않고 그대로
서 있었습니다.

　나는 처음 보는 일이라 젓가락질을 멈추고 일어섰습니다. 그러나 다
른 사람들은 아무 일도 없다는 듯 식사를 계속했습니다. 잠시 후에 합숙
소 아지매가 군인들에게 다가가 둘의 어깨에 매달린 4개의 반합을 걷어

서 우리 눈앞에 있는 밥통의 밥을 꽉꽉 눌러 담더니, 꼼짝 않고 서 있는 군인들 어깨에 아무 말없이 다시 걸어 주었습니다. 군인은 그 자세로 "경례!"하고, "뒤로 돌아!"라는 구령과 함께 사라졌습니다.

그 뒤로도 8월 15일까지 그런 일이 일주일에 두 번 정도 반복되었습니다. 그렇게 쓰디쓴 경험을 하면서도 황국을 위해 목숨을 바치겠다는 심리를 나는 이해할 수 없었습니다. 그 일은 당시의 식량난을 단적으로 보여주는 일이었습니다. 당시에 일본은 논도 밭도 휴경지가 얼마든지 있었습니다. 일본 영토가 직접 접전지가 된 것도 아닌데 어째서 군인들은 식량생산에 눈을 돌리지 않았을까요? 황국 신민을 부추겨서 전쟁에 내몬 것은 다름 아닌 군부입니다. 그 군부에 속한 군인이 하필이면 일개 공사 현장의 합숙소, 그것도 거의 조선인으로 구성된 합숙소에 밥을 빌러 오다니 어지간한 사정이 있다 하더라도 이때의 나는 놀랍기 보다는 어이가 없었습니다.

합숙소 사람들 대부분이 밥을 빌러 오는 군인들에게 눈길도 주지 않는 건, 아마 나와 마찬가지로 질려버려서 그들을 업신여기는 표현임이 틀림없습니다.

당시의 군부는 식량 조달은 철저하게 했지만, 식량은 생산하는 것이라는 원칙에는 미치지 못한 듯합니다. 전쟁이 인간 그 자체가 주역이라는 건 말할 필요가 없으며, 그 당사자인 군인이 식량이 부족해 배가 고파서는 싸움이 안되겠죠. 실제로 이렇게 밥을 얻으러 오기 시작한지 3개월도 지나지 않아 일본은 패전했습니다. 패배라고 단순하게 생각하기 쉽습니다만, 일본은 약 15년 동안이나 끊임없이 전쟁을 해왔던 겁니다. 그렇게 간단히 정리될 일이 아니었습니다. 무엇보다 몇 백만의 생명이 패배라는 현실 앞에 헛된 죽음이라는 쓰라림을 겪었습니다. 그리고 어마어마한 전쟁 비용이 바람처럼 사라졌습니다.

이를 지탱하기 위한 조선인의 노동도 헛된 수고가 됐습니다. 15년 전쟁의 패배는 일본인, 조선인 모두를 지쳐 나가떨어지게 했습니다. 하카타역 주변에 모여서 꿈틀거리고 있는 군인들은 바로 그 패배한 귀환병 무리였습니다. 이들은 규슈 근처의 주둔지에서 어딘가로 귀환하고 있는 군인이 틀림없습니다.

하카타는 예나 지금이나 규슈 제일의 도시라서 사람들이 식량을 구하기 위해 중간에 내렸습니다. 그러나 하카타는 두 달 전에 대공습을 받아 간신히 신하카타역 주변만 난리를 피했을 뿐 하카타 역부터 항구까지, 와타나베(渡辺)거리부터 나카스(中洲), 텐진쵸(天神町)까지 부분적으로 건물이 남아 있을 뿐, 완전히 타버린 들판이 되어 파괴된 잔해를 속속들이 드러내고 있었습니다. 식량을 만날 수 있는 곳은 신센쿄(神仙郷)로 신선들과 해후하는 것보다 어려운 일이었습니다.

항구의 모습

우리 셋은 그런 귀환병들을 곁눈질하며 역 앞부터 항구까지 이어지는 번화가의 완만한 내리막길을 걸었습니다. 도로 폭은 꽤 넓었지만 파괴된 잔해와 토사가 날려, 직선 길을 구불구불 걸어야만 했습니다. 500미터 정도 걷자 눈앞에 항구의 모습이 들어왔습니다. 하카타역을 등지고 걷던 나는 검게 탄 벽의 일부와 찢긴 듯한 골조의 철근이 굽어서 흉하게 속살을 드러낸 건물에 눈이 갔습니다.

그것이 건물의 벽이라고 생각한 이유는, 키 높이 정도에 깨진 창문의 반쪽이 남아 공중에 매달려 있었기 때문이었습니다. 앞쪽 길에 접한 벽에는 이 건물의 버팀목인지 기둥인지 알 수 없는 부서진 콘크리트 구조 같은 게 있고, 길 쪽에는 '이즈쓰야(井筒屋)'라고 새겨 넣은 그을린 금 간 간판이 묻혀 있었습니다.

하카타항의 북적거리는 군중
하카타항으로 귀환하는 일본인들(미국립문서기록청, 한국일보 2015년 2월 23일)

금 간판을 보면 공습 받기 전에는 몇 층 짜리인지 몰라도 근사한 가게였을 것 같아 넋을 잃고 바라봤습니다. 마을 이름은 모르지만, 항구가 눈에 보이기 시작했습니다. 우글거리는 군중도 눈에 들어왔습니다. 신기하게 이어진 땅 한쪽 끝에 거뭇거뭇한 지붕이 보였습니다. 그 앞쪽은 수평선이었는데 그림자조차 없는 푸른 바다뿐이었습니다.

"저 바다를 건너면 고향에 갈 수 있어. 원래의 생활로 돌아 갈 수 있어."

그 생각만이 머리속에 가득했습니다. 이제 식민지도, 전쟁도, 징용인의 고통도, 모두 멀어져 갔습니다. 마음은 고향에 먼저 달려가 있었습니다.

이렇게 들뜬 마음은 아무도 모르는 비밀스러운 보물을 몸속에 감추고 있는 듯한 기분이었습니다. 18년 동안 살면서 처음으로 이렇게 기쁜 마음과 만났습니다. 이상할 정도로 조선인이라는 민족의 긍지가 몸 전체를 감쌌고, 힘껏 내달리는 기분이었으며 다른 어떠한 감정도 섞이지 않은 황홀한 기분이었습니다. 보름 전까지는 일본에 지배당해 굴욕적인 감정을 끌어안고 내 의지를 억누르며 살던 인생이, 지금 이 순간 하카타 항구 앞에서 아득히 사라졌습니다.

다만 고향에 돌아 갈 생각만이 나를 지배하고 있었습니다. 상황이 180도 뒤집힌 것은 누구나 알 수 있었습니다. 식민지의 비애를 등에 지고 태어나, 언어를 빼앗기고 노예처럼 이리저리 끌려 다닌 우리를 옭아매고 있던 속박이 완전히 제거되어, 대명천지에 활개치며 돌아다닐 수 있다는 기쁨이 우리 조선인의 정신을 완전히 되돌려 놓은 것입니다.

타다 남은 마구간과 수상경찰서

신하카타역에서 항구를 경유하는 텐진쵸행 시영 전철길을 가로질러서 항구로 이어지는 큰 거리를 따라갔습니다. 바닷냄새라기보다 고약한 냄새가 우리를 끌어당겼습니다. 이미 하카타 항구에는 그 냄새에 끌려 몇만 명의 조선인이 몰려들었습니다. 우리 삼인방은 그 무리 안에 들어가 있기로 했습니다. 우리는 곧장 선착장을 향해 선로를 건너서 항구 거리에 발을 들여 놓았습니다. 선착장 부두까지 5, 6백 미터 정도 되어 보였습니다. 길 폭은 현재 1급 국도 정도였던 것 같습니다. 이 지대는 인공적으로 매립한 곳인 듯, 부두를 향해 있는 콘크리트 방파제의 오른쪽은 50센티정도 솟아 있었고 왼쪽은 평평했습니다. 태어나서 처음 밟아 보는 곳이라 좌우를 잘 살피며 걸었습니다.

제일 먼저 눈에 들어온 것은, 우측에 황국군인들이 위엄 있게 타고 다니던 말과, 그 말이 사는 마구간 열 몇 채가 방파제까지 쭉 늘어서 있는 모습이었습니다. 그리고 좌측에는 타다 만 수상경찰서만 위엄이 벗겨진 듯 덩그러니 남아 있었습니다. 콘크리트는 검게 그을렸고 당시 경찰서 위엄의 상징이었던 열 단 가까운 계단을 올라가면 입구가 나오는 낡은 건물이었습니다.

내 기억으로는 수상경찰서 근처에 다른 건물은 없었습니다. 우측에 마구간 좌측에 수상경찰서, 그 중심부를 관통하는 부둣가, 막다른 곳에 선착창이 있고, 우리 삼인방은 곧장 선착장을 향해 돌진했습니다. 우측에 늘어선 마구간이 끝나는 곳에 언뜻 보기에 길쭉한 광장이 선착장 대합실까지 뻗어 있었습니다. 이 광장이 말 훈련장이라는 걸 나중에 알게 되었습니다.

선착장 앞 넓은 바다, 아득한 저 편은 우리가 가고자 하는 내 조국 조선 땅입니다. 그곳에는 이미 몇 만 명으로 보이는 사람들이 모여 우왕좌왕하며 소란스러웠습니다. 이 사람들도 우리처럼 조국으로 돌아가려는 조선인입니다. 나는 그렇게 많은 군중을 보는게 처음이었습니다.

일상생활에서 많은 사람을 만나는 일은 결혼식이나 장례식, 마을 모임 정도입니다. 내가 모르는 사람들 속에 처음으로 들어가게 된 것은 학교에 입학했을 때였습니다. 그 다음은 군의 번화한 도시인 곡산읍에서 열리는 청공시장에 아버지가 여러 번 데려갔습니다. 청공시장은 몇 개월에 한 번 정도 장이 열리는 날이 정해져 있었는데, 그때마다 마을어른들은 장에 갔습니다. 시장에서는 주로 물건을 사고 파는데, 1935년 즈음 시장에서는 주로 물물교환을 했습니다. 사람들이 곡물, 가축, 닭, 가구나 사기그릇까지 온갖 물건을 가지고 나와 서로 교환했습니다.

아무튼 근처의 다른 군에서도 사람들이 모여들기 때문에 시장 뿐 아니라 그 주변도 사람들로 가득 찼습니다. 그렇게 모였다가 해가 기울기 시작하면 아침에 왔던 길로 되돌아갑니다. 그렇기 때문에 그 수 많은 사람들도 일상의 모습으로 보였던 것입니다.

그리고 내가 1학년인가 2학년이었을 때, 당시의 경성에서 어떤 박람회가 있다고 아버지는 어린 나를 데리고 멀리 경성까지 버스랑 기차를 갈아타고 여행을 갔습니다. 다만 지금도 어렴풋이 기억 나는 건, 여기가 가장 번화한 종로라고 했던 말과 여기는 왜놈이 오기 전까지 임금님이 사셨던 궁궐인 경복궁이라고 했던 것, 그리고 하늘을 찌를 듯한 건물을 가리키며 이게 일본인이 경영하는 백화점이라는 건데, 온갖 물건을 파는 곳이라고 했습니다. 그러나 나는 가게 앞에 놓인 처음 보는 갖가지 물건들에 넋을 빼앗겨, 그 건물이 몇 층 짜리였는지도 기억하지 못합니다. 또한 틀림없이 많은 사람들이 그 앞을 오갔을 터인데 그런 건 전혀 관심이 없었습니다.

그렇게 많은 사람들이 모인 걸 몇 번인가 본 적 있는 저였지만 하카타 항구에 있는 군중의 모습은 그저 놀라울 따름이었습니다. 우리 삼인방을 에워싸고 빼빼이 들어선 사람들은 마치 파도처럼 움직이고 있었습니다.

내가 1년 전쯤 가라쓰 탄광에 끌려 왔을 때, 그곳에 조선인 노동자가 3백 명이 있다는 소리를 듣고 "어떻게 이런 일을 할 수가 있지?"하며 일본의 악행에 분개했던 것은 새발의 피였다는 사실을 깨닫고 나의 어리숙함에 기가 막힐 뿐이었습니다

귀국에 대한 큰 오산

전쟁이 끝나고 열흘이나 지나서 우리가 제일 늦게 이곳 하카타에 왔다고 생각한 건 큰 착각이었습니다. 우리 뒤로도 끊임없이 사람들이 몰려왔기 때문입니다. 몇 만명이나 되어 보이는 조선인 군중은 열흘이 지나고 스무날이 지나자 어느샌가 몇 십만 명으로 늘어나 있었습니다. 그리고 가을의 선선한 바람이 불어올 즈음에 그들은 점차 나락으로 떨어져 갔습니다.

그런 생지옥이 기다리고 있을 거라고는 누구도 예상하지 못했습니다. 하카타에 가면 우리가 고향에 돌아갈 수 있을 거라고 의기양양하게 이곳까지 온 것은 뭘 모르고 내린 잘못된 판단이었습니다.

8월 15일 정오 옥음 방송 후에 일본 군인이 한 '오늘 지금 이 순간부터 대일본제국은 너희들에게 자유를 허락하겠다. 앞으로는 일절 너희들에게 관여하지 않겠다!'라는 선언에, 우리 조선인들은 감격한 나머지 환희에 취하고 말았습니다. 그 선언에 감추어진 취지와 조선인들이 받아들인 생각은 상반되었는데, 무지해서 그 어긋남을 알아채지 못하고, 몇십 만 동포들의 눈과 마주하고서야 비로소 그 선언의 헛됨을 깨달았습니다. 게다가 하카타에 가면 바로 배에 탈 수 있을 거라고 철썩 같이 믿으며, 자신들이 끌려왔을 때처럼 돌려 보내 주는 게 당연하다고 생각했지요. 그러나 '관여하지 않겠다!'라는 말로 이미 공허해진 약속임에도 불구하고, '자유를 허락하겠다!'는 거짓말을 보물 단지처럼 끌어 않고 우쭐한 기분이 되어, 그 선언을 선의로 받아들인 것 자체가 애당초 큰 착각이었습니다. 우리 삼인방은 무리를 가르며 선착장 대합실로 직진했습니다.

간신히 대합실 입구에 도달했을 때, 대합실 앞에는 새끼줄이 쳐져 있고 조선인 청년 서너 명이 가로막아 서며 "이 이상은 안에 못 들어 갑니다. 돌아가세요!"라고 저지했습니다. 가이모토 씨가 "왜요? 귀국하려고 왔소. 수속을 못하게 하면 어쩌란 말이오?"라고 따지며 덤비자, 청년은 "보시다시피 먼저 온 사람부터 순서대로 승선하도록 번호표를 나눠주고 있는데, 현재 만 명정도 밖에 나눠주지 못했습니다. 나머지는 승선구에서 가까운 사람부터 순서대로 기다리고 있습니다. 가능한 선착장 가까운 곳에 자리잡으세요. 승선은 하루에 삼백 명, 운임은 일인당 백 엔이고 18일부터 배가 움직였으니까 지금까지 2천명 정도 귀국했습니다. 조금이라도 빨리 자리를 잡도록 하세요!"라고 말하고는 더이상 상대하지 않겠다는 듯한 태도를 취했기 때문에 물러 설 수밖에 없었습니다. 우리는 온 길을 다시 돌아 갈 수밖에 없었습니다.

　대합실까지 이어져 있는 말 훈련 광장은 이미 와있던 사람들이 멍석을 깔거나 낡은 판자를 늘어 놓기도 하고, 낡은 돗자리와 이불을 깔고 자리를 잡은 사람들로 가득 했습니다. 수상경찰서가 있는 다른 한쪽은 콘크리트 바닥인 데다가 방파벽이 세워져 있지 않아, 밀물 때 물보라가 들이쳐 자리를 펴지 못해, 드문드문 서있거나 바다를 향해 발을 내놓고 앉아 있을 뿐이었습니다.

　우리는 앞으로 어떻게 할 지 의논하며 방금 전에 넘어온 노면전차거리를 걸었습니다. 한 달 내내 출항한다고 해도 만명 정도 밖에 줄지 않습니다. 이대로라면 이삼 년 후나 고향에 돌아갈 수 있다는 생각에 정신이 아득해졌습니다. 나는 삼백 엔 정도 밖에 없어서 몹시 불안하고 앞일이 염려되었습니다.

　잠시 후 오던 길에 본 마구간에 이르자, 거기로 사람들이 드나드는 모습이 눈에 띄었습니다. 장기간 기다리게 될 상황을 염두에 두고 마구간에 머물기로 했습니다. 선착장 가까운 쪽 마구간은 이미 사람들로 꽉 차서 우리는 선착장과 좀 떨어진 빈 마구간에 자리를 잡았습니다. 가로로 긴 마구간은 통나무를 엮어서 만들어졌고, 한 동에 약 12칸의 마구간이 늘어서 있었습니다. 상당수의 말을 이곳에서 훈련시켜 전장에 보낸 것 같았습니다. 동과 동 사이는 폭이 꽤 넓었고, 양쪽 끝과 중간지점에 수도꼭지가 설치되어 있어서 그래도 천만다행이었습니다.

　점심이 훨씬 지나서 우리는 마구간 앞에 주저 앉아 아침에 출발할 때 받은 주먹밥을 먹으며 허기를 달랬습니다. 언제 배를 탈 수 있을 지 전혀 예측할 수 없는 상황이었기 때문에 오래 대기할 경우를 고려해서 우선 잘 곳을 확보하는 것이 시급했습니다. 우리가 주먹밥을 먹고 있는 사이에도 거리는 마치 일방통행로처럼 선착장으로 향하는 사람들의 무리가 계속해서 늘어나고 있었습니다.

우리는 이 마구간을 잘 곳으로 정했지만, 말똥이 배어 있는 짚을 어떻게 처리할 지가 문제였습니다. 난감해하는 사이에 어둠이 들이닥쳤습니다. 8월 말이라고는 해도 무더운 밤이 계속되었습니다. 해가 지자 마구간 특유한 냄새 때문인지 모기와 벌레들이 소름 끼칠 정도로 새카맣게 몰려들었습니다.

수상경찰서의 계단 아래

결국 우리는 그날밤, 마구간에서 자는 걸 포기하고 항구를 벗어나 당시의 신하카타 주변까지 가서 마당 구석에 빈 가마니가 1미터 정도 쌓여 있는 농가 한 채를 발견했습니다. 우리는 나란히 서서 "계십니까?" 하고 계속 불러보았지만 아무 대답이 없었습니다. 그래도 가마니는 탐이 났습니다. 어쩔 수 없이 우리는 가마니 한 장씩을 돌돌 말아 옆구리에 끼고 항구로 돌아왔습니다. 제일 연장자인 가이모토 씨가 다음날 그 집에 가서 가마니 값을 치르자고 했습니다.

항구로 돌아오기는 했지만 잘 곳을 정하지 못하고 옆구리에 가마니를 낀 채 선착장 주변을 이리저리 서성였습니다. 말 훈련소인 광장은 마치 인간을 깔아 놓은 듯이 꽉 차서 빈틈이 없었습니다. 하는 수 없이 마구간이 있는 곳까지 돌아와서야 수상경찰서가 생각났습니다. 내가 그 얘기를 하자 가이모토 씨는 쫓겨나지 않을까 걱정했지만 나는 "괜찮아요, 그런 일은 없을 거에요. 비가 와도 경찰서 현관의 차양은 크고 넓으니까 거기에 들어가 비를 피하면 되고, 거기 밖에 없어요. 시험 삼아 하룻밤 가보죠"라고 말했습니다. 밤이 되어도 더위가 가시지 않아 잠을 청하기도 힘들었고, 마땅히 다른 잠자리를 구하지 못한 우리는 경찰서로 향했습니다.

　경찰서 현관 앞에 무단으로 슬쩍 가져온 가마니를 깔고 밤샘을 강행한 이유는, 지금까지 우리가 얼마나 그 거대한 권력에 고통받아 왔는지를 알려 주고 싶다는 작은 앙갚음이었습니다. 하루에도 몇천 명씩 몰려드는 조선인들을 수습하지 못해 무법지대가 되고, 무질서가 활개를 쳐서 약한 사람들은 나설 곳 없는 상황이 눈앞에 펼쳐지니 참을 수 없는 분노가 치밀었습니다. 일본 경찰은 한 달 전만해도 조선인은 물론 자국민까지 공포에 떨게 했습니다. 전쟁이 끝난 순간 소극적이고 무능해진 그들의 모습이 나를 뒤흔든 겁니다.

　내가 작심한 듯 경찰서 앞에 주저앉자 나머지 두 사람도 마지 못해 따라 앉았습니다. 나는 내심 뿌듯했습니다. 이것은 일본의 권력에 대한 최후의 반항이었고, 셋이 동료가 된 후 처음으로 내 의사를 관철했기 때문이었으니까요. 내가 가장 어렸기 때문에 마음 속은 득의양양한 기분이었습니다. 밤은 조용히 깊어 갔습니다. 시끌벅적하던 말 훈련장의 군중도 돗자리와 멍석을 깔고 누워 고향을 그리워하겠지요.

　무질서한 것처럼 보였지만 그 속에서도 나름대로 선착장에 가까운 쪽부터라는 암묵의 질서가 지켜지고 있었다는 사실을 나중에야 알았습니다.

　우리는 조용한 경찰서 입구의 계단 옆에서 선착장의 무질서를 한탄하며, 언제 배에 오를 지도 모르는데 돈이 떨어지면 어쩌나, 불가피하게 장기전이 되면 어쩌나 궁리하면서 시간을 보냈습니다. 설령, 순조롭게 배를 탈 수 있다 하더라도 내년까지 기다려야 하는 것은 분명했습니다. 그렇게 정해진 이상 당연히 항구 근처에서 비와 이슬을 견디며 잠잘 곳을 마련해야 하는데, 나는 그 조건에 들어맞는 곳이 마구간 밖에 없다고 주장했습니다. 그러나 가이모토 씨는 고개를 가로저으며 "너 닷새 정도 상황을 보면서 정해도 늦지 않겠지"라고 해서 그의 의견에 따르기로 했습니다.

잠 잘 자리는 일단 정해졌지만 언제 돌아갈 수 있을지 모른다는 걱정과 처음 노숙을 하는 흥분까지 더해서 잠은 안 오고 마음은 불안으로 가득했습니다.

이렇게 된 것은 앞서 말했듯이 첫째로 우리 조선인이 무지한 탓이며, 둘째로 예고도 없이 갑자기 찾아온 종전이 원인이라는 게 제 나름의 생각입니다. 하카타에 올 때까지 만해도 조선인은 해방된 조국으로 돌아갈 생각에 들떠 한 치 앞도 예측할 수 없었습니다. 한편, 일본 국민은 일본 국민대로 십 몇 분 동안의 종전 선언으로 대일본제국의 패전과 붕괴라는 꿈에도 생각지 못했던 일을 당해서, 비통함과 혼란에 빠져, 우리 조선인의 귀환 따위에는 눈을 돌릴 여유도 없었던 겁니다.

이런 양쪽의 심리상태가 맞물려 우리의 귀국에 동반되는 수속이나 질서에 공백이 생겼다고 이해할 수밖에 없었습니다. 다시 말하면 서로가 그때의 상황에 대응할 마음의 준비가 없었던 것이지요.

가이모토 씨가 "우리도 참 어지간히 무모한 것 같네. 전쟁이 끝나니 세상이 이렇게 변하는 구만" 하고 나지막이 말했습니다. 나도 그렇게 생각했지만, 독립된 조선과 패전국 일본이 앞으로 어떻게 변할 지 잘 상상이 가지 않았습니다.

미국을 주축으로 수십 개에 가까운 나라들이 연합군을 조직해서 일본과 싸워 전승국이 되었습니다. 그 연합군이 이미 수도인 도쿄에 진주하여 도시 안을 돌고 있다는 소문이 하카타에도 퍼졌습니다. 우리가 하카타에 온 날은 8월 23일인데, 연합군의 모습은 보이지 않았습니다. 우리가 수상경찰서의 콘크리트 계단 아래에 숨어 든 것은 바로 그날 해질 무렵이었습니다.

수상경찰서의 계단은 1차선 도로 정도의 폭으로, 길이는 7, 8 미터나 되는 완만한 계단이었습니다. 계단 아래의 안쪽은 사람이 서있을 정도의 높이였습니다. 우리는 정면에서 오르내리는 사람들 눈에는 띄지 않았지만, 옆에서 보면 즉각 걸릴 만한 곳에 앉아있었습니다.

반시간 정도 지나도 셋 다 말이 없었습니다. 나는 어쩐지 벌을 받는 기분이었습니다. 그 계단 아래로 가보자고 말하고 제일 먼저 들어 간 것이 나였기 때문입니다. 가이모토 씨도 야마자키 씨도 마지못해 따라 들어온 것은 아닐까 생각되었습니다.

그곳은 마구간 냄새도 나지 않고 모기와 벌레도 적었으며 바닷바람이 시원했습니다. 환경은 그만저만했지만, 나는 누구에게랄 것 없이 "죄송합니다"라고 슬며시 말했습니다. 야마자키 씨가 "응? 무슨 말이야?"라고 물었습니다. "저, 이곳에 들어온 거 말입니다." 야마자키 씨는 "아, 그거? 조금 주눅은 들지만 이것도 다 경험이라고 생각하면 되지"라며 가이모토 씨를 향해 말했습니다. 가이모토 씨는 "여기는 항구에서 제일 조용하고 좋은 장소이지만 오래 있을 만한 곳은 아니야. 초저녁이니 한시간 정도 지나면 여기서 나가도록 하지. 마구간에 돌아가서 마음껏 활개를 펴는 게 좋아. 그리고 지금까지의 기분을 정리해서 앞으로 어떻게 할 지 다시 생각해 보아야 하지 않을까? 여기서는 대화도 의논도 좀 힘들잖아. 아무래도 장소가 장소인 만큼 주눅도 들고 말이야"라고 말했습니다. 한시간 정도 지났을 때 가이모토 씨가 "그럼 슬슬 일어날까?"하고 가마니를 반으로 접으며 일어났고, 우리도 그 뒤를 따랐습니다.

마구간으로 향하다

나는 계단 아래로 숨어들 때의 기분과는 반대로, 충동적으로 한 말과 행동이 얼마나 경솔했나 싶어 부끄러웠습니다. 거리로 나오자 어둠 속을 혼자서 묵묵히 걷는 사람, 일행과 누군가의 욕을 하면서 선착장을 향해 가고 있는 사람들이 보였습니다. 그들 대부분이 한 손으로 들 수 있는 단출한 짐만 들고 모두 같은 방향으로 걷고 있었습니다.

우리도 짐은 적었지만, 가마니를 끼고 걷는 방향만이 반대였습니다. 어둠 속에서도 콘크리트의 회색 빛만은 그대로 드러나서 사람과 사람이 부딪힐 염려는 없었지만, 옆에서 나란히 걸을 때는 부딪힐까 봐 조심했습니다. 낮에는 2분이면 충분한 거리인데, 캄캄하고 사람들이 끊이지 않아 그야말로 소걸음처럼 느려서 시간이 걸렸습니다.

선두에서 걷는 가이모토 씨는 무슨 생각을 하며 걷는지 여유 있는 걸음걸이였습니다. 나는 뒤 따라 걸으며 경찰서 계단 아래에 숨어 들었던 일을 계속 신경 쓰고 있었습니다. '이 기회에 쌓인 울분을 보란듯이 터뜨리겠어. 우리를 찾아내서 경찰이 트집을 잡아 소동이라도 일으켜 보라지. 여기는 지금 몇만 명이나 되는 동포들이 있다구. 까짓 거 수상경찰서 하나쯤은 아무것도 아니지'.

애초에 나는 그런 꿍꿍이로 수상경찰서 계단 아래에 잠입했습니다. 그러나 숨어 들자 가이모토 씨도 야마자키 씨도 아무 말도 하지 않았습니다. 나는 그 모습을 보고 내 생각이 미숙하고 얕다는 걸 깨달았습니다. 그렇다고 해서 "제가 한 일이 마음에 들지 않으세요? 어째서 아무 말 안 하시죠?"라고 물을 수도 없었습니다. 두 사람의 침묵의 원인이 나에게 있는지 확신할 수 없었기 때문입니다.

아무리 전쟁에 진 나라의 경찰서라 하더라도, 법에 따라 경찰권을 가지고 관할 내의 질서를 지키는 것이 경찰의 직무이고, 이는 전쟁의 승패와는 관계없다. 이것이 두 사람의 침묵에서 내가 끌어낸 결론이었습니다.

전쟁에 져서 비탄에 빠진 일본 국민들을 동정하고, 그들을 위로하는 마음도 남들만큼은 가지고 있지만, 일본이 내 나라 조선과 조선 국민들을 너무나도 비인간적으로 취급했다는 사실은 지울 수가 없습니다. 무참히 짓밟히고 학대당한 원한과 울분이 그렇게 쉽게 사라질 리 없습니다.

　우리는 마구간으로 가서 새끼줄을 떼어 내고, 넓게 편친 가마니를 멍석으로 깔아 잠자리로 만들었습니다. 비와 이슬을 피할 수 있는 장소가 생겼다는 사실에 한 걱정 덜었습니다. 여기저기서 벌레를 쫓기 위해 잡초를 태우는 연기가 올라왔습니다. 우리가 자리잡은 곳은 하카타 외각을 도는 노면전차의 노선에서 가까웠습니다. 석 달 전에 공습으로 다 타버린 들판이 된 지금은 전차가 다니는 일 없이 철로만 가로 누워 있을 뿐입니다.

후기(제1편)
아버지의 삶을 가슴에 품고

아버지의 역사에 대해서 쓰기 시작한 것은 내가 이케다 시립 기타테시마 (池田市立北豊島) 중학교 3학년 때였습니다. 이 중학교에 입학한 것은 아버지의 뜻이었습니다. 소학교는 집 근처에 있는 조선초급학교에 다녔고, 거기서 조선어와 조국에 관한 기초 교육을 받았습니다.

아버지가 중학교를 일본학교로 보낸 이유는 내가 딸이라서입니다. 여자는 민족과 관계없이 살아간다는 철학 때문이었습니다. 아들이었다면 철저하게 민족교육을 시켰겠지만 나는 여자니까 3년만이라도 일본 교육을 받으면, 일본에서 살아가는데 손해 보는 일은 없을 거라는 이유로 기타테시마 중학교에 들어가게 된 것입니다.

3학년때 담임 선생님이었던 무로타 선생님의 가정방문을 계기로 아버지의 역사를 쓰기를 시작했는데, 아버지가 기억해낸 경험을 내가 받아 적는 식이었습니다. 아버지도 나도 각자 사정이 생기거나 의사소통이 잘 안 될 때도 있어서 답답할 정도로 진척이 느렸습니다. 그러다 내가 중학교를 졸업할 무렵 간신히 대강이나마 글을 완성할 수 있었습니다. 아버지께서는 더 이상은 쓸 수 없다고 말씀하셨지만, 왠지 나는 그 마음을 알 것 같아서 아버지의 뜻을 거스르며 무리하게 진행하지는 않았습니다. 아무리 부모자식 사이라도 서로를 다 알 수는 없고, 알더라도 어쩔 수 없는 일이 있다고 생각합니다. 아버지와 딸의 생활이나 환경이 너무나도 달랐던 겁니다. 전쟁이라는 사건 때문에……

우리 부녀는, 특히 아버지 입장에서는 복잡한 사정이 이중삼중으로 겹친 때였습니다. 삶에 대한 아버지의 태도는 자연스럽게 내게 전해지는 것 같았습니다. 그래서 초고를 완성하고 3년 동안 아버지는 글에 손을 대지 않았습니다. 물론 그 사이 무로타 선생님은 글을 다시 쓰라고 설득하기 위해 몇 번이나 방문하셨습니다. 그러다가 내가 고등학교를 졸업하면서 아버지 혼자 원고를 계속 쓰게 되었습니다.

그리고 그 사이 내가 결혼을 했는데, 아버지는 기쁨보다 쓸쓸함이 앞섰는지 슬픔이 가득했던 것 같습니다. 결혼식이 끝나고 아버지와 단둘이 남게 되었을 때 그런 느낌을 받았습니다.

이 원고를 다시 쓰기 시작하고 그것이 끝날 때까지도 아버지는 삶 속에서 말 못할 고통과 슬픔을 가슴에 꾹꾹 눌러 담고 있었을 것입니다. 아버지가 그것들을 다 참아내며 원고를 마무리했다고 생각하니, 왠지 먹먹해지면서 이런 사람의 딸이라는 사실이 자랑스러웠습니다. 지금까지 끈기 있게 아버지를 독려해 주신 무로타 선생님께 마음으로부터 깊은 감사를 올립니다. 그리고 아버지의 의지나 사상은 아버지의 삶의 태도뿐 아니라 인간으로 어떻게 살아야 하는지에 대한 교훈으로 평생 보물처럼 가슴에 새기고 살겠다는 맹세의 말로 글을 마치고 싶습니다.

| 이동순 · 저자 이흥섭 님의 딸

글을 마치며

이 글을 3분의 1정도 썼을 무렵부터 내 몸에 여러 가지 증상이 나타나 쓰는 것을 멈출 수밖에 없었습니다. 일단 쓰기를 멈추자 그 뒤에는 쓸 시간이 생겨도 게을러져서 순식간에 3년이라는 시간이 지났습니다. 그러나 무로타 선생님의 집요한 재촉에 도망치지 못하고 간신히 마음을 잡고 다시 글을 쓸 수 있었습니다.

그때 나는 어느 상점에서 종업원으로 일하고 있어서, 점심식사 후 남은 자투리 시간에 메모를 하고 한밤중에 가족들이 모두 잠자리에 들면 글을 쓰는 상황이었습니다. 그러나 적당한 문장도 떠오르지 않고 쓸데없이 사전만 뒤적이는 시간이 길었던 것으로 기억합니다. 어떤 밤은 한 줄, 다음 날 밤은 두 줄 이런 식이어서 성에도 차지 않고 글도 진척되지 않아 결국 글을 마무리하는데 7년이나 걸렸습니다. 종전일까지 쓰고 이 정도로 봐 달라고 무로타 선생님께 부탁했습니다.

선생님께는 큰 심려를 끼쳤습니다. 그리고 현재 시부타니 중학교의 가와구치 사치코 선생님과 이 글을 출판하기로 결정한 아시쇼보 출판사의 히사모토 산타(久本三多) 씨에게 깊은 감사를 드립니다. 애초부터 내 글이 책으로 만들어질 거라고는 꿈에도 생각하지 못했고, 그저 내 지나간 청춘의 날들을 생각나는 대로 적은 것입니다. 그래도 제가 가진 문장력을 몽땅 쏟아내려고 노력했습니다. 그러나 지금 다시 읽어보니 빠뜨린 것도 많고 부족함도 눈에 띄어 아쉬운 마음입니다.

전쟁이 끝난 뒤로 일본은 40여 년 동안 평화로운 날들을 이어왔습니다. 이 평화라는 것이 무엇인지 진짜로 체험한 사람이 바로 접니다. 간절히 평화를 바랐던 그 심정도 그림자처럼 희미해지는 요즈음입니다. 아마도 평화에 취해 익숙해진 모양입니다. 평화에 취하지 않고 익숙해지지도 말고, 두발을 대지에 단단히 딛고 서서 평화를 뿌리내리게 하는 것이 지금 우리 세대에게 주어진 과제라고 생각합니다. 또 다시 민족이나 국토가 황폐해진다면 다음 세대에게 얼굴을 들 수 없습니다. 어떠한 상황에 처하더라도 지혜에 지혜를 모아 평화를 지켜 나가는 일이 무엇보다 소중한 일입니다. 이것은 나의 바람이었고 내 인생을 지켜낸 수단이기도 했습니다. 전쟁이나 싸움은 한계가 있지만 평화를 원하는 마음에 한계는 없습니다. 언제까지라도 이 평화가 지속되기를 기원하는 바람을 마무리의 글로 대신하고 싶습니다.

1987년 12월 17일
이흥섭

체험기를 청하며

처음 이 체험기를 부탁한 것은 1977년 겨울방학 전이었던 걸로 기억합니다. 나는 이흥섭 씨의 딸 동순의 3학년 담임을 맡은 1학기에 가정방문을 했습니다. 그때 탄광에서의 생활을 조금 들었습니다. 또 3학년 2학기에 기타테시마 중학교의 재일조선인 교육분과모임이 재일조선인 15가구의 학부모를 대상으로 설문조사를 실시했습니다. 그것은 간단한 9개 항목의 질문이었습니다. 그 가운데 '조선어(읽기·쓰기·말하기)에 대해 말해주세요' '조선에 대해 배우고 싶은 것은 어떤 것이 있나요'와 같은 질문이 있었습니다. 질문에 제일 상세하게 대답한 사람이 이흥섭 씨였는데 '이 정도 질문내용으로는 제대로 된 사실을 알 수 없다'고 꾸짖는 듯한 내용도 적혀 있었습니다. 그것이 마음에 걸려 설문 뒤에도 몇 번이나 그의 집을 찾게 되었습니다. 다행히 집이 학교에서 자전거를 타고 2,3분이면 갈 수 있는 가까운 거리이고 또 내 출근길이기도 해서 자주 들렸습니다.

내가 방문할 때마다 그는 하던 일을 멈추고, 잠깐 동안 선 채로 옛날 이야기나 당시 생각하고 있던 것들을 얘기했습니다. 때로는 2층에 있는 생활공간으로 가서 긴 시간 이야기를 나누기도 했습니다. 그는 늘 웃는 모습으로 자신의 체험을 떠올리며 조금의 과장도 없이 담담하게 이야기했습니다. 나도 책을 통해서 어느 정도는 알고 있다고 생각했지만, 모르던 사실이나 생각할 만한 일들이 끊임없이 그의 이야기 속에서 나왔습니다. 나는 당시 사회과목을 가르쳤는데, 학생들에게 '부모의 역사' '전쟁체험' 등을 2학년 역사수업 숙제로 낸 적이 있었습니다. 그 일을 계기로 겨울방학에 동순에게 특별히 '아버지의 역사'를 써보지 않겠냐고 제안하게 된 것입니다.

그 해 겨울방학 동안, 1944년 5월 18일에 일본에 와서 8월 오봉까지의 3개월간의 일을 아버지가 말하고 딸이 받아쓰는 형식으로 초고가 완성되었습니다.

리포트 용지 몇 장에 빼곡하게 써 내려간 원고를 읽으니 우선 대단한 기억력에 감탄했고, 이런 일이 있었나 싶은 놀라움이 계속됐습니다. 이 원고는 타자인쇄로 『딸에게 말하는 아버지의 역사(상권)』라는 제목으로 1978년 10월에 A5판 인쇄 26매의 소책자로 나왔습니다. 기타테시마 중학교의 교사는 물론이고 여러 곳에서 큰 반향이 있었습니다. 많은 사람들로부터 "속편은 언제 나오나요? 빨리 써주세요"라는 감상이 전해져 왔습니다. 그때마다 "그 다음 이야기를 쓰고 있습니다." "곧 속편이 나올 겁니다"라고 답을 했습니다.

이흥섭 씨에게도 물론 그 얘기를 전하며 계속 쓰시기를 부탁드렸습니다. 그리고 실제로 속편을 쓰기 시작했지만, 그 뒤 중단과 재개를 몇 번이고 거듭했습니다. 글을 쓰는 일에 좀처럼 집중할 수 없었기 때문입니다. 1985년 여름 글이 완성될 때까지 8년 사이에 기쁜 일과 안타까운 일들이 많이 있었습니다. 예를 들면, 한번의 이직, 교통사고, 딸의 결혼, 이사, 본인의 재혼, 출산 등. 체험기를 쓰는 일 보다 자신의 생활문제가 머릿속에 꽉 차 있는 것 같았습니다. 이렇게 고군분투하는 속에서 이 체험기를 썼습니다. 글을 완성한 후 이흥섭 씨를 만났는데 "선생님 뭔가 맥이 풀리는 것 같아요"라고 했습니다. 그 정도로 긴장하며 필사적으로 글을 써낸 것에 대해 어떤 말로 축하를 해야 할 지 알 수 없었습니다.

재일조선인 1세의 증언 중에 이 정도로 자세하고 잘 정리된 글이 또 있을까 싶은 생각이 드는 원고를 손에 쥐었을 때의 기쁨과, 8년간에 걸친 이홍섭 씨의 노고에 대한 감사함이 마음 속에 가득했습니다.

체험기를 쓴 고통과 노력에 보답하기 위해 우리는 이 체험기를 향후 재일조선인 교육의 중요한 자료로써 소중하게 활용해야 한다고 생각합니다. 한 사람이라도 더 많이 이 책을 읽었으면 합니다.

마지막으로 이 체험기가 책으로 발행되기까지 많은 분들의 노력이 있었습니다. 특히 이 원고를 읽고 몇 번이나 검토, 교정해주신 이케다 시립 기타테시마 중학교 국어선생님과 재일조선인 교육분과모임의 선생님들에게 큰 도움을 받았습니다. 감사합니다.

또한 이렇게 완성한 네 권의 소책자를 이번에 아시쇼보(葦書房)출판사에서『아버지가 건넌 바다』라는 제목의 한 권의 단행본으로 출간하게 되었습니다. 그것은 이 일을 함께 한 모든 사람들에게 큰 기쁨이었습니다. 글이 출판될 수 있었던 데에는 아시쇼보 출판사의 히사모토 산타 씨가 많은 수고를 해 주셨습니다. 마음 깊이 감사드립니다.

| 무로타 다쿠오(室田卓雄)

후기(속편)
이흥섭 씨와의 만남

내가 이흥섭 씨를 알게 된 건 첫 근무지였던 이케다 시립 기타테시마 중학교에서 학생들을 가르치고 있던 때였다. 그의 딸 동순의 담임이었던 무로타 타쿠오(室田卓雄) 선생님의 열정적인 노력 덕분에, 동료 교사들은 강제연행의 실상이 어떤 것이었는지 처음으로 알게 되었다. 이흥섭 씨 자신의 글과 그의 이야기를 듣고 기록한 것들을 교재로 활용하고, 이것을 책으로 묶어 출판하기까지의 과정에 대해서는 『아버지가 건넌 바다─재일조선인 1세의 증언』(1987년)에 무로타 씨가 쓴 후기에 자세히 나와 있다. 책을 출판하기 위해 출판사를 찾는 과정에서 잊을 수 없는 에피소드가 하나 있다. 이제는 고인이 되었지만 이전 근무처의 동료이자, 당시에 후쿠오카에서 출판활동을 하던 히사모토 산타 씨에게 『딸이 쓴 아버지의 역사』를 타이핑한 원고의 인쇄본을 보낸 적이 있다. 그랬더니 "우리 출판사에서 출판하고 싶다"는 전화가 걸려왔다. 이흥섭 씨의 글은 후쿠오카에서 오랜 기간 활동해 온 편집자의 마음을 순식간에 사로잡는 내용이었다고 한다.

하타라키 다다시(働正) 씨의 손을 거친 멋진 표지의 책이 나오자, 이케다 시의 교사들은 출판기념회를 열었다. 이 책은 1992년에 2쇄까지 찍었지만, 지금은 절판된 상태다. 하지만 이 책을 널리 알리는 게 나의 소명이라는 생각에, 지금도 중고서점에 나와있는 걸 발견할 때마다 바로 구입해서 읽어주었으면 하는 사람에게 건네곤 한다.

일하는 학교를 옮기고 나서도 재일조선인에 관한 수업이 있을 때, 몇 차례 이흥섭 씨를 모시고 중학생들에게 그의 이야기를 들려주었다. 그리고 재일조선인 학생, 학부모들과 어떻게 관계를 맺어야 할 지 고민될 때마다 이흥섭 씨를 찾아가 조언을 구하기도 했다. 책에서의 말투처럼 조곤조곤하고 따뜻한 그의 이야기를 듣다 보면, 어느새 문제 해결의 실마리가 보이기도 하고, 격려가 되기도 했다.

나는 가끔씩 이흥섭 씨가 하얀 민족의상을 입고 고향인 황해도 산골짜기에서 밭일을 하는 모습을 상상하곤 한다. (사실, 지금은 흰옷을 입고 일하는 사람은 없겠지만). 만약 강제동원이 없었다면, 사려 깊고 겸허한 인품의 그는 마을의 장로가 되어 평온한 노후를 보냈을 것이다. 언젠가 내가 그런 얘기를 했더니, "아닙니다. 한국전쟁때 폭격을 맞아 죽었을 지도 모르지요"라는 대답이 돌아왔다. 그때 나는 나 역시 조선반도가 해방 후에도 여전히 전쟁과 분단이라는 가혹한 상황에 있었음을 떠올리지 못하는 안일한 일본인이라는 걸 알게 되었다.

1945년 8월 15일 이후 오늘에 이르기까지 일본은 전쟁 없는 평화를 누려왔다고 말할 수 있다. 그러나 자신이 원하지 않는 데도 일본으로 오게 되어 그 후에도 어쩔 수 없이 일본에서 지내야만 했던 70여 년간의 삶은, 이미 여든이 훌쩍 넘은 이흥섭 씨에겐 결코 평온하고 윤택한 것이었다고는 말할 수 없다.

지금 내 앞에는 예전에 그에게 받은 작은 메모지가 한 장이 놓여 있다. 거기엔 "헌법 9조를 지키는 모임/ 전쟁을 포기하는 모임/ 원칙·회칙·회비 없음. 고등학생 이상이라면 누구라도 환영. 기부 1만엔이상 금지"라고 적혀 있다. 언제였는지 확실치는 않지만, 이흥섭 씨가 아직 현역으로 일하던 때로 기억한다.

좀처럼 전화를 걸지 않는 분이 전화로 좀 와 달라고 하셔서 그의 작업장에 들른 적이 있다. 그때 그는 "이런 걸 생각해 냈어요"라며 수줍은 듯 메모지를 건넸다. 그리고 요즘 젊은이들이 '히키코모리'(은둔형 외톨이)를 하거나 여러가지로 살기 힘들어졌다는 얘기를 종종 듣는데, 내가 할 수 있는 일이 있다면 도움이 되고 싶으니 말해 달라고 하셨다. 그때 나는 그가 평화와 젊은이들을 생각하는 마음에 가슴이 뜨거워졌지만, 모임을 만드는 일을 도울 수 있는 처지가 아니었다. 그 대신 '9조회'*에 관련된 출판물과 이케다와 미노(箕面) 지역에서 열리는 '9조회' 모임에 관한 안내 책자 등을 구해 드렸지만, 그 후의 소식은 듣지 못했다. 그때 내가 좀 더 할 수 있는 일이 있었을 지도 모른다는 아쉬움이 남는다. 결국 이홍섭 씨는 고향을 보지 못하고 일본에서 눈을 감으셨다.

| 가와구치 사치코(川口祥子)

* 전쟁과 군대를 포기할 것을 명시한 일본헌법 제9조를 지키려는 모임.

이 책이 출간되기까지 정말 긴 세월이 흘렀다. 1987년 4월에 전편『아버지가 건넌 바다』가 출간된 지 27년이 되었다. 그의 딸이 듣고 쓴 작업이 시작된 해부터 세어보면 37년이나 지난 셈이다. 이렇게 오래 걸릴 거라고는 생각지도 못했다. 나는 전편의 말미에「체험기를 청하며」라는 제목의 후기를 쓰면서 이흥섭 씨의 경험담이 책이 되어 나오기까지의 과정에 대해 설명했는데, 그때 누락된 이야기들을 여기에서 다시 해보려고 한다.『아버지가 건넌 바다』의 첫 원고는 1977년 12월, 이케다 시립 기타테시마 중학교 3학년이었던 그의 딸 다니야마 도시코(谷山敏子,이동순)가 이흥섭 씨가 말하는 내용을 받아 적는 것으로부터 시작되었다. 이듬해 1월, 3학기가 시작되자 도시코는 리포트 용지 몇 장에 빼곡하게 써내려간 원고를 내게 가져왔다. 거기엔 이흥섭 씨에게 단편적으로 들었던 내용이 놀랄 만치 세세하게 적혀 있었다. 계속해서 그 다음 이야기도 읽고 싶다고 도시코에게 부탁해 보았지만, 졸업과 동시에 곧 봄방학에 접어들었다. 첫 원고와 나중에 받은 원고를 합쳐서 소제목을 붙이고,『딸에게 말하는 아버지의 역사(상권)』라는 제목으로 1978년 10월에 A5판 인쇄 26쪽의 소책자를 만들어 기타테시마 중학교 교사 전원에게 배포했다. 책자엔 말로만 듣던 강제연행의 체험이 기록되어 있었다. 놀라움과 감사함을 표하며 그 다음 이야기도 계속 읽어보고 싶다는 요청이 쇄도했다. 이런 독자들의 반응을 이흥섭 씨에게 전하자, "좋습니다"라는 답변이 돌아왔다.

고베의 유통과학대학 강연에서(2007. 7. 5)

이렇게 딸의 '듣고 쓰기'에서 시작된 아버지의 체험기는, 도중부터 이흥섭 씨 자신이 사전을 찾아가며 집필하게 되었고, 그것을 다시 정서한 글이 완성되었다. 그러나 그 과정이 순조롭지만은 않았다. 중단과 재개를 반복되면서 많은 시간이 걸렸다. 3년 후인 1981년 5월에, 이전과 마찬가지로 A5판 소책자로 제2집이 나왔다. 이 판본은 상권의 내용을 함께 묶어 108쪽이 되었다. 1985년 5월에 제3집이, 1986년 2월에는 완결편으로 제4집이 나왔고, 제2집과 제3집을 발행할 때는 이케다 시의 '학교 교육진흥특별보조금'을 받았다. 이흥섭 씨에게 받은 원고는 기타테시마 중학교 재일조선인 교육분과모임의 멤버가 다시 원고지에 정서를 하고 소제목을 붙여서 몇 번씩이나 교정 작업을 거쳤다.

이렇게 8년이라는 시간을 들여 완성한 네 권의 소책자는 동료인 가와구치 씨의 소개로 히사모토 산타 씨의 아시쇼보 출판사에서 『아버지가 건넌 바다』라는 제목으로 출간되었다. 정말 감사한 일이다. 책 제목은 히사모토 씨가 제안했다.

그 사이 이홍섭 씨의 가정에 여러가지 일이 있었는데, 여기서 간단히 말해 두려고 한다. 그의 딸 도시코는 1987년 3월, 기타테시마 중학교를 졸업하고 히가시오사카(東大阪)시에 있는 오사카조선고등학교에 진학했다. 조선고등학교는 멀었지만, 아버지는 딸이 조선인으로서 자긍심을 가지고 살기를 바랐다. 이홍섭 씨는 7년 간 딸과 단둘이서 살아왔는데, 1979년 6월에 재혼을 했다. 상대는 재일조선인 2세 윤선기 씨로, 이케다 시에 인접한 이타미(伊丹) 시에 사는 젊고 아름다운 분이었다. 당시 윤선기 씨는 35세, 이홍섭 씨는 50세였다. 시내에 있는 스미요시(住吉)신사에서 열린 피로연에 나도 초대를 받아 갔는데, 행복으로 가득했던 두 사람의 모습이 지금도 생생하다. 이듬해 3월에 딸 하나(華)가 태어났다. 한편, 도시코는 고등학교를 졸업하고 2년 후인 1983년에 결혼하여 나고야로 거처를 옮겼다.

이홍섭 씨의 금속폐기물 수거 작업장은 점포를 겸한 곳인데, 데시마미나미(豊島南)의 신카이바시(新開橋) 제방 위에 자리하고 있었고, 그의 집은 가까운 국도에 있는 셋집이었다. 결혼하고 나서는 작업장과 조금 떨어진 고우다(神田) 쪽으로 집을 옮겨 주소가 바뀌었다고 그가 기뻐하며 말했던 기억이 있다. 그 후로도 나는 새로 이사간 그의 집에 몇 번이나 찾아 갔다.

이렇게 그 자신과 딸의 결혼, 이사, 출산 등 바쁜 와중에도, 일을 하면서 짬짬이 옛일을 생각해내곤 점심을 먹은 후 메모해 두었다가, 저녁을 먹고나서 조금 잠을 자 둔 다음, 한밤중에 일어나 집필을 했다고 한다. 그의 아내는 그가 집에서 글을 쓰는 모습을 본 적이 없다고 했는데, 가족들이 다 잠든 밤에 혼자 깨어 열심히 글을 썼던 것이다. 나는 한 달에 몇 번씩 신카이바시의 작업장에 들러, 선 채로 그와 이야기를 나누거나 원고를 부탁드리고 돌아가는 일을 계속했다. 그는 작업장에서 잠깐 일손을 놓고 서서 이야기하거나, 가끔은 앉아서 담배를 피우며 이야기를 이어갔다. 자신의 경험을 조금도 과장하지 않고 항상 웃는 얼굴로 담담하게 말해 주었지만, 그 내용은 놀라지 않을 수 없는 것들뿐이었다. 잡담만 하고 돌아올 때도 있었지만, 그는 또랑또랑한 목소리로 능숙하게 이야기하곤 했다. 그리고 사업이 잘 안 되어 형편이 어려워졌을 때도 솔직하게 말해 주었다. 그를 방문하는 것이 나에겐 하나의 즐거움이었다.

1987년 4월에 책이 출판되고, 5월 6일에 이케다 시립 청년의 집(현재 시립 컬처 플라자)에서 축하하는 모임이 열렸다. 그가 사는 지역의 초 · 중 · 고등학교 교사들뿐 아니라, 오사카시, 후지이데라(藤井寺)시의 교사들, 아시쇼보 출판사의 히사모토 씨 등 구십 명이 넘는 사람들이 자리를 함께 해 주었다. 손수 준비한 소박한 모임이었지만, 특별히 오사카시 이쿠노구(生野区)의 이순자 씨를 모셔와, 민족의 마음을 노래하는 '아리랑' 등 여러 곡의 조선 노래를 듣기도 했다. 그리고 많은 이들이 마음을 담아 축사를 해 주었다. 그 모임은 그의 체험기 속 내용에 대해 알아간다는 의의를 갖기도 해서, 같은 해 8월 23일에는 축하모임 실행위원회가 기록집을 책자로 발행하기도 했다.

이 기록집을 이홍섭 씨에게 전해드리고 몇 주 후에, 이전부터 생각해 왔던 한국전쟁 무렵까지의 속편을 꼭 써 주셨으면 좋겠다는 부탁을 했다. 그는 흔쾌히 제안을 받아들였다.

전편이 출판되었을 때는『서일본신문』(1987년 5월 15일자 석간)에 그의 얼굴 사진이 들어간 일곱 단락의 기사가 난 것을 비롯해서,『요미우리신문』(5월 31일),『마이니치신문』(6월 19일 석간), 그리고 지역신문인『이케다시 공보』(6월 15일)에도 소개되어 화제가 되었다. 당시 그는 58세로 활기가 넘쳤다. 여기저기에서 강연 의뢰가 들어왔고, 책에 쓰인 내용과 자신의 생각을 솔직하게 이야기해서 많은 이들이 감동적인 강연이었다고 그 감상을 전했다. 강연 의뢰가 계속되어, 매년 강연을 나가게 된 학교도 있었다. 그가 남긴 메모의 일부만 봐도 스물 일곱개의 강연 의뢰가 빼곡하게 기록되어 있다.

그 외에도 1989년 1월 21일, NHK 교육방송 「서민이 살아낸 '쇼와' 무궁화꽃과 헤어져서」라는 3회분 시리즈 중 2회차 방송에 「재일한국인 · 조선인의 60년 · 종전」에도 그의 이야기가 소개되었다. 세 명의 재일조선인을 인터뷰하는 내용이었는데, 이홍섭 씨가 그 중 한 명이었다. 나중에 이 방송은 『NHK 듣고 쓰기 · 서민이 살아낸 쇼와2』(일본방송출판회, 1990년)에 수록되어 출판되었다. 거기에는 그가 어떻게 일본에 끌려왔는 지, 탄광에서는 어떤 일을 했는지, 그러다가 그곳을 어떻게 탈출했는지에 대해 『아버지가 건넌 바다』에 수록된 내용도 나오지만, 전후에 조국으로 돌아가려고 하카타로 갔던 이야기가 다음과 같이 소개되고 있다.

> 전쟁이 끝나고 2주 정도 지나 하카타의 항구에 갔을 때 가장 곤란했던 일이 잠자리였습니다. 그 당시는 하카타 항구에 군대가 쓰던 마구간이 있었습니다. 그 마구간이 그때는 전부 열려 있었습니다. 그곳을 청소하고 손수레를 빌려 마구간에서 나온 오물을 전부 바다에 던져버리고, 멍석을 깔았습니다. 그것이 자신의 잠자리였죠. 나는 지옥이 있다면 이런 게 아닐까 생각하면서 그 일을 했지만요.
>
> 당시 가장 기억에 남는 것은 어떤 한 사람의 일본인이었습니다. 이 일은 진짜로 거짓이 아닙니다. 군대에서 귀환한 사람이었는데, 목에 건 하얀 끈에 '목숨을 팝니다'라고 적힌 종이가 매달려 있는 겁니다. 나는 그때 목숨을 '판다'는 말의 의미를 확실히 알지 못했습니다. 그 사람은 하카타 역을 매일 어슬렁거렸습니다. 그 일본인은 정말로 절박했던 것 같습니다.

나는 이 이야기를 이홍섭 씨에게 몇 번이나 들었다. "나중에 생각해 보면 '목숨을 팝니다'라는 말은 '무엇이든 하겠습니다'라는 뜻이었을 겁니다. 진짜 고생은 전쟁이 끝나고 시작되었지요" 그는 이렇게 말하곤 했다. 속편에서는 이런 내용과 더불어 암시장에 대해서도 써 주었으면 하는 바람이 있었다.

1988년 11월 5일 토요일, 기타테시마 중학교의 문화제에서 3학년 학생들 중 한 학급이 〈사람으로 살아가다〉라는 제목의 연극을 무대에 올렸다. 『아버지가 건넌 바다』를 읽은 학생들이 방대하고 어려운 책의 내용을 축약해서 각본을 쓰고 연습을 거듭한 끝에 만들어낸올린 멋진 연극이었다. 이흥섭 씨와 나는 관객으로 초대되어, 체육관에서 많은 학생들과 함께 연극을 관람했다.

1997년 11월에는 미야자키 현의 한 중학교 문화제에서도 이 책의 내용을 모티브로 한 연극이 상연되었다. 연극에 참여한 학생들의 담임선생님은 그것을 녹화한 비디오 테이프와 대본(평화의 메시지)을 이흥섭 씨에게 보내주었다. 나도 그것을 보았는데 상당히 긴 분량이었고, 학생들의 열연이 그대로 전해지는 무대였다.

이흥섭 씨는 나와 히사모토 씨에게 속편을 써보겠다는 약속을 했지만, 1988년에 엔고(円高) 현상으로 사업이 어려워지는 바람에 정신적으로 여유가 없는 나날들이 계속되어, 가게를 닫고 한동안 거래처 회사에서 일하기도 했다. 그런 상황 속에서 하루에 몇 줄만 쓰거나 아예 한 줄도 쓰지 못하는 날도 있었다.

5년 정도 지난 1993년의 이른 봄에 이흥섭 씨에게서 연락이 왔다. "선생님, 드디어 썼습니다." 아시쇼보 출판사 전용의 원고용지에 볼펜으로 빽빽하게 채워진 원고를 받았다. 커다란 종이봉투에 들어있는 153매의 원고였다. 중도에 포기했던 작업이었기 때문에 더더욱 감격스러웠고, 감사한 마음이 들었다. 고된 생업을 이어 나가면서도 각지에서 강연을 하며 늦은 밤에 필사적으로 글을 쓴 것이다. 원고를 받자마자 나는 곧장 대학교 3학년이 된 내 제자 다나카 아키코(田中明子)에게 워드 프로세서로 타이핑을 해 달라고 부탁했다. 고맙게도 그녀는 시간과 품이 많이 드는 작업을 기꺼이 수락해 주었다. 타이핑을 마친 원고의 교정을 두 번 정도 거쳐서 출판을 준비했고, 그 다음 원고를 기다렸다. 그러나 그로부터 20년이라는 시간이 흘러버렸다.

2006년 3월, 나는 이케다 시립 구레하(呉服)소학교 교장직을 마지막으로 정년퇴직을 했다. 기타테시마 중학교에서 근무했던 삼십 대 시절부터 나는 미카게 사학(御影史学) 연구회에 소속되어 활동했고, 민속학에 흥미를 가지고 공부해왔다. 매달 넷째 일요일마다 월례회가 열렸다. 그 연구회에서 알게 된 시라이시 다로(白石太良) 선생은 나중에 류츠(流通)대학 부학장이 되었는데, 나는 그 덕분에 퇴직 후에 운 좋게도 그 대학의 시간강사로 일할 수 있게 되었다. 내가 담당했던 과목은 '인권문제론'이었다. 대학에서의 강의는 강사에게 강의 내용에 대한 재량권을 주기 때문에, 열 다섯 번의 강의 중에서 한 번은 특별히 이홍섭 씨를 모셔와 그의 이야기를 듣는 시간을 갖기로 정했다.

대학 강의는 나로서도 처음이었는데, 사백여 명의 학생들을 앞에 두고 진행하는 수업에서 나는 고군분투를 거듭했다. 그런 와중에 이홍섭 씨를 처음 모신 건 2006년 6월 27일, 열 두번째 강의였다. 그는 이케다 시의 자택에서 두 시간 정도 걸리는 대학까지 지하철로 와 주었다. 첫 책의 출간 이후에 여기저기에서 강연의뢰가 들어왔기 때문에 그는 많은 사람들 앞에서 말하는 것에는 이미 능숙해져 있었다. 다만, 대학에서의 강연은 처음이었기 때문에 내심 긴장을 했을 텐데 그런 내색은 하지 않았다. 그날 수강생은 393명이었다. 칠판에는 '강연: 내가 걸어온 길', '강사: 재일조선인 1세 이홍섭'이라고 커다랗게 써 놓았다. 우선, 이홍섭 씨를 소개하고 바로 마이크를 넘겼다. 그는 첫 마디에 "여러분이 참 부럽습니다"라며 학생들의 주의를 끌고는 "나는 초등학교 4학년까지 밖에 학교를 못 다녔습니다. 대학생들 앞에서 강의를 하다니 꿈에도 생각치 못했던 일입니다"라고 말을 이어갔다. 그의 이야기는 언제나 명료한 단어들과 담담한 말투로 채워졌다. 학생들은 내 수업때보다 훨씬 집중하는 모습이었다. 70여분 동안의 주제 강연에 더하여 현재의 심경에 대해서도 이야기했다. 그때는 한 학기만 강의를 했는데, 이듬해부터는 두 학기 모두 수업을 할당 받아, 이홍섭 씨도 일 년에 두 번 강의할 수 있게 되었다. 그는 2009년부터 무릎에 통증이 생겨 내 차로 자택에서 학교까지 모셔왔는데, 2012년 1학기까지 총 열 두번의 강연을 해 주셨다. 마지막 강연을 했을 때 그의 나이는 여든 넷이었다.

그는 대학에서 강연하는 것을 즐거워했고, 강의가 있는 날이면 신카이바시에 있는 점포에 '오늘 휴업, 류츠대학 강연'이라고 쓰인 커다란 간판을 내 걸었다. 2008년 10월 5일, 15년 전쟁연구회에서 자신의 체험을 이야기했고, 2010년 8월 6일에는 기타테시마 소학교의 평화 등교일에 4학년 이상을 대상으로 강연을 하기도 했다.

2011년 7월 8일 오후, 그는 언제나처럼 병원에서 자전거로 귀가하던 중에, 차도에서 보도로 올라가는 턱에 걸려 넘어져, 구급차로 시내의 병원에 실려가는 큰 사고를 당했다. 사고 후에는 일을 할 수 없게 되어 가게를 닫았다. 한 달 정도 입원해 있다가 병원을 옮겨서 치료를 받고 결국 11월 초에나 퇴원할 수 있었는데, 그 후로는 주 2회, 나중엔 주 3회 한큐 이케다역 근처에 있는 이케다 데이 센터에 다녔다. 좀처럼 걷지를 못했고 다리 통증은 나날이 심해져서 혼자서는 외출할 수 없는 몸이 되었다. 집에서 지내는 시간이 생겼을 거라는 생각에 『아버지가 건넌 바다』의 다음 이야기를 써 주십사 부탁드렸다. 그도 계속 마음에 걸렸던 모양인지 원고지를 사 두었다고 했다.

　그해 12월 6일, 그의 기운을 북돋아 줄 겸 류츠대학에서의 강연을 부탁드렸다. 만약에 대비해서 휠체어를 차에 싣고 모셔왔다. 당시의 수강생은 96명, 중강의실에서의 수업이었다. 다행히 교실은 휴게실에서 그다지 멀지 않았기 때문에 천천히 걸어갈 수 있었다. 그의 이야기는 지금까지 그랬던 것처럼 명료했다. 그의 강연은 대학 밖에서도 여러 차례 들었지만, 언제나 같은 내용이 반복되는 것은 아니었다. 어떻게 일본에 끌려왔는지, 탄광에서의 생활은 어땠는지에 대해서는 매번 같은 내용이었지만, 그 다음엔 이따금 자신의 기분, 옛 추억 등을 덧대어 말하곤 했다. 그때는 강연 제목도 '내가 걸어온 길과 지금의 생각'이었다. 50분 정도 이야기를 들었다. 큰 사고로 몸이 안 좋은 상황에서도 대학에서의 강연만큼은 엄청난 노력과 힘을 쏟았다. 강연 후 자택으로 돌아가는 차 속에 그는 대부분 잠들어 있었다. 나는 감사한 마음과 함께 그런 강연이 그의 재활 치료에도 도움이 되길 바랐다.

　이 책이 출간되어 나오기까지 많은 분들에게 도움을 받았다. 그 중에서도 다나카 아키코는 녹취와 원고 타이핑을 해 주었고, 구레하 소학교 교사이며 2002년 4월에 민족학급으로서 모국어 교실을 개설하는데 힘을 쏟은 오우에 가즈에(大上一枝) 씨는 교정을 맡아 주었다. 그리고 후기를 기고해 준 가와구치 사치코 씨는 현역으로 일할 때 이케다시 재일외국인교육연구협회의 사무국장으로 오랜 기간 이케다 시의 재일조선인 교육의 주축이 되어 활약했고, 퇴직 후에는 오사카 외국어대학(현 오사카대학)에 편입학하여 어학뿐 아니라 조선의 역사와 문화를 공부했다. 연구성과로는 일반적으로 잘 알려져 있지 않은 전전(前戰)의 인권변호사 후세 다츠지(布施辰治)에 관한 논문인 「1951년 동경조선인중고급학교사건 · 전후의 후세 다츠지와 조선인」(『재일조선인사연구』 42호,

2012년)등이 있다. 작년에 이흥섭 씨를 찾아 뵈었을 때, 그는 가와구치 씨가 보내준 논문의 별쇄본을 읽고서 "후세 다츠지 씨를 만나보고 싶다"고 말했다.

2014년 8월 1일, 이흥섭 씨는 만 86세가 되었다. 그가 재일조선인 1세로서 전전부터 갖가지 어려움을 겪어내고 오늘에 이를 수 있었던 것은, 작업장에서 다져진 강인한 몸과 아내와 딸과 함께 이룬 따뜻한 가정 덕분일 것이다. 그러나 이 책의 출판을 위해서 재차 교정을 하던 중, 그는 병원의 노인 요양시설에 들어가고나서 며칠 후에 갑자기 건강이 악화되어 10월 17일 늦은 밤에 세상을 떠났다. 생전에 약속을 하고도 출판한 책을 보여드리지 못한 것이 너무나 안타깝다.

장례식에는 가와구치 씨와 함께 갔는데, 가족들만 참석해서 간소하게 치렀다. 독경(讀經)대신 아리랑 등의 조선 민요, 이순자 씨의 노래가 녹음된 테이프 등을 틀어 놓았다. 장례식을 위해서 이케다 시청의 생활복지과의 야스오카 과장이 휴일임에도 애써 주었던 것을 기억한다. 감사한 일이다.

장례식이 끝나고 일주일 후에 그의 아내에게 안부 전화를 했는데, 가와구치 씨와 나에게 전해줄 물건이 있다고 했다. 서둘러 가보니, 이제껏 이흥섭 씨의 침대에 가로막혀 열지 못했던 붙박이장에 커다란 뭉치가 세 개가 있었는데, 그가 생전에 건네 줄 것을 당부했다며 꺼내 왔다. 거기에는 1987년에 출판된 『아버지가 건넌 바다』에 관한 신문기사, 강연에 대해 어린이와 학생들의 감상문을 비롯한 여러 자료가 파일이나 봉투에 넣어져 정리되어 있었다. 자기가 모은 것도 있지만, 많은 이들로부터 받은 것들을 소중하게 보관하고 있었다. 그 중에는 원고용지 여덟 장에 써 내려간 원고도 있었다. 언제 쓴 것인지는 확실치 않지만, 침대를 들여오기 전에 쓴 것이 분명하니, 2011년 10월 이전일 것으로 추정된다. 그 원고에는 속편 104쪽에 해당하는 내용이 들어있다. 예전에 그를 몇 번이나 방문했는데도 그때는 써 놓은 원고가 있다는 말을 하지 않았다. 아마도 조금 더 쓰려고 생각한 것 같다.

　마지막으로 양해를 구하고 싶은 점이 있다. 이홍섭 씨는 고향에서 초등학교 4학년을 마친 이래로 교육을 받을 기회가 없었다. 그 당시 식민지 조선의 4학년들은 일본어를 강요당해, 학교 가기를 거부하는 학생들도 있었다고 한다. 일본어는 일본에 와서 나중에 독학으로 익혔다. 따라서 1987년의 『아버지가 건넌 바다』처럼 속편에서도 필자 특유의 일본어 표현이 눈에 띈다. 하지만 역사적인 언급 등에서 보이는 명백한 오류만 정정하고, 그 외에는 원문을 최대한 존중했다. 그리고 초등학생도 읽을 수 있도록 후리가나를 많이 붙여 놓았다.

　그의 이름에 대해서도 언급해 둘 점이 있다. 전편에는 이홍섭 씨의 이름에 '리훙세비(リフンセビ)'라고 후리가나를 달았지만, '섭'이라는 조선어의 음을 일본어로 표기하면 '소프(ソプ)'가 된다. 때문에 속편에서는 '리훙소프(リフンソプ)'로 고쳐서 표기했다.

　이 책을 출판하고 싶다는 생각을 오랫동안 말하지 못했지만, 이번에 해방출판사의 고바시 가즈시(小橋一司) 씨 덕분에 이렇게 훌륭한 책으로 나오게 된 건 정말 기쁜 일이다. 커다란 짐을 내려놓은 기분이 든다. 고인이 된 이홍섭 씨와 도움을 주신 많은 분들께 진심으로 감사를 드린다.

2014년 12월

무로타 다쿠오(室田卓雄)

딸이 전하는 아버지의 역사

초판 1쇄 인쇄 2018년 11월 10일
초판 2쇄 발행 2024년 05월 30일

지은이 이흥섭
옮긴이 번역공동체 <잇다>
펴낸곳 논형
펴낸이 소재두
등록번호 제386-3200000251002003000019호
등록일자 2003년 3월 5일
주소 경기도 부천시 성주로 66 2동 806호
전화 02-887-3561
팩스 02-886-4600
ISBN 978-89-6357-209-3 03910
값 15,000원

이 도서의 국립중앙도서관 출판예정도서목록(CIP)은 서지정보유통지원시스템 홈페이지
(http://seoji.nl.go.kr)와 국가자료공동목록시스템(http://www.nl.go.kr/kolisnet)에서 이용
하실 수 있습니다. (CIP제어번호: CIP2018034996)